Nassim **Zerrissen wie mein Land**

*Für alle Frauen,
die im Exil leben müssen*

SPHINX

Nafi Nassim

Zerrissen wie mein Land

Die Geschichte einer afghanischen Frau

Aus dem Französischen
von Jutta Deutmarg

Die Originalausgabe erschien unter dem Titel
De Kaboul à Marseille
bei Indigo & Côté-femmes éditions, Paris.

Die Deutsche Bibliothek – CIP-Einheitsaufnahme
Nassim, Nafi:
Zerrissen wie mein Land : die Geschichte einer afghanischen Frau /
Nafi Nassim. Aus dem Franz. von Jutta Deutmarg. – Kreuzlingen ;
München : Hugendubel, 2002
(Sphinx)
Einheitssacht.: De Kaboul à Marseille <dt.>
ISBN 3-7205-2326-8

Lektorat: Claudia Göbel
Umschlaggestaltung: Zembsch' Werkstatt, München,
unter Verwendung eines Motivs von Herbert Ypma,
Knesebeck Verlag, München
Produktion: Maximiliane Seidl
Satz: EDV-Fotosatz Huber/Verlagsservice G. Pfeifer, Germering
Druck und Bindung: GGP Media, Pößneck
Printed in Germany

ISBN 3-7205-2326-8

Inhalt

USBEKISTAN
KIRGISIEN
CHINA
TADSCHIKISTAN
TURKMENISTAN
Masar-i-
Scharif
Kundus
Hindukusch
Bagram
KABUL
Herat
Dschalalabad
Khyber-Pass
Peschawar
IN.
ISLAMABAD
Ghazni
AFGHANISTAN
Kontroll-
linie
Kandahar
PAKISTAN
0 150 300 km
IRAN
INDIEN

Vorwort

Was hat mein Volk getan, dass es in gut zwanzig Jahren zum Opfer der mächtigsten Armeen dieser Welt geworden ist? In mir bäumt sich alles auf, wenn ich daran denke, dass der islamische Fundamentalismus in Afghanistan unglücklicherweise genau durch diejenigen geschürt wurde, die nach den Ereignissen des 11. September 2001 schlagartig begreifen mussten, wie gefährlich er ist.

Mein Zeugnis soll zum Verständnis dessen beitragen, was Millionen Afghanen durchmachen, die in alle Teile der Welt geflüchtet sind – ihre schwierige Integration und die ständige Sorge: Warum bin ich jetzt nicht mehr bei meinem Volk, das so sehr leiden muss? Ich hoffe, dass mein Buch all jenen nützt, die begreifen wollen und die der Meinung sind, dass ein persönlicher Erlebnisbericht ebenso zu einem Verständnis beiträgt wie ein Buch über Geschichte oder die Weltpolitik.

Wenn ich an meine Erlebnisse in Afghanistan und meine Fluchten aus meinem Heimatland denke, erinnere ich mich noch deutlich an die Angst und die Not. Aber ich kann oft nicht mehr die Farben oder Gerüche in mir wachrufen ... Ich weiß nicht einmal mehr, ob ich sie überhaupt wahrgenommen habe. Ich erinnere mich, dass mir oft der Atem stockte, dass mir die Kehle wie zugeschnürt war – andere Eindrücke konnten wohl nicht in mein Innerstes durchdringen. Natürlich könnte ich all dies im Nachhinein künstlich mit der Palette orientalischer Farbenpracht ausschmücken. Aber das wäre ebenso unaufrichtig wie ein Schwarzweißfilm, den man nachkoloriert hat.

Diese Geschichte ist die Geschichte einer freiheitsliebenden Frau, die unter den historischen Ereignissen in ihrer Heimat Afghanistan mit all ihren Widersprüchen leidet: Als junges Mädchen wird sie von ihrem Vater fortschrittlich im

Sinne einer aufgeklärten islamischen Lehre erzogen. Sie lernt, alle Menschen zu respektieren. Als junge Frau empört sie sich über die Grausamkeiten der Kommunisten in Afghanistan und die sowjetische Intervention. Sie wird vollkommen unvorbereitet mit Krieg und Exil konfrontiert. Sie ist Muslimin, aber ohne jede Sympathie für den islamischen Fundamentalismus. Im Laufe der Zeit begreift sie, welche Bedeutung politische Einstellungen gewinnen können und verurteilt mit all ihrer Kraft die Macht der Taliban. Die Taliban haben nicht nur die Existenz und die Würde der Frauen verleugnet, sondern die gesamte alte Kultur Afghanistans. Doch sie sind nicht vom Himmel gefallen. Woraus sind sie hervorgegangen? Wer hat sie geformt? Wer hat sie finanziert? Und warum? Warum hat die internationale Gemeinschaft all die Jahre geschwiegen?

Es muss eine Einigung zwischen den verschiedenen politischen Richtungen und Volksstämmen gefunden werden. Vor allem darf man nicht wieder den gleichen Fehler begehen wie in der Zeit zwischen 1992 und 1996, als die verschiedenen Widerstandsbewegungen sich zerstritten und auseinander brachen. Es muss um jeden Preis verhindert werden, dass sich Nachbarstaaten in afghanische Angelegenheiten einmischen.

Ohne internationale Hilfe können wir unser Land nicht wieder aufbauen. Es herrscht so viel Gewalt in Afghanistan, dass diese Wünsche derzeit lächerlich wirken könnten. Aber welchen Sinn hat das Leben, wenn es keine Hoffnung gibt? Möge mein Land, das sich seit mehr als zwanzig Jahren im Kriegszustand befindet, zu einem Frieden gelangen, der meinem Volk einfach nur erlaubt, dort zu leben.

Wie sehr wünschte ich, diese alte afghanische Geschichte wäre nicht wahr: Zwei Menschen sehen durch das Schlüsselloch der Tür zur Hölle. Auf großen Feuerstellen brodelt es dahinter in zahlreichen Töpfen. Alle sind mit Deckeln gut verschlossen, außer einem. Einer der Beobachter fragt den anderen: »Was ist wohl in den Töpfen? Warum fehlt auf einem von ihnen der Deckel?« Der andere erwidert:

»In jedem Topf sind Menschen, die verdammt sind. Der Topf, in dem die Afghanen sind, braucht keinen Deckel. Denn sobald einer der Verdammten versucht zu fliehen, ziehen die anderen ihn an den Beinen zurück. Die Töpfe der anderen Völker brauchen einen Deckel, weil die Verdammten sich dort gegenseitig helfen zu entkommen.«

Dezember 2001 *Nafi Nassim*

Zwischen zwei Welten

Wie soll man über das Schicksal schreiben? Wenn ich Freunden meine Geschichte erzählte, fügte sich ganz automatisch ein Wort ans andere; ich konnte stundenlang reden. Also werde ich mich auch jetzt einfach von meiner Erinnerung und Inspiration führen lassen und berichten.

Ich bin in Kabul geboren, lebe heute aber in Marseille. Ist dies nur eine Folge von Zufällen, oder bestimmt die Geschichte das Schicksal von Millionen Flüchtlingen und vertreibt sie aus ihrer Heimat?

Da ich an Gott glaube und immer Vertrauen in das Leben habe, hat meine Geschichte für mich einen bestimmten Sinn. Ich bin nicht verzweifelt. Mein Leben ist durch das Exil nicht zu Ende. Ich würde meinen Bericht gern auf das beschränken, was mir während der afghanischen »Revolution« und der sowjetischen Intervention passiert ist – mir und meinen Verwandten. Aber ich muss einige Erklärungen über die Zeit davor vorausschicken.

Mein Vater war ein sehr gebildeter Mann mit einer ausgesprochen bewegten Vergangenheit. Er war durch seine Fähigkeiten aufgefallen. In der Umgebung von König Amanullah hatte er sich durch seinen Vorschlag ausgezeichnet, dem Westen gegenüber eine offene Haltung einzunehmen. Er war ein guter Moslem und sehr gläubig, aber er war nicht der Meinung, der Islam sei unvereinbar mit dem Fortschritt. Lange bevor er meine Mutter geheiratet hatte, war er Konsul an der afghanischen Botschaft in Indien gewesen. Er wurde Opfer einer Palastrevolution – oder eines politischen Richtungswechsels, dies kann ich nicht genau sagen – als König Nadir Schah, der Vater von Sahir Schah, an der Macht war. Sieben Jahre saß mein Vater im Gefängnis. Als er endlich freigelassen wurde, war er etwa fünfzig Jahre alt und besaß noch genug Energie, um ein neues Leben anzufangen. Er wurde Unternehmer und gründete eine neue Familie, indem er meine Mutter heiratete, eine Tadschikin. Niemand hatte während seiner Gefangenschaft etwas von ihm gehört, seine erste Frau hatte wieder geheiratet. Das islamische Gesetz erlaubt dies, wenn der Ehemann vier Jahre verschwunden bleibt. So kommt es, dass ich eine recht schwer überschaubare Familie habe, was meine Onkel und Tanten betrifft.

Leider war mein Vater schon in fortgeschrittenem Alter, als ich ein kleines Mädchen war. Seine Haare waren bereits eher weiß als grau. Er war sehr groß, sehr freundlich, und es kam mir so vor, als würden seine Augen die ganze Zeit lachen. Wenn wir zusammen waren, sprach er viel mit mir. Er wollte mir persönlich alles beibringen. Er fing schon an, mich in Englisch zu unterrichten, als ich erst fünf war. Oder er stellte mir philosophische Fragen, die er interessant fand ...

Abends kam er an mein Bett – aber nicht, um mir Geschichten zu erzählen, sondern um über sein Leben zu sprechen. Er sagte mir alles, was er über seine Eltern, seine Geschwister und über das Leben auf dem Land wusste. Er schilderte ausführlich die Schwierigkeiten, auf die er gestoßen war und die er überwinden musste, um daraus zu lernen. Er erzählte mir auch, wie es ihm gelungen war, sein Leben unter einfachen Leuten zu meistern, die seinen Wissensdurst nicht teilten.

Er sprach über die Bosheit der einen, die Freundlichkeit der anderen und von der Liebe, die man allen Lebewesen entgegen bringen müsse. Er sprach über die Rechte der Frauen und darüber, dass jeder Erwachsene Achtung vor den Kindern haben müsse. Was er sagte, stimmte in keinster Weise mit dem überein, was ich um mich herum erlebte, doch für mich stand absolut fest, dass er Recht hatte.

Immer wieder betonte er, eine Frau müsse studieren, damit sie ein Recht auf Meinungsäußerung und auf Freiheit hätte. Außerdem müsse sie einen Beruf erlernen, damit sie finanziell von ihrem Mann unabhängig sei. Ich fragte ihn: »Wäre es dir lieber, wenn ich ein Junge wäre?« Er erklärte mir, dass die

Eltern auf dem Land immer froh wären, wenn sie einen Jungen hätten, der ihnen bei der Feldarbeit helfen kann. Und dass man sich deshalb in vielen Familien nicht so sehr freuen würde, wenn ein Mädchen geboren wird. Aber die Bildung ändere dies alles. Die Mädchen hätten so die Möglichkeit, ihre Freiheit zu erobern und ebenso gute Arbeitsstellen zu finden wie die Jungen.

Bis ich ungefähr zehn Jahre alt war, weckte mich mein Vater jeden Morgen, hob mich auf seine Schultern und führte mich durch den Garten. Er zeigte mir die Sträucher und Blumen, dann setzte er mich vor dem Badezimmer ab. Er hat immer so mit mir gesprochen, als ob ich alles verstehen würde. Selbst wenn das nicht immer der Fall war, so hörte ich ihm doch lieber zu als spielen zu gehen. Mir war sehr früh bewusst, dass er mich so behandelte, weil er ahnte, dass er nicht mehr viel Zeit hatte. Und er wollte mir alles mitgeben, was mir seiner Meinung nach einmal nützlich sein könnte.

Als er spürte, dass er bald sterben würde, beunruhigte ihn der Gedanke, seine Brüder, die dann die Verantwortung hätten, könnten mich an irgendeinen Mann verheiraten, der ihren eigenen Interessen entgegen kam. Um das zu verhindern, beschloss er, diese Aufgabe selbst zu übernehmen.

Ich war fünfzehn, als er mich eines Tages in sein Arbeitszimmer rief, um die Angelegenheit mit mir zu besprechen. Er sagte, dass er im Prinzip dagegen sei, dass die Eltern die Ehemänner für ihre Töchter auswählten, dass er aber in diesem Fall auf diese Praxis zurückgreife, um eine Katastrophe zu verhindern. Er hatte einen jungen Mann gefunden, den er für würdig erachtete. Einen Offizier, der aus Deutschland zurückgekehrt war, wo er sein Studium abgeschlossen hatte. Dieser Mann war fünfundzwanzig oder sechsundzwanzig Jahre alt. Nach diesem Gespräch wog ich die ganze Nacht das Für und Wider gegeneinander ab. Die Entscheidung meines Vaters erschien mir vernünftig. Deshalb hinterließ ich auf seinem Schreibtisch folgenden kurzen Brief: »Nach reiflicher Überlegung bin ich einverstanden.«

So lernte ich Sharif, den Mann, den mein Vater für mich ausgewählt hatte, in einem Alter kennen, als ich noch Zöpfe trug und nicht den Schleier der Frauen. Ich fuhr noch jeden Tag mit dem Rad zum Gymnasium. Mein Leben bestand aus Spielen, dem unbeschwerten Lachen mit meinen Freundinnen und der Schule.

Mein Mann hatte meinem Vater versprochen, dass ich die Schule beenden und meine berufliche Laufbahn selbst bestimmen durfte. Er hat immer Wort gehalten. So bin ich dem Gefängnis entronnen, das so viele afghanische Frauen erdulden mussten. Vor der Schulverwaltung mussten wir geheim halten, dass ich verheiratet war, denn verheiratete Frauen durften nicht mit unverheirateten Mädchen verkehren. Fremden gegenüber wurde mein Mann also als mein Bruder vorgestellt.

Nach der Schule begann ich eine Ausbildung als Krankenschwester in Kabul. Das Gesetz untersagte zwar nicht, dass verheiratete Frauen eine Ausbildung machten, aber es war sehr streng, was Fehlzeiten anging. Als ich im zweiten Jahr schwanger war, musste ich diesen Zustand daher verheimlichen. Niemand bemerkte etwas: Ich trug weite Kleidung über der Schuluniform. Die breite Schürze und der Umhang der englischen Krankenschwestern, die zu unserer Uniform gehörten, schützten mich vor jeglichem Verdacht. So fehlte ich nicht einen einzigen Tag. Ich hatte das Glück, dass die Entbindung in die kurzen Herbstferien fiel. Die Schulbehörde erfuhr erst danach, dass ich verheiratet war und ein Kind hatte. Aber meine Prüfungsergebnisse sprachen ebenso für mich wie die Tatsache, dass ich nicht einen Tag Unterricht versäumt hatte. Daher durfte ich meine Ausbildung zu Ende bringen.

Als ich im dritten Jahr wieder schwanger war, wurde dies vollkommen akzeptiert. Meine ältere Schwester Narges, die Familie meines Mannes und meine Mutter, die nach dem Tod meines Vaters zu uns gezogen war, kümmerten sich um meine beiden Kinder Djahed und Mariam. Dieses Doppelleben wurde für mich zur Selbstverständlichkeit: Ich lachte und vergnügte mich wie ein junges Mädchen mit meinen Freundinnen, wenn ich draußen war – sobald ich das Haus betrat, war ich Ehefrau und Mutter.

Einige Zeit nachdem ich mein Examen als Krankenschwester abgeschlossen hatte, erhielt ich von der französischen Regierung ein Stipendium für einen Fortbildungskurs. Ich ließ mich zwei Jahre in Lyon als Hilfslehrerin ausbilden, von 1970 bis Ende 1972. Mit der Sorglosigkeit der Jugend und dem Wunsch, die Welt zu entdecken, reiste ich nach Frankreich. Meine Kinder überließ ich voller Vertrauen der Obhut meiner Mutter.

Es war meine erste Reise außerhalb Afghanistans, und ich erlebte eine Überraschung nach der anderen ... Als ich das erste Mal in einen Zug steigen musste, um von Paris nach Lyon zu kommen, stieg ich in den letzten Waggon ein. Es war der Gepäckwagen und man musste mich erst darüber aufklären, dass dort keine Reisenden sitzen. Ich dachte auch, jeder Passant, der sich einen Moment ausruhen möchte, könne sich auf einen der Stühle setzen, die auf den Terrassen der Cafés stehen. Ich wusste nicht, dass diese ausschließlich Gästen vorbehalten waren. In einem Selbstbedienungsrestaurant war ich vollkommen verloren ... In Kabul gab es damals noch nicht einmal Fernsehen.

Nach diesem Fortbildungskurs kehrte ich für einige Monate nach Kabul zurück. Das war 1973, als König Sahir Schah durch eine Art Staatsstreich abgesetzt wurde und sich sein Cousin Daoud, der ehemalige Premierminister, zum Präsidenten der Republik ernannte.

Zu Hause fühlte ich mich schlecht. Ich liebte meine Familie und meine Kinder sehr, aber das Studentenleben in Frankreich hatte mir gefallen und ich ertrug die Zwänge nicht mehr, denen eine Frau in Afghanistan ausgesetzt ist. Eine dreimonatige Reise durch Indien konnte mir die Beklommenheit nicht nehmen. Wie gern hätte ich gleichzeitig meine Kinder und Frankreich gehabt! Ich beschloss, nach Lyon zurückzukehren. Mein Mann hielt sich treu an sein Versprechen, das er meinem Vater gegeben hatte, und erhob keine Einwände. Von März 1974 bis Januar 1975 setzte ich also meine Kenntnisse in die Praxis um und arbeitete als Krankenschwester im Krankenhaus Edouard Herriot in Lyon. Da ich Ausländerin war, durfte ich nur als Praktikantin arbeiten. Bei diesen Aufenthalten lernte ich Französisch und durch Abendkurse auch etwas Deutsch.

Als ich im Januar 1975 nach Kabul zurückkehrte, um nicht zu lange von meiner Familie getrennt zu sein, fand ich eine Stelle als Hilfslehrerin an der Schwesternschule. Es stellte sich sehr bald heraus, dass meine Verbindung zu Europa, vor allem zu Frankreich, mit der Funktion, die mein Mann als Offizier ausübte, nicht vereinbar war. In der Schwesternschule gab es sowohl Französinnen als auch Afghaninnen. Es gab nur wenige, die beide Sprachen beherrschten und übersetzen konnten. Ich hatte daher ständig Kontakt mit französischen Ärzten und mit ausländischen Lehrern. Manchmal wurde ich mit einem Wagen der französischen Botschaft nach Hause gebracht. Unser Haus lag in einem Stadtteil, in dem die meisten Ausländer wohnten.

Von Sharif wurde dagegen erwartet, dass er sich von Ausländern fernhielt. Zu Hause kam es dann zu merkwürdigen Szenen: Es kam vor, dass mein Mann am selben Tag in einem Teil des Wohnzimmers seine Kollegen empfing und ich in einem anderen Teil des großen Raumes meine französischen Freunde. Sein Arbeitsumfeld war von dem meinen vollkommen verschieden. Mein Mann und ich hatten aber großen Respekt voreinander, so dass dies für uns kein Problem darstellte. Viele andere störten sich jedoch offensichtlich daran. Ich hatte keine Ahnung, was man gegen mich im Schilde führte. Erst als mein Mann eines Tages aufgebracht und verzweifelt von der Arbeit nach Hause kam, erkannte ich die Situation. Er wartete vor der Tür auf mich. Und ich kam ausgerechnet in einem französischen Wagen ...

»Komm schnell ins Haus!« sagte er nur. Als wir in seinem Arbeitszimmer waren, erzählte er mir, dass man ihn immer öfter darauf hinwies, mit wem ich Umgang hätte. Ich bat ihn, sich genauer auszudrücken. Daraufhin erzählte er, dass man eine ganze Akte über meine Kontakte zu Franzosen angelegt hätte. Sein Vorgesetzter hatte ihn zu sich zitiert und davor gewarnt, dass er in die Sache verwickelt werden könnte.

»Entweder ich gebe meine Stellung auf oder du deine ausländischen Freunde.« Er war sehr nervös und trommelte mit den Fingern auf seiner Revolverhülle herum. Er sprach sogar von Selbstmord. Von einem afghanischen Mann wird erwartet, dass er seine Frau überwacht oder im Haus behält. Auf keinen Fall darf es dazu kommen, dass man ihm Vorhaltungen bezüglich ihres Benehmens macht. Das ist eine Frage der Ehre. Mir war klar, dass wir eine schwerwiegende Entscheidung fällen mussten. Ich wollte wissen, woher die Angriffe kamen. Sofort stattete ich dem Dekan der medizinischen Fakultät einen Besuch ab, der für die Schwesternschule verantwortlich war. Er teilte mir meine Entlassung mit. Der Befehl käme von einer Behörde, deren Anweisungen »ebenso indiskutabel« seien wie der Koran. Die berühmte Akte, von der Sharif gesprochen hatte, war also sehr schnell weitergereicht worden.

Am nächsten Tag trat die Klasse, für die ich den Unterricht übersetzte, in den Streik und die Kollegen gingen zur französischen Botschaft, um meine Rückkehr zu fordern. Sie wiesen darauf hin, dass es absurd sei, eine Afghanin zur Ausbildung ins Ausland zu schicken und sich dann darüber zu beklagen, dass sie Kontakte zu Ausländern unterhalte. Wie dem auch sei – ohne Übersetzerin könnten sie jedenfalls nicht arbeiten. Die ganze Aufregung führte ein paar Tage später zu einer Art faulem Kompromiss.

Diese Situation behagte mir ganz und gar nicht. Der Kompromiss regelte überhaupt nichts; er vertuschte nur, dass eine Akte über mich angelegt worden war. Ich wollte kein Hindernis für die Karriere meines Mannes sein, aber ich konnte auch nicht die Bedingungen akzeptieren, die man mir auferlegte. Genauso wenig wollte ich zu Hause bleiben – ich wollte frei sein! Ich beschloss, in den Iran zu gehen und dort zu arbeiten. Sharif hatte nichts dagegen.

Wie mein Vater und die anderen Mitglieder meiner Familie reiste ich sehr gern und hielt es nicht lange an einem Ort aus. Meine Schwester Narges war in Teheran, mein Bruder Nadjib hatte wie ich in Lyon studiert und war dort geblieben. Meine Schwester Sabah studierte Französisch an der Universität von Kabul. Wir waren fasziniert von Europa, auch wenn wir uns im Orient, der für uns vom Iran bis nach Indien reichte, zu Hause fühlten.

Revolution in Kabul

Ich war bei meiner Schwester Narges in Teheran, als ich von dem Staatsstreich Tarakis gegen Daoud Khan erfuhr, der Revolution von Saur. Schon seit zwei Jahren arbeitete ich in einem Krankenhaus in einer kleinen Stadt im Osten des Iran. Die Ferien verbrachte ich in Kabul, die Wochenenden bei meiner Schwester in Teheran. An diesem Abend bereiteten wir gerade ein Essen zu, weil wir ein paar iranische Freunde eingeladen hatten.

Plötzlich verkündete der Nachrichtensprecher im Fernsehen, dass es in Afghanistan zu einem Staatsstreich gekommen war, einem kommunistischen Staatsstreich. Ich erinnere mich noch wörtlich an die Formulierung des Sprechers, weil sie später immer wieder wiederholt wurde: »Kabul versinkt in Feuer und Blut.« Das Einzige, was man sicher wusste, war, dass Präsident Daoud mit seiner Familie in seinem Haus getötet worden war. Meine Schwester und ich hatten unsere Gäste vollkommen vergessen. Wahrscheinlich waren sie nach kurzer Zeit gegangen und hatten uns unserer Angst überlassen.

Wir blieben bis zum nächsten Morgen wach und verfolgten die Nachrichten im Radio. Wir klebten praktisch an dem Gerät, als ob wir dadurch unserer Familie näher wären. Ich wollte nach Afghanistan zurück. Einem ersten Reflex folgend stürzten wir zum Telefon, bekamen aber natürlich keine Verbindung.

Am nächsten Tag fuhr ich zum Krankenhaus, wo ich um Urlaub bat. Der wurde mir verweigert. Der Direktor wies mich darauf hin, dass ich einen Arbeitsvertrag unterschrieben hatte und die Ferien abwarten müsste, ehe ich fahren konnte. Ich brachte es nicht fertig, die gute Stelle, die ich zu diesem Zeitpunkt im Iran hatte, aufs Spiel zu setzen. Ich hätte auch nicht gedacht, dass die Ereignisse mich zwingen könnten, endgültig oder für eine lange Zeit nach Kabul zurückzukehren. Also beschloss ich, die Sommerferien abzuwarten. Schließlich war meine Mutter zu Hause und kümmerte sich bestens um meine Kinder, und Sharif passte auf alle auf. In meiner Naivität konnte ich mir nicht vorstellen, dass die Ereignisse meine Familie direkt betreffen könnten.

Die politische Situation war auch im Iran unruhig. Die Iraner fingen an, gegen das Schah-Regime zu protestieren: Man musste nun stets verschleiert das Haus verlassen. Frauen, die sich weigerten, liefen Gefahr, beleidigt oder belästigt zu werden.

Da ich telefonisch keine Verbindung nach Kabul bekam, versuchte ich es auf dem Postweg. Lange kam keine Antwort. Während dieser ganzen Zeit dachte ich an meine Familie, war bald beunruhigt, bald gelassen. Im Krankenhaus musste ich oft rund um die Uhr arbeiten. Die Nachrichten, die ich über Afghanistan erhielt, waren nur bruchstückhaft. Die iranische Revolution gegen den Schah breitete sich immer mehr aus und im Radio wurde nur noch wenig über das berichtet, was in den Nachbarländern geschah.

Das »Massaker am roten Platz«, das die Truppen des Schahs auf seinen Befehl hin verübt hatten, auf eine Studentendemonstration zu schießen, fiel genau mit der »Revolution von Saur« in Kabul zusammen. Mein Status als Ausländerin gewährte mir im Iran eine relative Freiheit. Die Iraner verstanden sehr gut, dass ich bei ihnen keine Stellung beziehen konnte. Ich arbeitete, um meine Angst zu verdrängen und wartete jeden Tag auf einen Brief. Nach vier Monaten kam endlich eine Nachricht von meiner Mutter, die mich nur bat, nach Kabul zurückzukommen. Sie schrieb keine Zeile über meine Familie. Noch nie hatte sie mich in einem Brief gebeten zurückzukommen. Das war nicht ihre Art. Es musste etwas Schlimmes passiert sein.

Mein Mann ist verschwunden

Voller Angst nahm ich das Flugzeug nach Kabul. Ich dachte, dass ich meine Familie besuchen würde, die in Schwierigkeiten war, und mein Leben danach mehr oder weniger so weiterginge wie bisher. Ich hatte keine Ahnung, dass ich nie mehr an meinen Arbeitsplatz zurückkehren würde. Mein Auto stand noch auf dem Parkplatz des Krankenhauses, und ich hatte auch meine Ersparnisse nicht von der Bank geholt.

Am Flughafen von Kabul rief ich in Sharifs Büro an, wie ich es immer tat, wenn ich von einer Reise zurückkehrte. Ein Mann war am Apparat, der mir Fragen stellte: Er wollte wissen, wer ich sei, von wo aus ich anrief und was ich wollte. Ich erklärte diesem Menschen, der sich noch nicht einmal vorgestellt hatte, dass ich am Flughafen sei und meinen Mann sprechen wolle, damit er mich abholen und nach Hause bringen könne. Die Antwort war kurz: »Rufen Sie nicht mehr an. Er ist nicht mehr hier.«

Ich verstand nicht. War er in ein anderes Büro gezogen? War er verreist? Ich fragte mich, ob ich ihn wohl erreichen würde, wenn ich ein paar Minuten später nochmals anrief. Der Unbekannte antwortete: »Nein, er kommt nicht mehr.«

Aus Vorsicht fragte ich nicht weiter. Ich nahm ein Taxi und fuhr nach Hause. Meine Mutter öffnete die Tür, nahm mich in ihre Arme und weinte, ohne ein Wort zu sagen. Über ihre Schulter hinweg sah ich, dass sie allein war ... Ich traute mich nicht, Fragen zu stellen, aus Angst vor schlechten Nachrichten. Einige Minuten später fasste ich Mut und fragte: »Wo sind die Kinder?«

»Die Kinder sind in der Schule. Ihnen geht es gut. Aber dein Mann ist verschwunden.«

In der Woche nach dem Staatsstreich waren eines Abends um sieben Uhr mehrere Männer in einem Auto gekommen, um ihn zu holen. Sie sagten, sein Vorgesetzter wolle ihn sprechen ... Er war nicht zurückgekommen.

Ich brauchte einige Tage, um die Situation zu begreifen. Die Gefahr der Denunziation war so groß, dass man niemandem trauen konnte. Selbst unsere Freunde distanzierten sich von uns, aus Vorsicht. Das Schlimme an solch einer Schreckensherrschaft ist, dass man nicht weiß, was einem vorgeworfen wird, welchen Verbrechens man beschuldigt wird, was mit den Menschen passiert, die einfach verschwinden oder warum Freunde plötzlich nicht mehr mit einem reden. Man stellt fest, dass es so ist und damit Schluss. Ich wusste noch nicht einmal, wo ich noch nach meinem Mann fragen sollte.

Viele höhere Beamte waren nach Pul-i-Tscharki gebracht worden, in das größte Gefängnis des Landes. Ich hatte mir bis dahin über Gefängnisse keinerlei Gedanken gemacht. Ich wusste also auch nicht, wo sich dieses befand. Ich erkundigte mich und machte mich auf den Weg dorthin.

Die Gebäude des Gefängnisses standen in der Wüste, wenige Kilometer von Kabul entfernt: Das Ganze war ein beeindruckender Komplex, der von einer anderen Welt zu sein schien ... Pul-i-Tscharki hatte damals noch nicht den grausamen Ruf einer Folterkammer, der hat sich erst später entwickelt, als die Wahrheit nach und nach ans Licht kam. Aber es genügte, dieses riesige Gebäude zu sehen, damit es einem kalt den Rücken hinunter lief. Man ahnte, dass darin nichts Gutes passierte.

Ich hatte erfahren, dass man den Gefangenen alle vierzehn Tage freitags etwas bringen durfte. Also stellte ich mich mit meiner Mutter und meinen Kindern vor das Gefängnis. Ich war mir nicht sicher, ob mein Mann sich hinter diesen Mauern befand, doch ich hatte beschlossen, hier mit meinen Nachforschungen zu beginnen. Vorsichtshalber fuhren wir bereits um sieben Uhr morgens mit dem Auto hin, aber da standen schon Hunderte von Menschen in dieser Wüste. Soldaten bewachten die Menge. Vor all diesen Leuten saßen zwei Offiziere an zwei Tischen. Sie notierten die Namen der Gefangenen, nach denen gefragt wurde, und nahmen die Pakete in Empfang, die für jene gedacht waren. Hinter ihnen standen Soldaten, die die Pakete weiter transportierten und Befehle ins Innere des Gefängnisses weitergaben. Es gab kein Besuchsrecht, kein Sprechzimmer. Wir mussten in einer Entfernung von etwa fünfhundert Metern vor dem Gebäude stehen bleiben, das zur Wüste hin kein einziges Fenster hatte.

Ich schrieb eine kurze Nachricht für meinen Mann auf, für den Fall, dass er dort drinnen war. Ich erinnere mich noch genau an die Worte: »Ich bin zurückgekommen. Mach dir keine Sorgen um die Kinder: Ich werde bei ihnen bleiben. Wenn du etwas brauchst, werden wir es dir in vierzehn Tagen bringen.« Ich legte meinen Zettel einem der Offiziere auf den Tisch. Manchmal wehte der Wind ein paar Zettel von dem Stapel, der sich mittlerweile angesammelt hatte. Die Offiziere machten sich nicht die Mühe, einen Stein darauf zu legen. Die kleinen Briefe wurden also willkürlich verstreut und willkürlich wieder eingesammelt, die ersten konnten also sehr gut die letzten sein.

Zweieinhalb Stunden warteten wir vier in der prallen Sonne. Wir beobachteten das Treiben der Soldaten: Wenn einer von ihnen mit einem Paket oder einem kurzen Brief ins Gefängnis ging, brauchte er sehr lange, bis er wieder zurückkam. Wir hatten gesehen, welcher Soldat die Nachricht für Sharif mitgenommen hatte. Von weitem hielten wir Ausschau, wann er zurückkam. Plötzlich entdeckten wir im Staubgeflimmer seine Silhouette. Er hatte etwas unter dem Arm. Meine Mutter erkannte die Kleidung, die Sharif getragen hatte, als man ihn abholte.

»Das sind seine Sachen! Das hat er angehabt!« Die Kinder stürzten voller Freude dem Soldaten entgegen, um die Sachen ihres Vaters in Empfang zu nehmen. Meine Mutter und ich waren zurückhaltender, weil wir nicht wussten, was es mit diesen Kleidungsstücken auf sich hatte. Die Vorsicht war berechtigt. Die Kleidungsstücke, die die Kinder uns brachten, waren ganz hart, wie gestärkt, von getrocknetem Blut. Alles war voller Blut, die Hose, das Hemd. Die Kinder verstanden sehr schnell, ihr Lächeln erstarrte. Meine Mutter fing an zu weinen.

Ich fragte den Soldaten: »Lebt er noch? Haben Sie ihn gesehen?«

»Er lebt. Es geht ihm gut. Er bittet Sie um Heftpflaster und Watte.«

Wir fuhren nach Hause. Keiner von uns sprach im Auto ein Wort. Wir waren froh, dass er noch lebte. Aber ohne etwas zu sagen, ohne es laut auszusprechen, wussten wir, dass er gefoltert worden war.

Wir fuhren also regelmäßig zum Gefängnis. Alle vierzehn Tage brachten wir saubere Kleidung und nahmen die schmutzige mit. Wir fuhren immer sehr früh los. Man musste Schlange stehen. Es kam zu Drängeleien. Die Offiziere beleidigten und misshandelten die Familien. Diese Szenen waren umso bedrückender, als es sehr heiß war in dieser Wüste, wo es häufig auch noch zu Sandstürmen kam.

Ich konnte feststellen, dass Niedertracht keine Grenzen kennt. Ich sah Frauen von Gefangenen, die sich rückhaltlos aufreizend benahmen, damit die Offiziere und Soldaten sie bevorzugten. Die allgemeine Korruption, die die neue Regierung auszeichnete, zeigte sich auch in den Familien der Gefangenen. Die Soldaten, die mit großzügigen Trinkgeldern belohnt wurden, beeilten sich, bestimmte Pakete zu ihrem Empfänger zu bringen. Diejenigen, die unter dem alten Regime reich gewesen waren, waren es auch jetzt. Diesen Leuten ersparte man es offensichtlich, im Staub Schlange zu stehen. Ich wäre lieber vor Scham gestorben als um Sonderrechte zu bitten oder sie mir zu kaufen.

Kein Volk ist jemals uneingeschränkt bewundernswert in seinem Widerstand. Auch unter den Afghanen gab es zahlreiche Kollaborateure, Feiglinge und Opportunisten. Aber genauso gab es unzählige Helden und arme Teufel.

Vor den Toren von Pul-i-Tscharki kam es zu zahlreichen Szenen der Gewalt. Eines Tages stürmten die Frauen, die die lange Warterei satt hatten, die Eingangstüren des Gefängnisses. Die Soldaten, die im ersten Moment überrascht waren von der großen Anzahl und der Entschlossenheit der Frauen, schossen einfach auf die Menge und töteten dabei eine schwangere Frau. Dies geschah kurz vor unserer Ankunft. An diesem Tag packten die Offiziere ihre Tische zusammen, die Familien wurden weggeschickt und mussten wieder zwei Wochen warten.

Um meiner Mutter und den Kindern diese schmerzlichen und gefährlichen Szenen zu ersparen, hatte ich mir angewöhnt, das Auto etwas abseits zu parken und mich allein in die Schlange vor den Tischen zu stellen. Wir konnten nur kurze Mitteilungen austauschen, die keinen Verdacht auslösten. »Den Kindern geht's gut.« »Alles in Ordnung.« Wir machten uns nichts vor: Diese Mitteilungen sagten nichts über die wahren Verhältnisse hinter den Gefängnismauern aus.

Im Laufe der Zeit musste man wohl oder übel ein kleines Trinkgeld geben. Soldaten, die kein Geld erhielten, kamen vor zwei Stunden nicht zurück: Schließlich begriffen wir, dass es nur eine Möglichkeit gab, ihre Schritte zu beschleunigen. Dieses System beunruhigte uns sehr: Es ermutigte die Soldaten natürlich dazu, den Tod oder das Verschwinden eines Gefangenen nicht mitzuteilen. Solche Fälle gab es tatsächlich: Die Soldaten nahmen Trinkgelder und Pakete einfach ein Jahr länger an.

Manchmal teilten die Soldaten aber bestimmten Familien auch mit, dass es sinnlos sei, wiederzukommen, weil der jeweilige Gefangene an einen anderen Ort gebracht worden sei. Wir brauchten einige Zeit, bis wir verstanden, was mit dieser Formulierung gemeint war: Der Angehörige war tot.

Die Familie durchbringen

Das Leben ging weiter. Ich musste Arbeit finden, um meine Mutter, meine Kinder und den Sohn meiner älteren Schwester zu ernähren. In Kabul herrschte der Terror und es war eine Ausgangssperre erlassen worden. Regierungstruppen tauchten abends in Häusern auf, die sie für verdächtig hielten, sie töteten, plünderten und nahmen fest, wen immer sie wollten. Keiner traute dem anderen. Menschen, die gar nicht hinter der Regierung standen, denunzierten potenzielle Konkurrenten, nur um ihre Arbeitsstelle zu behalten.

Natürlich wandte ich mich bei meiner Arbeitssuche als Erstes an die Schwesternschule, an der ich einmal Assistentin gewesen war. Zwei meiner ehemaligen Schülerinnen, die im Schnellverfahren zur Direktorin und stellvertretenden Direktorin befördert worden waren, empfingen mich sehr freundlich. Ich hatte mit diesen beiden jungen Frauen in der Klasse ein ausgezeichnetes Verhältnis gehabt und unser Gespräch verlief sehr ruhig. Sie hatten damals sogar mit gestreikt, als ich entlassen worden war. Als ich begriff, wie die Dinge jetzt liefen, dass es praktisch keine Kompetenzen mehr gab, sondern dass das Parteibuch allein entscheidend war, fragte ich gar nicht erst nach Arbeit. Ich erklärte, dass ich nur einen Höflichkeitsbesuch hatte abstatten wollen. Die beiden jungen Frauen schlugen zwar vor, mich einzustellen, aber es wäre mir zu peinlich gewesen, ehemaligen Schülerinnen unterstellt zu sein. Ich verabschiedete mich rasch.

Schnell war mir klar, dass ich ohne Genehmigung der kommunistischen Partei nicht als Krankenschwester arbeiten konnte. Wo ich mich auch vorstellte, ob als Krankenschwester oder für irgendeine andere Arbeit – die erste Frage war immer: »Haben Sie einen Parteiausweis?« Und immer wenn ich nach Hause kam, fragten mich die Kinder: »Mama, hast du Arbeit gefunden?« Ich musste antworten. Ich sah die Traurigkeit in ihren Gesichtern. Sie hatten Angst.

Unser Leben veränderte sich. Wir sparten, wo immer es ging. Ich hatte noch etwas Geld, aber das wollte ich aufbewahren, falls es noch schlimmer kommen sollte. Niemand wusste, wie lange diese Situation andauern würde. Widerwillig überlegte ich sogar, ob ich in die Partei eintreten sollte, um leichter Arbeit zu finden. Ich erkundigte mich, was dazu erforderlich war. Man erklärte mir, dass ich an zwei Parteisitzungen pro Woche teilnehmen müsse, in deren Verlauf ich Feinde der Partei anzuzeigen hätte – Menschen, die schlecht über die Partei oder die aktuelle Regierung sprachen. Ich verstand plötzlich, warum so viele Menschen im Gefängnis saßen. Ich sagte, dass ich es mir überlegen wolle und verließ schleunigst das Parteibüro. Die Entscheidung war schnell getroffen: Lieber wollte ich verhungern als durch Denunziationen zu überleben.

Ein Jahr dauerte es, bis ich Arbeit fand. Ein Jahr, in dessen Verlauf ich es mehr als einmal bedauerte, den Iran verlassen zu haben, ohne meine Ersparnisse von der Bank zu holen. Sollte ich in den Iran zurückkehren und von dort Geld an meine Familie schicken? Diese Lösung, die psychologisch gesehen die schlechteste gewesen wäre, ließ sich jedoch gar nicht realisieren. Mein Pass war bei meiner Ankunft in Kabul beschlagnahmt worden und Geldüberweisungen waren verboten. Die Behörden stellten auch keine Ausreisevisa aus.

Ich ging nicht mehr zu den staatlichen Arbeitsämtern. Ich suchte jetzt eine Arbeit als Näherin. In der Schule hatte ich nähen gelernt, wie alle Mädchen. Und ich hatte das Glück gehabt, im Iran noch Fortbildungskurse besuchen zu können, in denen man lernte, den Stoff richtig zuzuschneiden. In den Werkstätten, bei den Schneiderinnen oder in den Geschäften würde man die Leute nicht nach politischen Kriterien einstellen ... Aber alle Türen blieben verschlossen.

Bald darauf musste ich mit der ganzen Familie umziehen. Unsere Wohnung war sehr groß, sehr modern – und sehr teuer. Eigentlich hatten wir mit den Eigentümern abgesprochen, dass wir die Wohnung eines Tages kaufen würden – aber das war jetzt unmöglich. Meine Mutter hatte die Miete immer so spät wie möglich bezahlt, in der Hoffnung, dass Sharif zurückkäme. Aber die Eigentümer wollten uns los sein, da ihnen klar war, dass wir die Wohnung unter diesen Umständen niemals kaufen konnten. Ihre Kinder hatten sich der Partei angeschlossen: Wir galten gleichzeitig als insolvente Käufer und als politisch Verdächtige. Djahed, das »Familienoberhaupt« (er war vierzehn!), war mehrmals eingeschüchtert und unter Druck gesetzt worden, als ich im Iran war.

Der Bürgerkrieg veränderte die Beziehungen der Menschen zueinander. Früher waren wir mit den Eigentümern befreundet gewesen. Unsere Kinder hatten mit ihren Kindern gespielt (mit den jüngeren, nicht mit jenen, die uns nun denunzierten). Oft hatte ich ihre Mutter zum Tee eingeladen. Bei ihrem letzten Besuch wurde uns klar, dass wir vorsichtig sein mussten.

Die Katze meiner Tochter Mariam stieß zufällig die Handtasche dieser Dame um. Hastig suchte unsere Vermieterin ihre Sachen zusammen: Jedoch nicht schnell genug, um in ihrer Verzweiflung rechtzeitig ein kleines Tonband zu verbergen, das sie vor uns geheim halten wollte. Sie hatte also absichtlich das Gespräch auf die schwierigen Zeiten und die neue Regierung gelenkt ... Ich hatte, so glaube ich, nur beklagt, dass Sharif im Gefängnis war, woraus mir wohl niemand einen Strick drehen konnte. Wir waren derart überrascht, dass wir noch nicht einmal protestierten oder das Tonband verlangten. Dies wäre übrigens auch nicht klug gewesen. Ziemlich aufgelöst verabschiedete sich unsere Vermieterin schnell. Sie kam nie mehr wieder. War ich die nächste, die sie auf ihrer Parteiversammlung denunzieren wollte?

Um aus dieser Situation herauszukommen, kaufte ich von Sharifs Ersparnissen ein Haus im selben Stadtviertel. Gott sei Dank hatte mein Mann sein Geld niemals irgendwelchen Banken anvertraut. Er versteckte die Scheine überall im

Haus: zwischen den Buchseiten in seiner Bibliothek, in kleinen Schachteln unter dem Bett, oder aber er vergrub seine Ersparnisse im Garten. Dank dieses Misstrauens hatten wir etwas Geld, denn die Bankguthaben waren alle eingefroren.

Dieses Haus gefiel mir. Aber am Tag des Umzugs betraten wir ein Haus, das mit jenem, das ich besichtigt hatte, nichts mehr zu tun hatte. Alles, was nicht niet- und nagelfest gewesen war, hatte man mitgenommen: die Fensterscheiben, die Türklinken, die Toilettenschüssel usw. Wir mussten Pappe vor die Fenster kleben und provisorisch Klinken aus mehr oder weniger geeigneten Werkzeugen zaubern. Als ich einen Telefonanschluss anmelden wollte, teilte man mir mit, dass ich zuerst die Rechnungen der letzten Eigentümer begleichen müsse, die zwei Jahre nichts mehr bezahlt hatten ... Selbstverständlich hatte der skrupellose Verkäufer mich unmissverständlich wissen lassen, dass er Parteimitglied war, indem er im Laufe des Gesprächs einflocht, dass seine beiden Kinder ein Stipendium in der Tschechoslowakei und in Rumänien hatten. Protest war also sinnlos. Die Liste der Ärgernisse war ziemlich lang.

Ich gab nach, und zwar aus zwei Gründen: Als Frau eines angeblichen Staatsfeindes, der im Gefängnis saß, war ich in einer prekären Lage und ständig in Gefahr, denunziert zu werden. Erschwerend kam hinzu, dass ich jetzt das Familienoberhaupt war – und das in einem Land, in dem nur die Autorität des Mannes zählt. In Afghanistan ist eine Familie, die keinen männlichen Beschützer hat, praktisch Freiwild.

Ich kann mir sehr wohl Respekt verschaffen, aber ich konnte hier unmöglich so reagieren, wie ein afghanischer Mann es in meiner Situation getan hätte. Um das Haus-Problem auf afghanische Weise zu lösen, hätte man dem niederträchtigen Verkäufer ganz unerwartet einen kleinen Besuch abstatten müssen. In Begleitung einiger kräftiger und entschlossener Brüder und Cousins. Wie durch Zauberhand hätte das Haus plötzlich wieder Scheiben und Türklinken besessen ... Aber was konnte ich mit meinem kleinen Clan, bestehend aus Frauen und Kindern, schon ausrichten? Und was Freunde betrifft, so konnte ich ihnen nicht mehr trauen, ebenso wenig wie den ausländischen Bekannten, wenn sie nicht sowieso schon längst abgereist waren. Wo es keine Gesetze mehr gibt, zählt nur noch die Gewalt. Ich wusste sehr gut, wie man Gewalt einsetzen kann, aber ich hatte nicht die Mittel dazu.

Es gab noch mehr Menschen, die versuchten, diese Situation der Schwäche auszunutzen. Ein Maler hatte mir versprochen, mich in seinem Geschäft für Kunsthandwerk, Schmuck und traditionelle afghanische Kleidung einzustellen. Er gab mir die Adresse, wo der Laden eröffnet werden sollte. Ich wollte den Raum mit Möbeln aus meinem Haus ausstatten. Wir trafen uns mehrmals, aber nie brachte der Mann die versprochene Ware mit, die ich verkaufen sollte. Er hat mir auch nie das Geschäft gezeigt, wo ich angeblich arbeiten sollte. Er fuhr mich immer vor einen verschlossenen Laden, nie hatte er den Schlüssel dabei. Schließlich begriff ich, dass dieser Herr sich nur mit mir treffen wollte, aber keineswegs die Absicht hatte, mir Arbeit zu beschaffen. Ich gab also den Plan auf, Geschäftsfrau zu werden und machte Schluss mit diesem Theater der ständigen Verabredungen.

Ein langjähriger Freund hatte mit mir in Frankreich studiert. Ob er mir vielleicht helfen konnte? Er war Arzt und inzwischen Leiter der Röntgenabteilung in einem großen Krankenhaus in Kabul. Und er war Parteimitglied. Unter dem Vorwand, dass Djahed eine Röntgenaufnahme brauchte, wandte ich mich an diesen Freund. In seinem Arbeitszimmer duzte ich ihn, wie ich es seit unserer Studienzeit in Lyon immer getan hatte. Er tat so, als erkenne er mich nicht und redete mich mit Sie an. Ich wusste bereits, dass Angst feige macht, aber damit hatte ich wirklich nicht gerechnet.

In der Hoffnung, dass ich mit Schreibmaschinenkenntnissen mehr Chancen hätte, einen Job zu finden, meldete ich mich zu einem Kurs in einem privaten Institut an. Diese Ausbildung dauerte drei Monate. Ich wollte bei einer der internationalen Organisationen arbeiten, die noch in Kabul geblieben waren: UNICEF oder die Vereinten Nationen. Da ich Französisch sprach und auch etwas Englisch, konnte ich dort vielleicht nützlich sein. Mit dem Diplom über meine Schreibmaschinenkenntnisse habe ich mich bei verschiedenen Organisationen vorgestellt. Leider waren meine Englischkenntnisse nicht gut genug. Der Schreibmaschinenkurs hat mir aber später trotzdem weitergeholfen.

Eines Tages traf ich einen alten Freund auf der Straße, den ich jahrelang nicht mehr gesehen hatte. Ich weiß nicht warum, aber ich vertraute ihm. Mein Bedürfnis, mit jemandem über meinen Kummer zu sprechen, war einfach zu stark. Ich schilderte ihm meine ganze Situation: dass mein Mann im Gefängnis war, dass ich verzweifelt eine Arbeit suchte ... Er hatte eine führende Position im Kultusministerium. Er versprach, eine Stelle als Sekretärin für mich zu finden, für die ich keinen Parteiausweis brauchte. Zwei oder drei Tage später rief er an und bestellte mich ins Justizministerium; in seinem eigenen Ministerium war keine Stelle frei gewesen, aber bei einem Kollegen. Er hatte mich den Verantwortlichen empfohlen und war als Bürge für mich eingetreten. So wurde ich als Schreibkraft eingestellt.

Die Arbeitsbedingungen in diesem Justizministerium waren absolut erstaunlich und sehr bezeichnend für jene Zeit. In einem Büro mussten dreizehn Leute arbeiten, zwölf Männer und ich. Die Schreibtische waren in diesem großen Raum in hierarchischer Ordnung in einer Reihe aufgestellt. Ich saß am letzten Tisch, der am nächsten an der Tür stand, gleich neben dem Kehrer. Dieser saß auf dem Boden, wenn er nicht gerade fegte: Er hatte kein Anrecht auf einen Stuhl. Neben meinem Schreibtisch stand ein großer Wasserkessel zum Teekochen. Meine Schreibmaschine war uralt und machte einen Höllenlärm. Zum Glück musste ich nicht oft schreiben.

Niemand arbeitete, weil niemand uns Arbeit brachte. In dieser Regierung fällten die Polizei, die Armee und vor allem die Partei selbst die Urteile, ohne dass die Justiz hinzugezogen wurde. Aber man hatte doch noch nicht gewagt, das Ministerium ganz abzuschaffen.

Es sprach auch niemand. Aus Vorsicht. Man begrüßte sich, wenn man morgens kam, tauschte ein paar Sätze aus, und dann schwieg man. Nur wenn jemand Tee wollte, äußerte er dies kurz. Schachprobleme wurden von einem Tisch zum nächsten gereicht und heimlich in der Schublade gelöst, damit die Kollegen und Vorgesetzten der anderen Abteilungen nichts merkten. Aber Schachspielen reichte mir als Beschäftigung nicht aus. Wie konnte man sich an einem solchen Ort nützlich machen? Ich studierte die Physiognomie meiner Kollegen. Einige waren traurig und unruhig; der Grund dafür war nicht schwer zu erraten: Sie hatten Angehörige, die im Gefängnis saßen. Die Angehörigen der Partei und die Opportunisten waren fröhlicher. Sie spielten gern Schach: War das nicht das Lieblingsspiel Lenins? Außerdem lasen sie die Klassiker des Marxismus: Marx, Engels, Lenin. Dazu mussten sie die Bücher nicht in der Schublade verstecken.

Als einzige Frau im Büro wurde ich sehr bald damit beauftragt, mittags den Salat herzurichten. Baba Murad, der Kehrer, besorgte morgens die Zutaten, ich putzte das Gemüse und bereitete den Salat zu. Wir aßen im Büro, an unseren Schreibtischen. Nachmittags servierte ich gemeinsam mit Baba Murad Tee. Ich fing mit niemandem eine Unterhaltung an und nannte nur meinen Vornamen, damit keiner mich identifizieren konnte.

Dieses Justizministerium bot paradoxerweise zahlreiche Gelegenheiten, sich über komische oder seltsame Szenen zu wundern. Man musste zum Beispiel am Ende des »Arbeitstages« eine Anwesenheitsliste unterschreiben. Ich unterzeichnete, ebenso wie Baba Murad, im Heft für die einfachen Arbeiter. Meine Kollegen unterschrieben auf der Liste der höheren Angestellten. Diese Anwesenheitsliste war schon etwas Besonderes. Da die meisten Analphabeten waren, unterschrieben sie nicht, sondern drückten ihren Ring, auf dem ihr Name eingraviert war und den sie angefeuchtet hatten, auf das Papier. Damit es schneller ging, reichte jeder seinen Ring dem ersten, der in der Reihe stand, und der stempelte dann die ganze Liste ab. So konnte man auch »unterschreiben«, wenn man gar nicht da war – indem man seinen Ring einfach einem Freund anvertraute. Da ich keinen Ring besaß, musste ich warten, bis ich an der Reihe war. Dies war so nervenaufreibend, dass ich beschloss, mir auch einen Ring machen zu lassen.

Nach ein oder zwei Wochen begriff ich, dass der Chef des Büros, der schon lange vor der Revolution von Saur auf seinem Posten saß, nicht in der Partei war. Manchmal, wenn wir allein waren, sprachen wir von unseren Familien: Vier seiner Brüder waren im Gefängnis.

Diese Situation war für mich alles andere als befriedigend. Ich langweilte mich nicht nur zu Tode, sondern verdiente auch noch sehr schlecht: umgerechnet etwa hundertachtzig Dollar im Monat. Damit konnte ich keine sechs Personen ernähren. Daher suchte ich nach einer Alternative. In unserer Nachbarschaft wohnte ein französisches Ehepaar. Philippe war Arzt, er war mit seiner Frau Régine hierher gezogen. Sie hatten eine achtjährige Tochter. Ihr Haus teilten sie mit einer Krankenschwester, die ebenfalls Französin war und Marie-France hieß. Wir lernten uns kennen, weil sie Dari lernen wollten (die persische Sprache, die man in Afghanistan spricht). So fand ich diese Freunde, von denen in dieser Geschichte noch oft die Rede sein wird. Was den Sprachkurs betrifft, so hatte im Grunde keiner von uns wirklich Lust dazu. Ich brauchte einen ruhigen Ort und Freunde, mit denen ich wirklich reden konnte. So verbrachte ich die Abende damit, mit Philippe Schach zu spielen, und das französische Kartenspiel *belote* mit Régine, Philippe und Marie-France. (Natürlich hatte ich nicht in Frankreich leben und in Lyon studieren können, ohne *belote* zu lernen.) So bekämpften wir in den Nächten der Ausgangssperre die Angst: Wir spielten *belote*, *belote* und noch einmal *belote* ...

Die Persischkurse wurden bald zum Alibi gegenüber meiner Mutter, die kein Verständnis dafür gehabt hätte, dass ich ein solches Risiko einging: Die Ausgangssperre brechen, um mit Freunden, die noch dazu Ausländer waren, Karten zu spielen, während mein Mann im Gefängnis saß! Die Franzosen waren meine einzigen Freunde, die einzigen Menschen außerhalb meiner Familie, denen ich vertrauen konnte. Ich brauchte sie so dringend, dass ich das (kalkulierte) Risiko mit der Ausgangssperre auf mich nahm. Meine Mutter wunderte sich sehr, dass ich kein Geld nach Hause brachte. Ich erzählte ihr, dass ich den Unterricht gratis erteilte, weil mir diese Franzosen so sympathisch waren. Meine Mutter blickte verzweifelt zum Himmel und erklärte mich für verrückt.

Philippe absolvierte hier seinen Militärdienst. Ich weiß nicht, wie es ihm gelungen war, nach Kabul geschickt und damit beauftragt zu werden, in Logar ein Krankenhaus zu bauen. Verschiedene humanitäre Organisationen aus Europa unterstützten ihn. Er war genau zu dem Zeitpunkt angekommen, als Tarakis Staatsstreich stattfand, und hatte die Verhandlungen mit dem neuen Regime geführt, insbesondere mit dem Gesundheitsministerium. Das Projekt konnte nicht fortgesetzt werden, es ging in den endlosen Diskussionen unter. Zwischen Schachpartien und Kartenspielen übersetzte ich die Korrespondenz in dieser Angelegenheit und Philippe machte fröhlich seine Witze: Er sah mich schon als Direktorin des Krankenhauses. Später wurde Logar bombardiert, unsere schönen Träume zerfielen damit in Rauch und Asche.

Wenn Philippe nicht mit dem Krankenhaus-Projekt beschäftigt war, behandelte er gratis Frauen und Kinder, die sich keinen Arzt leisten konnten. Wenn es um Injektionen ging oder andere Tätigkeiten, die eine Krankenschwester ausführen kann, oder wenn Frauen untersucht werden mussten, schickte er seine Patientinnen und Patienten zu mir, und ich behandelte sie ebenfalls kostenlos – trotz des verständnislosen Achselzuckens meiner Mutter, die die Freundschaft mit diesen Franzosen nicht gutheißen konnte. Ich erzähle hier von den fröhlichen Abenden, die wir mit Kartenspielen und dem Schmieden von Plänen verbrachten, das heißt aber nicht, dass ich nicht ständig von Angst gepeinigt wurde, wenn ich heimlich zu Philippe und Régine hinüberging. Es war nicht gut, Ausländer zu besuchen ... Ich erinnere mich, dass unser friedliches Gespräch eines Abends durch ein Läuten an der Haustür unterbrochen wurde. Sofort versteckte ich mich hinter dem Vorhang, während Philippe die Tür öffnete: Ich lugte hinter dem Vorhang hervor und sah – die Mütze eines Polizisten! Mein Körper zitterte wie Espenlaub. Nachdem die Unterhaltung mit dem Polizisten beendet war, kam Philippe, um mich zu besänftigen und gab mir ein Beruhigungsmittel. Der Polizist wollte nur mitteilen, dass die Glühbirne an der Außenlampe kaputt sei und ausgetauscht werden müsse.

Meine Kinder mussten in der Schule zahlreiche Demütigungen ertragen, weil niemand aus ihrer Familie in der Partei war, der sie hätte verteidigen können. Kein Tag verging, ohne dass irgendetwas Unangenehmes passierte. Ein Lehrer hatte zum Beispiel meinen achtjährigen Neffen Hamid aufgefordert, mit einem Tonbandgerät ins Kino zu gehen oder auf den Markt, um dort die Gespräche der Leute aufzunehmen. Hamid verstand nicht ganz, worum es ging, aber er war fasziniert von dem Apparat. Ich musste ihm die Sache erklären und irgendeinen Vorwand erfinden, unter dem er die Aufgabe ablehnen konnte.

Einige Schüler hatten Djahed vorgeschlagen, doch Parteimitglied zu werden. Er fragte mich um Rat. Ich sagte ihm, er solle darauf erwidern, dass sein Vater im Gefängnis sei und er daher neben der Schule für den Lebensunterhalt seiner Familie so viel arbeiten müsse, dass ihm für politische Aktivitäten keine Zeit blieb. Mit dieser Antwort bewahrte er seine Würde und konnte doch die wahren Motive für seine Verweigerung verbergen. Die Aussage war klar, ohne zu brüskieren: Sein Vater war im Gefängnis, ohne dass man überhaupt wusste, was ihm vorgeworfen wurde; es stand außer Frage, dass er sich einer Partei anschloss, die für diese Situation verantwortlich war.

Wir waren sehr vorsichtig, doch nie vorsichtig genug. Mariam hatte auf unseren Rat hin ihre sämtlichen Hefte und Bücher von verräterischen Spuren gereinigt. Leider war noch ein Foto von Daoud in ihrem Geschichtsbuch. Früher war in allen Schulbüchern auf den ersten Seiten eine Abbildung von ihm. Man musste sie sorgfältig zerreißen oder bestimmte Seiten mit einem undurchsichtigen Blatt Papier überkleben.

Da es so viele Spuren auszulöschen gab, haben wir eine Fotografie übersehen. Nach dem Staatsstreich galt es als Hinweis auf eine Verschwörung, wenn man so etwas im Buch eines jungen Mädchens fand. Eine elfjährige »Göre« aus Mariams Klasse sagte ihr »freundlich«, dass sie nun Mariam und ihre Familie ins Gefängnis bringen könne, wenn sie es darauf anlege. Sie wollte damit zum Ausdruck bringen, wie mächtig ihr Papa jetzt war. Es war also gefährlich, ein Foto von Daoud zu besitzen – auf der anderen Seite war auf allen Banknoten noch sein Kopf zu sehen, und niemand hatte bisher vorgeschlagen, sämtliche Bürger zu verhaften, die sich dieser Scheine bedienten. Glücklicherweise blieb diese lächerliche Geschichte ohne Folgen.

In der Schule häuften sich beunruhigende Episoden. Es hieß, der Brunnen, aus dem die Schülerinnen tranken, sei vergiftet. Jedenfalls kam es zu zahlreichen Fällen von Lebensmittelvergiftung, Erbrechen und Durchfallerkrankungen. Die Behörden gaben bekannt, es handele sich um einen Sabotageakt von Regierungsgegnern. Natürlich wurde die Sache niemals aufgeklärt. Meine Mutter hatte große Angst. Sie machte sich Sorgen um die Kinder und um mich. Sie sprach nicht darüber, aber ich spürte es. Immer erwartete sie mich hinter der Tür; manchmal hatte sie schon sehr lange dort gestanden.

Abends, wenn wir alle zusammensaßen, konnten wir endlich ein wenig freier atmen, ohne etwas befürchten zu müssen. Trotzdem hatten wir noch Angst vor den gewalttätigen »Besuchen« der *khalki*, den Angehörigen der kommunistischen Regierungspartei, die Familien aufsuchten, die sie für verdächtig hielten. Narges kam mit ihrem iranischen Ehemann zu Besuch. Meine Schwester und mein Schwager waren einen Monat da – einen Monat, den mein Schwager wie ein Gefangener hinter verschlossenen Türen verbringen musste. Wir hatten Angst, dass man ihn an seinem Akzent als Ausländer identifizieren und uns der Spionage beschuldigen könnte. Die Iraner hatten keinen guten Ruf: Eine unserer Nachbarinnen war verschwunden, man hatte sie des islamischen Fanatismus angeklagt und ohne Prozess zu einer Gefängnisstrafe verurteilt. Es bestand keine Aussicht, dass sie wieder frei kam – alles nur, weil man bei ihr Fotos von Khomeini gefunden hatte. Jeder private Streit, jede kleinliche Eifersüchtelei aus der Nachbarschaft konnte jeden X-beliebigen ins Gefängnis bringen. Es gab keinen Prozess, keine Möglichkeit, Berufung einzulegen und keine Einschränkungen für die Strafmaßnahmen. Wenn die Angst zu groß wurde, ging ich einige Tage nicht zu Philippe und Régine. Doch dann wurde mein Bedürfnis, mich Freunden anzuvertrauen, wieder so stark, dass ich das Risiko einging.

An meinem »Arbeitsplatz«, genauer gesagt in den Räumen des Justizministeriums, erreichte mich die Nachricht, dass Amin Tarakis Platz eingenommen hatte. Am Abend zuvor war im Radio bereits angekündigt worden, dass Taraki krank sei und jemand anders an seine Stelle treten werde. Der neue Sprachgebrauch (der in den Ländern des Ostens üblich ist) war uns bereits hinreichend bekannt, so dass wir »krank« und »an die Stelle treten« mit »abgesetzt« übersetzen konnten. Aber wir wussten noch nicht, dass es »physisch liquidiert« bedeutete, Taraki war wohl mit einem Kissen erstickt worden. Gegen zehn Uhr morgens kam ein bewaffneter Kommandotrupp ins Justizministerium. Ohne ein Wort zu sagen, rissen die Männer Tarakis Portrait von der Wand und hängten das Bild von Premierminister Amin auf. Das Bild des abgesetzten Führers zertrampelten sie mit den Füßen. Dann zogen sie ab, ohne dass jemand die Zeit gehabt hätte, eine Frage zu stellen.

Jeder war tief in sein Nichtstun versunken. Niemand hob auch nur den Kopf, aus Angst, sein Blick könne auf die eine oder andere Weise gedeutet werden. Man kann nie wissen. Vielleicht kamen die *khalki* ja am nächsten Tag oder sogar noch am selben Nachmittag zurück und zerrissen auch dieses Portrait. Schließlich brach der Direktor das Schweigen und erteilte dem Kehrer, dem dreizehnten Angestellten, Baba Murad, den Befehl, die Glasscherben und Bruchstücke des Bilderrahmens zusammenzufegen. Baba Murad widmete sich dieser Aufgabe mit äußerster Gewissenhaftigkeit, fegte weder zu schnell noch zu langsam, vermied jede Bewegung, die irgendwie hätte verdächtig wirken können. Er beschränkte sich auf den rein mechanischen Kehrvorgang, dessen Schlichtheit jeden politischen Kommentar im Keim erstickte. Nach kurzem Zögern beauftragte der Direktor Baba Murad dann, die Reste des Fotos von Taraki in einem Versteck aufzubewahren. Man konnte ja nie wissen. Man sollte nie zu früh wegwerfen, was vielleicht noch einmal nützlich sein könnte. Niemand protestierte gegen diese Vorsichtsmaßnahme. Bis das Büro geschlossen wurde, spielten wir weiter Schach und tranken schweigend Tee.

Ich suchte immer nach Möglichkeiten, wie ich meinen Lebensunterhalt mit einer interessanteren Tätigkeit verdienen konnte. Der neue Präsident, Hafizullah Amin, ergriff zunächst einige liberale Maßnahmen, um sich einen guten Ruf zu verschaffen; so kündigte er an, dass die Pässe zurückgegeben würden und die Afghanen wieder ausreisen könnten. Ich überlegte, ob ich wieder im Ausland arbeiten sollte. Ich wollte gern wieder nach Frankreich; ich wusste, dass ich dort wieder als Krankenschwester arbeiten konnte, weil ich dort ja schon einmal gewesen war. Dies war natürlich ein schlechter Plan: Meine Familie brauchte nicht nur Geld, sondern auch Schutz.

Jedenfalls kümmerte ich mich darum, dass ich meinen Pass wiederbekam. Den Ausweis wieder zu erhalten war jedoch nur möglich, wenn man eine Ausreisegenehmigung vorweisen konnte, die von Amin persönlich unterschrieben war. Sobald ich konnte, begab ich mich also zum Präsidentenpalast und rechtfertigte mein Anliegen damit, dass mein Bruder Nadjib in Lyon lebte und ich ihn gern mit einem Touristenvisum besuchen wollte, um dann aber schnell zurückzukommen. Die Szenen, die sich daraufhin abspielten, waren geradezu surrealistisch. Amin fragte die Bittsteller persönlich aus und unterschrieb die Ausreisegenehmigungen. Aber man musste erst einmal bis zu ihm vordringen. Hierzu musste man sich um vier Uhr morgens vor dem Gitterzaun des Präsidentenpalastes einfinden. An dem Tag, als ich mich vorstellte, waren nur Frauen dort. Nachdem man uns durch das Tor eingelassen hatte, wurden wir in Zehnergruppen durch die verschiedenen Gärten geführt. Am Eingang eines jeden Gartens wurden wir wieder durchsucht. Als zusätzliche Sicherheitsmaßnahme mussten wir am Eingang des Palastes einen Metalldetektor passieren. Ich hatte Hunger und Durst, denn ich hatte keinen Proviant mitgenommen. Erst um vier Uhr nachmittags, nach zwölf Stunden Schlangestehen, durfte ich das Arbeitszimmer unseres neuen Herrschers betreten, zusammen mit den anderen Frauen meiner Gruppe. Ohne mir Fragen zu stellen, las Amin mein Gesuch und unterschrieb meine Ausreisegenehmigung.

Nun musste ich diese Genehmigung, die vom »Meister« abgezeichnet war, noch gegen meinen Pass eintauschen. Hierzu musste ich zum Innenministerium und 20 000 Afghanis* zahlen. Amin hatte sich eine Methode ausgedacht, wie er die Staatskassen füllen und gleichzeitig Bürger loswerden konnte. Natürlich hatte ich nicht so viel Geld dabei. Einige Tage später, als ich ganz früh mit der geforderten Summe zum Innenministerium kam, war die Tür verschlossen. Ich erfuhr, dass die Pässe wieder beschlagnahmt wurden, weil

* Zur damaligen Zeit rund 870 DM (435 Euro). 23 Afghanis entsprachen etwa 1 DM (50 Cent). (A.d.Ü.)

mehrere Tausend Menschen um eine Ausreisegenehmigung ersucht hatten. So viele Anträge konnte Amin nicht genehmigen – er hatte Angst, dass kaum noch jemand in Kabul bleiben würde ...

Zumindest eine positive Folge hatte diese Geschichte: Ich verzichtete für eine Weile auf meine Ausreisepläne. Genauer gesagt verzichtete ich darauf, allein zu reisen.

Kurze Zeit nach diesen Ereignissen fand ich eine Arbeit, die sehr viel befriedigender war. Dank Philippes Hilfe wurde ich in der französischen Abteilung der Universität von Kabul als Sekretärin eingestellt, an der geisteswissenschaftlichen Fakultät. Die Arbeit war interessant und gut bezahlt, ich erhielt mein Gehalt von der französischen Botschaft – 8000 Afghanis im Monat, und das war das Vierfache des Gehalts, das ich im Justizpalast bekommen hatte. Ich verdiente doppelt so viel wie der Direktor der Fakultät – der von der afghanischen Regierung bezahlt wurde. Mit diesem Gehalt konnte ich meine Familie gut versorgen und auch noch Geld auf die Seite legen.

Aber wie sollte ich im Justizministerium kündigen? Ich hatte einen Vertrag unterzeichnet; ich konnte nicht einfach wegbleiben, ohne etwas zu sagen. Der Chef des Büros, zu dem ich ein gutes Verhältnis hatte, tat mir den Gefallen, mir zu kündigen. Als Grund gab er an, dass es keine Arbeit für mich gäbe und dass ich irrtümlich eingestellt worden sei. Mit dieser Begründung hätte er sämtliche Büroangestellten entlassen können. Darunter war ich noch diejenige, die überhaupt etwas tat – nämlich Tee und Salat zubereiten – während die anderen gar nichts machten. Aber ich war sehr glücklich über meine Kündigung.

Da ich noch keine Berufserfahrung als Sekretärin hatte, war ich etwas besorgt: Ich fragte mich, ob ich so ohne weiteres französische Texte schreiben konnte. Es stellte sich aber dann heraus, dass es nicht so schwierig war. Es ging ja nur darum zu reproduzieren, ich musste schließlich keine eigenen

Texte verfassen. Die Professoren gaben mir die Texte, die ich abtippen sollte, zeitig genug, und ich gewöhnte mich sehr schnell an die französische Tastatur. Ich fotokopierte, sortierte die Dossiers der Studenten und die Kopien der Prüfungsarbeiten. Auch ein anderer Arbeitsbereich gefiel mir sehr gut: Ich verwaltete die Bibliothek, registrierte Ausleihen und Rückgaben und sortierte die Bücher in die Regale ein.

Ich hatte also ein gutes Gehalt und eine interessante Aufgabe, ich hatte mit Büchern zu tun, was mir schon immer gefallen hatte, und kam täglich mit Menschen zusammen, von denen ich etwas lernen konnte. Aber ich wurde immer verdächtiger ... Jeder, der mit Ausländern zusammen arbeitete, wurde überwacht. Ich hatte oft das Gefühl, auf dem Weg von der Fakultät nach Hause verfolgt zu werden. Um diese Kontrollen zu vermeiden, ging ich so wenig wie möglich aus: Morgens nahm ich den Bus von der Fakultät, der direkt vor meinem Haus hielt. Mittags nahm ich denselben Bus oder ein Sammeltaxi mit den französischen Professoren.

Die Erste, die mir bei meiner neuen Arbeit wirklich geholfen hat, war Suita. Ihr habe ich es zu verdanken, dass ich mir selbst etwas zutraute und mich schnell in den Universitätsbetrieb einfügen konnte. Das erste Mal sind wir uns in meinem kleinen Arbeitszimmer begegnet: Es gab ein paar Wandregale, eine Schreibmaschine und ein Bürokommunikations-Handbuch auf dem Tisch – ziemlich viel für diesen winzigen Raum. Trotzdem ging es mir dort so viel besser als im Justizministerium. Eine große und elegante Frau, die geschmackvoll gekleidet und geschminkt war, holte mich aus meiner »Rumpelkammer« und lud mich zu einem Tee mit den Professoren ein. Ich freute mich unheimlich.

Von Suita wusste ich wenig. Sie war Dozentin für Französisch, ihr Fachgebiet waren Grammatik und Orthographie. Meine Schwester Sabah, die bei ihr studiert hatte, hatte immer behauptet, sie sei so kühl und streng, dass alle Studentinnen sich vor ihr fürchteten. Ich hatte ein anderes Bild von ihr: Mir erschien sie sehr nett und kontaktfreudig. Allerdings gab sie mir auch keine Diktate und orthographischen Übungen auf. Beim Tee sprachen wir über nichts Besonderes, aber während meiner ersten Arbeitswoche in der Fakultät kam Suita mehrmals, um mit mir zu reden. So lernte ich sie etwas näher kennen. Sie war russischer Abstammung und hatte einen Afghanen geheiratet, aber ihr weizenfarbenes Haar und die blauen Augen hatte sie deswegen natürlich trotzdem; wo sie auch hin kam, wurde sie sofort als Russin identifiziert.

Aufgrund der politischen Situation wurde diese Frau von den Afghanen gehasst, einfach nur, weil sie Russin war. Ihre Situation verschlimmerte sich übrigens nach der sowjetischen Intervention, bis sie schließlich unerträglich wurde. Russin oder nicht, sie hatte ein Recht darauf, respektiert zu werden, und sie war mir sympathisch. Jeden Tag kam sie, um mich zum Tee mit den anderen Dozenten einzuladen. Sie kannte nur meinen Vornamen: Ich hatte aus Vorsicht das gleiche System angewandt wie im Justizministerium. Niemand wusste etwas über meine Familie, geschweige denn über meine politischen Ansichten.

Wenige Tage nach meiner Ankunft erschien Suita nicht zur Arbeit. Niemand kam um zehn Uhr, um mich zum Tee abzuholen. Ich wartete zwei Tage ab, war aber beunruhigt, dass sie immer noch fehlte. Man sagte mir, ihr Mann sei ins Krankenhaus gekommen und dann gestorben. Ich verließ meine Kammer, um den Dozenten vorzuschlagen, Suita zu besuchen. Sie hatten nicht daran gedacht, waren aber alle einverstanden. Wir sind also zusammen hingegangen, um unser Beileid auszusprechen. Einige Tage später kam Suita wieder zur Arbeit. Sie sprach sehr offen mit mir, obwohl sie mich noch nicht lange kannte. Durch dieses Vertrauen wurde unser Verhältnis enger.

Suita erzählte mir, dass sie vor dem Tod ihres Mannes eine Reise nach Russland vorbereitet hatte, wo er behandelt werden sollte. Sie hatte sich also auch ihren eigenen Pass ausstellen lassen. Die Familie ihres verstorbenen Ehemannes war ihr so unerträglich, dass sie die Gelegenheit nutzen wollte, um ihre Tante in Russland zu besuchen – ihre einzige noch lebende Familienangehörige. Sie wollte sich ein wenig erholen. Sie bat mich unter Tränen, ihren Schmuck und ihr Geld aufzubewahren, während sie verreist war; sie fürchtete, dass die Familie ihres Mannes sich sonst daran bereichern könnte.

Die Schmuckstücke waren wertvoll, und es handelte sich auch um einen recht hohen Geldbetrag. Ich war gerührt, dass sie mir so viel Vertrauen entgegenbrachte, obwohl wir erst fünf oder sechs Mal gemeinsam Tee getrunken hatten. Ich spürte, dass diese Frau niemanden mehr hatte, auf den sie zählen konnte. Aber ich machte mir auch Sorgen: Ich wollte ihr gern helfen, aber was sollte ich mit ihrem Schatz machen, wenn ich Afghanistan verlassen wollte und sie noch nicht zurückgekehrt war? Suita wusste immer noch weder meinen Namen noch meine Adresse. Auf der anderen Seite durchsuchten bewaffnete Männer der Partei die Häuser. Sie hatten keine Skrupel, alles zu nehmen, wozu sie Lust hatten. Wie konnte ich Suita garantieren, dass sie ihr Geld zurückbekam?

Ich erklärte mich trotzdem bereit, weil mir einfiel, dass die Soldaten im Allgemeinen keine Frauen durchsuchten. Ich legte den Schmuck an und versteckte ihn in der Nacht unter meinem Kopfkissen. Dann vertraute ich ihn meiner Mutter an, die ihn tagsüber am Körper trug.

Einen Monat später kam Suita aus Russland zurück. Erleichtert gab ich ihr ihre Schätze wieder. Ich machte ihr im Spaß Vorwürfe: »Wie konntest du mir nur vertrauen! Was, wenn ich abgereist wäre? Du bist ganz schön naiv, du solltest misstrauischer sein ...« Sie antwortete, dass sie sicher war, dass sie mir vertrauen konnte und dass sie nicht eine Minute daran gezweifelt hätte, selbst als ihre Tante und russische Freunde ihr vorhersagten, dass sie ihre Sachen nicht wiedersehen würde.

Freilassung aus der Folterhaft

Am 27. Dezember 1979 feierten wir den Geburtstag meiner Tochter Mariam und meines Neffen Hamid. Gegen sieben Uhr abends hörten wir plötzlich Salven von Maschinengewehren und Explosionen von Raketenwerfern. Wie immer in dramatischen Situationen wurde der Strom abgedreht und die Telefonleitungen gekappt. Es gab keine Möglichkeit, sich zu informieren. Aus dem Radio, für das wir vorsichtshalber Batterien besorgt hatten, ertönte nur traditionelle afghanische Musik. Es herrschte Ausgangssperre, also konnten wir nicht nach draußen gehen, um zu sehen, was los war, und die Nachbarn konnten wir auch nicht fragen.

Am nächsten Tag wurde mir auf dem Weg zur Arbeit sehr schnell klar, was los war. An der Straßenecke sah ich einen russischen Panzer. Im Abstand von etwa fünfzig Metern stand ein bewaffneter russischer Soldat neben dem anderen. Sie hatten die Stadt unter Kontrolle. Die Kommunisten von Partscham, die eine weiße Armbinde trugen und mit Kalaschnikows bewaffnet waren, durchsuchten Busse und Autos. Auf meinem Weg zur Fakultät wurde der Bus zweimal kontrolliert. Informationen drangen nur langsam durch, ich erfuhr jedoch rasch das Wesentliche: Die Russen hatten Babrak Karmal als Staatschef eingesetzt, Amin war im Präsidentenpalast ermordet worden.

Auf die Universität konnte man nicht rechnen, wenn man mehr erfahren wollte. Seit dem Staatsstreich durch Amin hatte man die Hauptlektionen der Vorsicht gelernt. Niemand sprach oder brachte auch nur irgendein Gefühl zum Ausdruck. Selbst das französische Personal, das normalerweise sehr gesprächig war, hüllte sich in Schweigen. Es arbeitete auch niemand, aber die Tatenlosigkeit ließ ebenso wenig Rückschlüsse zu wie die Stille. Als ich mittags nach Hause fuhr, stellte ich fest, dass sich nichts verändert hatte: russische

Panzer, russische Soldaten, bewaffnete *partschamis* ... Da wir keine Informationen hatten, stellten wir Vermutungen an. Innerhalb der Familie fragten wir uns, ob diese Regierung besser oder schlechter sein würde als die Amins. Wir rechneten nicht damit, dass die Russen zehn Jahre bleiben könnten.

Der Radiosprecher wiederholte immer wieder, dass unsere Nachbarn nur gekommen seien, um uns von unseren Mördern zu befreien. Diese Propaganda enthielt ein Körnchen Wahrheit: Die Anhänger Amins waren in der Tat Mörder. Babrak Karmal hatte einen relativ guten Ruf. Er war ein Mann von anderem Format als Taraki oder Amin. Von Amin hatte vor seiner Machtübernahme niemand etwas gehört, abgesehen von einem engen Kreis, aber Babrak Karmal war Abgeordneter während der Regierungszeit des Königs Sahir Schah gewesen. Er konnte gut reden, die Menschen überzeugen. An seine Reden, in denen er die Bauern, die kleinen Leute, ja die Armen allgemein in Schutz nahm, erinnerte sich das Volk noch Jahre später. Es brachte ihm einfach Vertrauen entgegen.

Die Wahl der Russen hätte schlimmer ausfallen können. Wir brauchten eine Zukunftsvision, unsere illusorischen Hoffnungen übertrugen wir einen kurzen Augenblick lang auf Babrak. Wir sehnten uns nach etwas Besserem als dem blutigen Regime Amins. Ich hatte übrigens damals Babrak Karmal gewählt. Es war allerdings das einzige Mal in meinem Leben, dass ich gewählt habe – und das auch noch recht unfreiwillig: Eine Lehrerin an der Schwesternschule war Babrak Karmals Cousine, sie hatte meine Klasse geschlossen zum Wahllokal geführt.

Für die westlichen Leserinnen und Leser muss man vielleicht folgendes erklären: Die Wahlen – die trotzdem die demokratischsten waren, die jemals in Afghanistan stattgefunden haben – waren so organisiert, dass es ebenso viele Wahllokale in Kabul gab wie Kandidaten. In jedem Lokal stand eine Urne, die von den Anhängern des Kandidaten bereit gehalten wurde. Als wir in dieses Wahllokal geführt wurden, bedeutete dies, dass wir auch nur diesen Kandidaten wählen konnten. Jeder wählte für sich, seine Familie, seinen Klan, seinen Stamm, sein Dorf ... Ob jemand Kommunist war, spielte keine große Rolle – die traditionellen Bindungen zählten mehr als Parteiprogramme. Daher ist die afghanische Politik für Ausländer so schwer zu durchschauen.

Babrak Karmal sprach am Abend des 28. Dezember im Radio. Er sagte sicher eine Menge, rechtfertigte die Ankunft der Russen, stellte eine Art Programm vorgestellt. Aber wir behielten nur *ein* Versprechen im Gedächtnis: dass er die Gefängnisse öffnen wollte. Es war, als hätte das Glück menschliche Gestalt angenommen und sei in unser Haus gekommen. Wir glaubten, dass wir aufgrund dieses Versprechens alle kommenden Ereignisse rechtfertigen konnten. Es kam uns vor, als könnten wir endlich wieder atmen.

An einem Freitag Anfang Januar öffnete das Gefängnis Pul-i-Tscharki tatsächlich seine Tore. Vor Freude und Aufregung konnten wir in der Nacht zuvor nicht schlafen. Wir fuhren sehr früh los – eine Vorsichtsmaßnahme, die sich als nutzlos erwies. Die Straßen waren vollkommen verstopft, es ging nur im Schritttempo vorwärts. Viele Menschen aus der Provinz, aber auch aus Kabul, waren uns zuvorgekommen. Bis fünf Uhr nachmittags bewegten wir uns in diesem riesigen Stau, der für afghanische Verhältnisse absolut ungewöhnlich war. Wir konnten nicht bis zum Gefängnis vordringen. Wir sahen das Gebäude von weitem und hatten das Glück, einen kleinen Platz zum Wenden zu finden. Man hätte meinen können, dass die gesamte Bevölkerung von Afghanistan einen Angehörigen vom Gefängnis abholen wollte.

Am frühen Morgen waren wir voller Enthusiasmus losgefahren. Abends auf der Rückfahrt waren wir deprimiert, um nicht zu sagen verzweifelt. Wir wussten noch nicht einmal, ob Sharif überhaupt noch am Leben war: Die Wäsche, die Pakete mit Lebensmitteln und die paar Kleinigkeiten, die wir zum Gefängnis gebracht hatten, konnten gut von einem der skrupellosen Militärs unterschlagen worden sein. Es konnte auch sein, dass Sharif nicht freigelassen worden war: Vielleicht entließen die Russen nur ein paar Leute zu Propagandazwecken. Möglicherweise war das der Grund für den großen Stau: Die Autos parkten rund um das Gefängnis, aber es kam fast kein Gefangener heraus ... In diese düsteren Gedanken versunken fuhren wir schweigend wieder nach Hause.

Aber kaum war ich aus dem Auto gestiegen, um die Garage zu öffnen, rief meine Nachbarin mir zu: »Kommen Sie! Ihr Mann ist da! Er sitzt bei uns!« Ich ließ den Wagen und die erschöpften Kinder, die vor Überraschung wie erstarrt waren, mitten auf der Straße zurück. Als ich das Haus der Nachbarn betrat, sah ich, dass alle Blicke auf einen abgemagerten Mann gerichtet waren, der am anderen Ende des Raumes saß. Mein Mann. Er war nicht wiederzuerkennen. Er war so dürr, dass ich ihn vielleicht vor den Toren des Gefängnisses gar nicht erkannt hätte. Es waren keine Spuren von Folterungen zu sehen, aber er wirkte vollkommen erschöpft. Er lächelte mich an, aber irgendwie beschämt, fast schüchtern, ohne eine Spur seiner früheren Souveränität.

Das war alles, was ich in diesem Augenblick feststellen konnte. In solchen Situationen sieht der Verhaltenskodex der afghanischen Frau weder überschwängliche Gefühlsbekundungen noch Umarmungen oder irgendwelche Kommentare und schon gar nicht die Möglichkeit vor, sich mit ihrem Mann zurückzuziehen. Zu Hause warteten schon an die dreißig Menschen mit Geschenken, Blumen und blökenden Schafen, um ein großes Fest zu feiern. Die engsten Familienangehörigen von Sharif fanden sich ein. Ich wusste, was ich als Hausfrau zu tun hatte: Ich musste diese Leute angemessen empfangen, die Schafe im Hof schlachten und zubereiten, Fleisch und Lebensmittel an Nachbarn, Passanten, die Bettler der Straße und des Stadtviertels verteilen. Nach islamischer Sitte soll man die Ärmsten der Armen immer an seiner Freude teilhaben lassen. Ich stellte mich tapfer dieser Aufgabe.

Während ich mit Hilfe von Sharifs Familie das Essen vorbereitete, verpasste ich kein Wort von der Unterhaltung im Wohnzimmer – aus dem einfachen Grunde, weil alle schwiegen. Jeder wartete darauf, dass Sharif das Wort ergriff, dass er erzählte, aber er war zu schwach, zu deprimiert. Niemand wagte, Fragen zu stellen, aus Diskretion und aus Respekt vor dem Kummer, den dieser Mensch empfand. Sharif weinte stumm auf seinem Stuhl, das Kinn auf der Brust, den Kopf gesenkt, mit gebeugten Schultern. Dieser Anblick tat mir weh, als ich einmal kurz einen Blick in das Zimmer warf. Wir bereiteten ein Festmahl vor, aber die Hauptperson dieses Festes weinte. Und wenn das Haus eben voller Fröhlichkeit und Leben gewesen war, so wirkte die Szene im Wohnzimmer jetzt eher wie eine Totenwache.

Schließlich gingen all diese Menschen, die sich spontan selbst eingeladen hatten, um Sharifs Rückkehr zu feiern. Sie hatten zwar nichts verstanden, aber doch nicht schlecht gegessen und waren so einigermaßen zufrieden. Endlich waren wir allein. Die afghanische Gastfreundschaft ist eine sehr schöne Sitte, kann aber manchmal doch zu einer Last werden.

Sharif, der vollkommen erschöpft war, ruhte sich zwei oder drei Tage aus. Er sprach nur wenig. Über die Folterungen sagte er fast gar nichts, sicher um uns zu schonen. Er schilderte in Bruchstücken das tägliche Leben im Gefängnis; dass er nur einmal am Tag zur Toilette durfte und dazu auch noch Schlange stehen musste. Die Kranken, die Durchfall hatten, mussten sich mit Konservendosen behelfen. Er trug zwar keine sichtbaren Spuren von Gewalttaten, aber er war halb taub. Er war mit Strom gefoltert worden und eine der Elektroden, die zu weit in sein Ohr eingeführt worden war, hatte das Trommelfell zerstört.

Eine Sache war Sharif noch nicht klar: Kannten die Gefängniswärter, die ihn gefoltert haben, seine wahre Identität? Der afghanische Brauch, dass man sich mit dem Vornamen und dem Vornamen seines Vaters anspricht, sorgt oft für

Verwechslungen. In den ersten Tagen, als alle Gefangenen, die man »aufgesammelt« hatte, noch in einem großen Raum untergebracht waren, kam ein Gefängniswärter und schrie seinen Namen: Ein anderer Mann stand auf, der aber nicht wiedergekommen ist. Sharif hatte versucht, seine Folterer davon zu überzeugen, dass er nicht derjenige war, für den sie ihn hielten, dass es eine Verwechslung mit einem anderen Gefangenen gegeben habe, der dann verschwunden sei. Die Gefängniswärter hatten weder Akten noch eine Kartei. Vielleicht waren sie entwendet worden. Aber wie konnten ihn dann die Kleidungsstücke und meine kurzen Nachrichten erreichen? Er antwortete, dass die Folterer von dem ganzen Chaos nicht unbedingt etwas wussten und dass die Gefangenen häufig die Identität eines Toten annahmen, um dessen Pakete zu erhalten.

Die Rückkehr eines Gefangenen, der durch die Hölle gegangen ist, ist nicht leicht. Sharif war nicht frei. Er wusste, dass er nur auf Bewährung freigelassen worden war und dass er es von einem Tag auf den anderen mit der neuen Regierung zu tun bekommen könnte, und mit den Russen. Er wartete auf das, was nun kommen würde. Einerseits spürte er noch die Angst, wenn er an das dachte, was er durchgemacht hatte. Andererseits fürchtete er, dass es noch schlimmer kommen könnte. Was Folterungen und psychologische Druckmittel betrifft, schätzte er die Banditen, die von den afghanischen Kommunisten eingestellt worden waren, als Neulinge ein. Von den sowjetischen »Spezialisten« auf diesem Gebiet hatte er natürlich eine andere Vorstellung. Ich bat ihn eindringlich, das Land mit der ganzen Familie zu verlassen. Ich hielt dies jetzt für notwendig. Natürlich riskierten wir unser Leben, wenn wir flohen, aber zu bleiben und abzuwarten schien mir noch viel gefährlicher.

Er weigerte sich. Er sagte immer wieder, dass er Angst habe, bei einer Kontrolle erkannt zu werden und wieder in die Hände der Folterknechte zu fallen, und dass er das, was er im Gefängnis erlebt habe, nicht noch einmal ertragen könne.

Er entschied sich meiner Meinung nach für die schlechtere Alternative, aber es stand mir nicht zu, seinen Entschluss anzufechten. Er wollte wieder ein Privatleben führen und nichts mehr mit den politischen Ereignissen zu tun haben. Sharif war immer sehr zurückhaltend gewesen, dies war nach wie vor der Fall. Er sprach mit mir nicht mehr über seine Gefangenschaft, als er es früher über seine Arbeit getan hatte.

Seine Rückkehr gab mir Gelegenheit darüber nachzudenken, was für ein Mensch er eigentlich war. Was er machte, wie er von anderen eingeschätzt wurde: Da ich sehr jung gewesen war, als wir heirateten, hatte ich mir diese grundlegenden Fragen nicht gestellt, und später war ich immer wieder für einen längeren Zeitraum von ihm getrennt gewesen. Lange hatte es mir genügt festzustellen, dass er sehr gut informiert war. Manchmal erzählte er mir, was sich während des Tages in der Krankenschwesternschule abgespielt hatte. Er wusste auch oft, wenn er nach Hause kam, was ich den Tag über in der Stadt gemacht hatte; mich störte dies überhaupt nicht, denn ich hatte ja nichts zu verbergen. Wir machten uns gemeinsam über die erbärmlichen Denunzianten lustig, die ihm erzählt hatten, dass ich allein im Restaurant gewesen oder an diesem oder jenem Ort am Steuer meines Wagens beobachtet worden war.

Ein einziges Mal habe ich erlebt, dass Sharif seine professionelle Diskretion aufgegeben hat: Das war während der Monarchie. Ich habe ihn dabei überrascht, wie er Filme vernichtete und Kassetten löschte. Erstaunt fragte ich ihn, warum er dies tue. Er erklärte mir, dass es sich um Aufnahmen von Studentenversammlungen an der Universität handele. Er gab diesen Studenten in vielen Punkten Recht. Indem er die Dokumente vernichtete, wollte er sie schützen. Wenn wir zu einer Aufführung oder irgendeiner offiziellen Veranstaltung gingen, zeigte er diskret auf den Kragen seiner Jacke und die Wachen ließen uns überall ein: Er hatte Zugang zu Räumen oder Gebäuden, die streng bewacht waren. Aber er war so vorsichtig, dass ich nie lesen konnte, was auf dieser Metallplakette stand, die er am Revers trug. Er versteckte diese Plakette so sorgfältig, dass ich lange glaubte, es sei nur irgendein Erkennungszeichen, wenn er seinen Kragen hoch klappte.

Ich stellte keine Fragen. Ich wusste nicht, worin genau die Arbeit meines Mannes bestand, die ihm so viel Einfluss verschaffte – und ich wollte es auch nicht wissen. Jedenfalls war damit verbunden, dass zahlreiche Bittsteller unser Haus betraten, die er meistens abwies.

Er stammte aus einer Bauernfamilie, die ihn nicht ernähren konnte. Mit sechs Jahren kam er auf eine Militärschule, und er war dem Staat dankbar, dass er nach dem Abitur fünf Jahre lang im Ausland studieren durfte. Außerdem hatte er den Dienstgrad eines Regimentskommandeurs. Er liebte die Disziplin des Militärs, es war die einzige, die er als Kind und später als Jugendlicher erfahren hat. Vor unserer Heirat war die Armee seine Familie gewesen. Deshalb konnte er sich keinem Befehl eines Vorgesetzten widersetzen oder einen Posten ablehnen. Er hatte immer noch das Gefühl, dass er dem Staat etwas schuldete. Und er zahlte seine Schuld, aber er litt sehr darunter.

Schon unter der Herrschaft des Königs hatte er das Gefühl gehabt, eine Geisel des Amtes zu sein, das er ausübte. Er wusste zu viel, als dass man ihm erlaubt hätte, ein ruhiges Privatleben zu führen. Ein Teil von ihm bäumte sich gegen diese Situation auf: Er liebte die Ruhe des Familienlebens, die Ferien, die wir zusammen in einem Dorf in der Nähe von Ghazni verbrachten. Sein Leben war praktisch in zwei Teile gespalten: seine Arbeit und seine Familie.

Er überbrückte diesen Widerspruch auf zweierlei Weise: durch eine Rückkehr zum Islam und indem er viel Sport trieb. Mir war nicht sofort klar, warum er plötzlich die religiösen Gebote so strikt befolgte, warum er sich entschlossen hatte, nach Mekka zu pilgern. Sicher musste er sich intensiv auf sich selbst besinnen, um Distanz zu gewinnen, um all das bewältigen zu können, was er wusste und worüber er mit niemandem sprechen durfte. Zu seiner religiösen Praxis gesellte sich eine extreme Toleranz, die dem Familienleben sehr zugute kam. Wenn er also sah, wie ich in seiner Gegenwart eine Zigarette rauchte, lächelte er nur.

Der Sport war seine andere Leidenschaft. Durch die Militärschule war er von Kindheit an daran gewöhnt. Jede freie Minute trainierte er. In Deutschland hatte er Kampfsport betrieben. Er fand im Sport eine Möglichkeit, Selbstbeherrschung zu üben und sich zu entspannen. Sobald wir im Dorf ankamen, um ein paar Tage Urlaub zu machen, stieg er aufs Pferd und brach zur Jagd auf.

Soviel wusste ich bis dahin über sein Leben. Eines Tages – ganz am Anfang unserer Ehe – stieg ich in der Naivität meiner Jugend auf mein Fahrrad und wollte ihn an seinem Arbeitsplatz besuchen. Durch das erste Gitter der Umzäunung, die von Polizisten bewacht wurde, kam ich noch. Dann verweigerte mir ein Mann, nachdem er sich über ein Funkgerät bei seinem Vorgesetzten erkundigt hatte, freundlich aber bestimmt den Zutritt. Sharif war abends sehr verärgert über mein Verhalten, von dem man ihn unterrichtet hatte. Er befahl mir, nie mehr den Versuch zu unternehmen, ihn an seinem Arbeitsplatz zu besuchen. Mir wurde klar, dass ich auch keine Fragen stellen durfte, sondern jene Zurückhaltung üben musste, die von einer Offiziersfrau überall auf der Welt erwartet wird.

Sharif hatte während dieser wenigen Tage Zeit, mir seine Interpretation von Tarakis Staatsstreich mitzuteilen. Seiner Meinung nach war die »Revolution von Saur« die Antwort der Kommunisten und der Sowjetunion auf eine Initiative von Daoud und einigen Ministern, heimlich Kontakt mit Saudi-Arabien aufzunehmen, um ein Gegengewicht gegen den zunehmenden wirtschaftlichen und politischen Einfluss der Russen in Afghanistan zu bilden. Dies ist eine Hypothese, die allerdings voraussetzt, dass Taraki und die Kommunisten die Zustimmung der Sowjetunion hatten oder sogar damals von ihr zu dem Staatsstreich veranlasst wurden. Davon geht man heute aus.

Kurz nach seiner Entlassung aus dem Gefängnis in Pul-i-Tscharki wurde Sharif in sein Büro bestellt. Die staatlichen Behörden hielten ihn also nicht für tot, wie er gehofft hatte. Die Aufforderung war mit einer Beförderung zum General verbunden. Im Begleitschreiben wurde betont, dass der Staat nicht auf seine Dienste verzichten könne, und erklärt, dass die Beförderung zum General als Entschädigung für die achtzehn Monate erfolgt sei, die er im Gefängnis verbringen musste.

Umgehend verfasste Sharif ein Antwortschreiben, in dem er um seine Entlassung bat. Er sei verletzt, vollkommen geschwächt und nicht in der Lage, die Aufgabe zu erfüllen, die man ihm anvertrauen wolle. In Wirklichkeit wollte er nicht unter russischer Herrschaft arbeiten. Sharif ging zu seinem Büro, den Entlassungsbrief in der Tasche. Als er zurück kam, sagte er uns, dass es nicht mehr möglich sei, um eine Entlassung zu bitten. Man hatte ihm in aller Ruhe erklärt, dass eine solch offenkundige Misstrauensbekundung gegenüber der neuen Regierung sein Leben umgehend in Gefahr brächte.

Nun begann für ihn ein seltsames und schwieriges Leben: Wie früher saß er in seinem Büro, aber zwei junge Leute saßen ihm gegenüber und trafen sämtliche Entscheidungen. Er spielte die Rolle eines Fachmannes, der von politischen Aufsichtspersonen überwacht wurde. Er musste sie ausbilden und beraten. Das war harte Arbeit, denn die beiden afghanischen Tschekisten, die zu politischen Wächtern ernannt worden waren, konnten weder Befehle noch irgendwelche Briefe korrekt aufsetzen. Im Grunde mussten diese beiden jungen Burschen auch keine wichtigen Entscheidungen treffen, wenn man bedenkt, dass es damals in Kabul in der russischen Armee zweitausend Leute mit einer Spezialausbildung gab (eine außergewöhnliche Zahl, die später von westlichen Quellen bestätigt wurde).

Nach einigen Wochen, die er mit der »Ausbildung« der beiden jungen Männer zugebracht hatte, war Sharif in seinem Büro überflüssig geworden; da er sein Generalsgehalt aber mit irgendetwas verdienen musste, gab man ihm den Auftrag, die Markteinkäufe für das gesamte Ministerium zu übernehmen. So verbrachte er seinen Tag damit, Kartoffeln und Spinat auszusuchen und die besten Preise für Obst und Gemüse auszuhandeln. Mein Mann war mit seiner neuen Aufgabe außerordentlich zufrieden, die für ihn damals eine optimale Lösung darstellte. Es war einer der wenigen Jobs, die man damals reinen Gewissens ausüben konnte, wenn man in der Verwaltung der Besatzungsmacht tätig war. Ihm war klar, dass man ihm für seine Einkäufe nicht mehr lange das Gehalt eines Generals bezahlen würde, das weit über dem eines Ministers lag. Da er ständig bewacht wurde, fühlte er sich fast genauso bedroht wie im Gefängnis.

Allmählich begannen die Widerstandskräfte, sich zu organisieren. Sie nahmen Kontakt zu meinem Mann auf. Leute aus der Region Ghazni, mit denen er im Urlaub schon oft zur Jagd gegangen war, die uns Früchte und frisches Gemüse gebracht hatten, wandten sich jetzt an ihn: »Wir brauchen Sie! Sie wissen, wie man mit Waffen umgeht und eine Truppe führt, kommen Sie mit uns! Sie werden unser Anführer sein ...« Diese Bauern hatten Vertrauen zu dem Mann, der mit ihnen ausgeritten war. Die achtzehn Monate, die er im Gefängnis verbracht, die Folterungen, der er ertragen hatte, schienen ihnen zusätzlich Garantie genug zu sein.

Was sollte er tun? Es war nicht leicht, auf diesen Vorschlag zu antworten, sei es nun positiv oder negativ. Anfang der achtziger Jahre lieferten die Amerikaner noch keine Waffen an die Mudschaheddin. Die sowjetische Armee genoss noch ein beträchtliches Ansehen, und niemand hielt es für möglich, dass ein kleiner Trupp von Bauern sie zum Rückzug zwingen und ein ganzes politisches System zum Einsturz bringen könnte. Sich für den Widerstand entscheiden bedeutete vielleicht, jahrelang herumzuirren, sich im Untergrund verstecken zu müssen und in Schlamm, Staub und Schnee auf gut Glück die zweitstärkste Armee der Welt zu bekämpfen.

Die Bauern konnten diese Wahl leichter treffen als jemand, der in der Stadt wohnte – was nicht heißen soll, dass sie nicht mutig waren. Sie konnten ihre Waffen in einem Schlupfwinkel verstecken und, wenn sie nicht gerade an irgendeiner Kampfhandlung beteiligt waren, ihr ganz normales Leben weiterführen. Aber für jemanden, der in Kabul lebte, war es sehr viel schwieriger, in den Untergrund zu gehen. Was sollte aus den Kindern werden? Welche Stellung konnte zu diesem Zeitpunkt die Frau im Widerstand einnehmen? Die Vernunft mahnte uns zur Vorsicht, wo das Herz für die Teilnahme am bewaffneten Kampf schlug. Die sowjetische Intervention schien uns jedenfalls unannehmbar. Die Regierung, die sie unterstützte, war ausnahmslos ein Regime von Kollaborateuren und der Unterdrückung. Aber wie lange konnte dieser Zustand andauern?

Sharif lehnte den Vorschlag der Bauern schließlich ab, vor allem mit Rücksicht auf die Kinder, die regelmäßig zur Schule gehen sollten. Die Pflichtkurse über Marx und Lenin am Gymnasium gefielen uns zwar überhaupt nicht, aber wenigstens gab es in Kabul Schulen. Rückblickend kann man diese Wahl vielleicht für falsch halten. Aber es ist auch verständlich, dass ein Mann, der achtzehn Monate im Gefängnis verbracht hat, der jederzeit mit dem Tod rechnen und Folterungen ertragen musste, der nur noch Haut und Knochen war, vor allem das Bedürfnis nach etwas Frieden hatte und nicht besonders davon begeistert war, sofort mit seiner ganzen Familie in den Kampf zu ziehen.

Da ich die politischen Zusammenhänge nicht verstand, recht naiv und nicht gut informiert war, stellte ich mir die Zukunft manchmal sehr leicht vor. Ich hatte die Illusion, dass die Russen von sich aus gehen würden, sei es weil sie dem internationalen Druck nachgeben würden oder weil ihnen schließlich klar würde, dass dieses Land nicht zu erobern war. Dass Babrak Karmal sie einfach angelogen hatte mit seiner Behauptung, achtzig Prozent der afghanischen Bevölkerung wünschten die Unterstützung der Russen. Ich wollte, dass wir alle zusammen ins Ausland gingen. Da dies nicht möglich war, versuchte ich unsere Situation so weit wie möglich zu verbessern. Was ich am meisten bereue, ist, dass ich mir als junges Mädchen nicht angewöhnt hatte, Zeitungen zu lesen, Radio zu hören und mich über die politischen Vorgänge zu informieren. Wenn ich nur etwas politische Bildung besessen hätte, hätte ich mich nicht dermaßen getäuscht.

Zweifacher Verlust

Wir lebten bereits seit einiger Zeit in diesen ungewissen Verhältnissen. Mein Mann, »der General«, kaufte für die ganze Garnison ein und wartete darauf, jeden Augenblick festgenommen zu werden, als mein Bruder Nadjib völlig unerwartet aus Frankreich zurückkehrte.

1967, als mein Vater gestorben war, hatte mein Bruder beschlossen, seinen Teil der Erbschaft für ein Auslandsstudium zu verwenden. Er hatte sich für Lyon entschieden, wo er Mathematik studiert und mit kleinen Jobs seinen Lebensunterhalt verdient hatte, nachdem sein Erbteil aufgebraucht war. Ich hatte damals viel Zeit mit ihm verbracht, hatte seine Unbeschwertheit, seine Leichtigkeit, Ungezwungenheit, seine ganze Art bewundert.

Aber was machte er hier in Kabul, in diesem Winter, mitten in diesem Drama, wo er doch wunderbar an den Ufern der Saône oder der Rhone hätte entlang flanieren können? Er hatte einen unserer Briefe missverstanden. Aufgrund der Zensur mussten wir natürlich verschlüsselt schreiben; wir hatten ihm eine schlechte Nachricht angekündigt – dass Sharif verschwunden war – und er hatte befürchtet, dass unsere Mutter gestorben war. Er konnte uns telefonisch nicht erreichen, wir hatten im neuen Haus kein Telefon. Dann hatte er mehrmals geschrieben, aber die Briefe waren verloren gegangen oder abgefangen worden, ich weiß es nicht. Als er keine Antwort erhielt, nahm er einfach einen Linienflug nach Kabul.

Für uns war sofort klar, dass diese Rückkehr eine Katastrophe war. Wir alle liebten Nadjib von Herzen, aber wir hätten ihn lieber am anderen Ende der Welt gewusst. Er war der Situation überhaupt nicht gewachsen, er konnte die Dinge nicht richtig wahrnehmen. Mit seinem verspielten und offenen Charakter sprach er mit allen möglichen Leuten auf der

Straße, diskutierte mit allen Händlern wie ein Pariser Straßenjunge. In einem Stadtviertel, das besonders bewacht wurde, weil hier viele Ausländer lebten, und wo es von Denunzianten und Spionen nur so wimmelte, hätte er sich nicht leichtsinniger aufführen können. Wir warnten ihn, dass alle jungen Leute in seinem Alter zum Militärdienst eingezogen wurden und gegen die Mudschaheddin kämpfen mussten. Wir versuchten ihm klarzumachen, dass er in Kabul jetzt als Deserteur galt. Vergeblich. Er war ebenso dickköpfig, wie er das Leben liebte.

Mein Bruder ist, wie ich, sehr von unserem Vater beeinflusst worden. Er war aus tiefster Seele Kommunist, ohne sich allzu sehr für Politik zu interessieren. Er war eine Art »idealistischer Kommunist«. Er hatte nicht die Zeit gehabt zu begreifen, was geschehen war. In seinen Augen war der Kommunismus eine großzügige Doktrin. Da die Russen Kommunisten waren, konnte ihre Anwesenheit in Afghanistan nur Gutes bedeuten. Er freute sich darüber und ließ sich nicht beirren. Wir versuchten, ihm zu zeigen, dass es sich anders verhielt, dass es sich um nicht mehr und nicht weniger handelte als eine Invasion eines kleinen Landes durch eine Großmacht. Nichts zu machen. Er war von einem anderen Planeten vor unsere Füße gefallen. Er hatte das Leben und die Hoffnungen der französischen Studenten der siebziger Jahre geteilt. Seine Fröhlichkeit, seine Illusionen, seine *peace-and-love*-Attitüde aus der Hippie-Bewegung machten aus ihm in Kabul im Winter 1980, als überall Panzerwagen durch die Straßen fuhren, einen absoluten Marsmenschen.

Da er die Situation falsch einschätzte, nicht mit Gewalt rechnete und sich völlig ungezwungen bewegte, ging er durch sein Verhalten große Risiken ein. Er kam zum Beispiel am hellichten Tag mit Franzosen oder Amerikanern zusammen, ohne irgendwelche Vorsichtsmaßnahmen zu treffen. Er wäre auch ohne weiteres auf einen russischen Panzerwagen gestiegen, um den Soldaten um Feuer zu bitten oder hätte einem sowjetischen Wachtposten auf die Schulter geklopft, nur um eine Unterhaltung anzufangen; er wollte nicht begreifen, dass er jeden Augenblick mit einer Maschinenpistole abgeknallt werden konnte. Als er uns seine ersten Tage in Kabul schilderte, brach meiner Mutter und mir der kalte Schweiß aus. Wir sagten ihm schließlich, dass er verrückt sei. Er erwiderte, wir seien einfach hysterisch geworden, weil wir schon so lange in Angst lebten, und gefielen uns in unserem Pessimismus.

Mein Mann war wütend auf ihn, weil er zurückgekommen war und sprach überhaupt nicht mit ihm.

Nadjib schlug unsere Warnungen in den Wind und erklärte, er werde sich mit seinen Freunden treffen, wann er Lust hätte und mit den Leuten auf der Straße diskutieren, wie er es für richtig hielt und wie es auch normal sei. Sorglos wie ein Franzose, aber immer stur wie ein Afghane. Wir hätten ihn einsperren sollen. Aber wie? Als Frauen stand es meiner Mutter, meinen Schwestern und mir nicht zu, die Entscheidungen der Männer anzufechten. Er verließ das Haus, um Zigaretten zu holen, und niemand hat ihn jemals wiedergesehen.

Wenn ich nach Lyon komme und die Uferpromenade der Rhone sehe, kommen mir die Tränen. Ich denke an Nadjib und an die Zeit, als wir Studenten waren, uns unseres Lebens freuten und hier gemeinsam spazieren gingen. Glücklich, ein neues Land für uns entdecken zu dürfen und die Chance zu haben, etwas zu lernen. Er hatte ein ungewöhnliches Talent, Menschen zum Lachen zu bringen, Freunde zu finden und Freundinnen. Und das zu einer Zeit, als er noch kaum Französisch sprach, so ansteckend war seine Lebensfreude. Er war dazu geschaffen, glücklich zu sein. Aber für den Krieg war er nicht vorbereitet, im Gegensatz zu meinem Mann, der von Kindheit an dazu ausgebildet worden war. Und deshalb kam ich immer, wenn ich an die beiden dachte, als sie spurlos verschwunden waren, zu dem Schluss, dass Sharif dazu geschaffen war, diese schrecklichen Zeiten zu überleben, mein Bruder aber ganz und gar nicht.

Mein Bruder war nur wenige Tage bei uns gewesen. Sein Verschwinden verstärkte unsere Angst noch.

Sharif kam immer direkt von der Arbeit nach Hause. Er wusste, dass er verfolgt wurde. Er traf sogar einen Mann, der sich als Spion herausstellte. Er sprach ihn auf der Straße an, um ihn zu fragen, wo »Herr Sharif N.« wohnte, der General ... Und »der General« selbst antwortete ihm, er wisse es nicht. Sicher ein Neuling, der sich das Personalblatt desjenigen, den er überwachen sollte, nicht genau angeschaut hatte. Oder es war kein Foto darauf gewesen.

Zu Hause schloss sich Sharif gleich in ein kleines Zimmer ein, das er hermetisch verriegelte. Er verbarg sich unter mehreren Decken, um heimlich BBC zu hören. Nur so konnte man an zuverlässige Informationen kommen. Über welche Kanäle erfuhr wohl BBC noch am gleichen Tag, was in Kabul und selbst in den Büros vor sich ging? Wie konnte der Sender über das kleinste Ereignis in einer besetzten Stadt auf dem Laufenden sein? Darüber wunderte sich Sharif. Folgendes beschäftigte ihn: Er stellte fest, dass der englische Radiosender besser über das informiert war, was in Kabul passierte, als die Russen. Und wie bei einem Schachspiel versuchte er, die Fäden zurückzuverfolgen, über die die Informationen wohl übermittelt wurden.

Jeden Abend fuhren russische Panzerwagen mit langen Antennen durch die Straßen, um mit Hilfe einer ausgefeilten technischen Ausrüstung die Menschen ausfindig zu machen, die verbotene westliche Sender hörten. Sharif, der sich mit diesen Methoden auskannte, dachte, dass er kein Risiko einginge, dass die Decken als Schutz ausreichen würden. Obwohl er uns dies erklärte, hatten wir doch große Angst um ihn. In der Stadt sprach man davon, dass wieder nächtliche Hausdurchsuchungen durchgeführt würden, wie unter Taraki und Amin. Wieder wurden viele Männer festgenommen und verschwanden spurlos, ohne dass man je wieder von ihnen gehört hätte.

Drei Monate waren so vergangen, seit Sharif aus dem Gefängnis gekommen war. Eines Abends im März war er sehr besorgt und sagte, dass er in seinem Arbeitszimmer allein mit mir sprechen wolle. Er erzählte mir, dass er ständig auf seinem Weg zur Arbeit und zurück überwacht wurde. Für ihn war das ein klares Zeichen, dass man ihn wieder festnehmen wollte. »Wenn ich dieses Mal ins Gefängnis komme, müsst ihr ins Ausland gehen. Das letzte Mal habe ich die Folterungen ertragen, weil ich Angst hatte, dass ihr Repressalien erleiden müsst. Sie wussten nicht genau, wer ich war, und ich konnte sie bis zum Schluss im Zweifel lassen. Ich wollte nicht, dass sie euch etwas antun. Wenn sie mich jetzt wieder foltern, ist das kein Zufall. Ich werde es nicht mehr zulassen, ich werde mich wehren. Das letzte Mal hatte ich es mit Dummköpfen zu tun, die ihre Kalaschnikow in die Ecke stellten, bevor sie mich befragten. Ich hätte mich auf ihre Waffen stürzen und einiges an Unheil anrichten können, ehe sie mich getötet hätten. Sollte ich noch einmal in eine ähnliche Situation kommen, werde ich so viele wie möglich töten.

Wenn ich wieder verschwinden sollte, was sehr wahrscheinlich ist, verlasst sofort das Land, egal wie. Wartet nicht auf mich und sucht mich nicht. Mein einziger Wunsch ist, dass du dein Möglichstes für die Erziehung und das Wohlergehen der Kinder tust.« Bedrückt durch diese Worte versprach ich meinem Mann, dass ich, was auch geschehe, den Kindern eine gute Mutter sein und alles für sie tun würde, wie er es von mir verlangte. Ich habe nie verstanden, warum er nicht wollte, dass wir alle zusammen flohen.

Vier oder fünf Tage später kam er nicht nach Hause. Ich rief noch nicht einmal in seinem Büro an, um zu fragen, was los sei. Ich wusste die Antwort schon, weil ich sie schon einmal gehört hatte, und ich hätte es nicht ertragen, noch einmal diese Stimme zu hören.

Die Angst als ständige Begleiterin

Einen Augenblick lang war ich ratlos und wie gelähmt. Doch ich wusste, wie ich mich verhalten musste: Ich musste Afghanistan mit den Kindern verlassen, wie ich es versprochen hatte. Ohne zunächst mit meiner Familie darüber zu sprechen, prüfte ich die verschiedenen Möglichkeiten.

Das Unternehmen war schwierig. Die meisten Gefangenen von Taraki und Amin, die im Januar zusammen mit Sharif freigelassen worden waren, waren sofort ins Ausland geflüchtet. Viele Männer hatten sich unter einem Tschador, dem Schleier der Frauen, verborgen und die Grenze nach Pakistan oder zum Iran überschritten. Aufgrund dieser zahlreichen Flüchtlinge hatten die Russen und die Regierungsmitglieder ihr Überwachungssystem an den Grenzen und auch innerhalb des Landes verschärft. Die Diskussionen innerhalb der Familien führten zu folgenden Entscheidungen: Meine Mutter, die nicht reisen wollte, würde mit meiner Schwester Sabah, die erst noch ihre Französischprüfung abschließen wollte, in Afghanistan bleiben. Die Regierung verlangte, dass die Studenten nach Abschluss ihrer Prüfungen den Militärdienst absolvierten. Danach bekamen sie erst ihre Diplome. Diese Maßnahme sollte verhindern, dass die jungen Leute sich ins Ausland absetzten. Die Mädchen erhielten ihre Zeugnisse erst, wenn die Jungen ihres Jahrgangs vom Militärdienst zurückkehrten, also zu einem Zeitpunkt, der vollkommen ungewiss war.

Ich würde mit meinen beiden Kindern abreisen. Sabah würde in Kabul bleiben und arbeiten, um den Lebensunterhalt für unsere Mutter und Hamid zu sichern, den Sohn meiner ältesten Schwester aus erster Ehe. So waren die wesentlichen Dinge entschieden – nun mussten wir aus dem besetzten Land herauskommen. Dies war leichter gesagt als getan.

Weil ich an der Universität mit Franzosen zusammenarbeitete, war ich sehr gefährdet. Manchmal fühlte ich mich vollkommen verloren und der Gnade irgendeines Spions ausgeliefert. Ich hatte so große Angst, dass ich mir in gewissen Augenblicken vorstellte, ich würde allein fliehen – ein schrecklicher Gedanke, der mich heute mit Scham erfüllt. Das war eine Versuchung, die ich sofort innerlich zurückwies. Philippe hatte mir sogar eine Scheinehe vorgeschlagen, damit ich eine Ausreisegenehmigung bekäme.

Ich muss dazu sagen, dass ich nicht standesamtlich verheiratet war, sondern nur kirchlich. Somit wäre diese Lösung rein verwaltungstechnisch möglich gewesen. Die Afghanen nehmen den Zivilstaat nicht ernst. Dabei muss ich erwähnen, dass Philippe Sharif für meinen Bruder hielt, ich hatte ihm nicht gesagt, dass ich verheiratet war. Aber ich hatte bei diesen Scheinehen kein gutes Gefühl. Würde ich nicht nach Auflösung der Ehe von den Franzosen sofort nach Afghanistan zurückgeschickt? Sicher, Philippe schlug mir diese Lösung vor, um mir zu helfen, ohne jeden Hintergedanken und mit dem vollen Einverständnis seiner Partnerin, doch ich lehnte ab. Das hätte bestenfalls mein Problem gelöst, auf eine sehr egoistische Weise.

Ich arbeitete weiter an der Universität, in der französischen Abteilung. Das politische Klima in Kabul wurde immer krankhafter. Viele verließen das Land, ohne etwas zu sagen, ohne sich von ihren Freunden, Nachbarn und Arbeitskollegen zu verabschieden. In den Schulen reduzierte sich die Anzahl der Schüler beträchtlich. Ganze Familien verschwanden plötzlich aus dem Stadtviertel. Waren die Leute von den Russen verhaftet worden, deportiert? Oder hatten sie heimlich das Land verlassen? Alle möglichen Gerüchte waren im Umlauf, Genaues war nicht zu erfahren. Die Möbelgeschäfte hatten nicht genügend Raum, um all die Möbel von Menschen, die ins Ausland geflüchtet waren, zu verkaufen oder zu lagern. Also verschleuderten sie ihre Ware zu Spottpreisen. Daran wurde die Entvölkerung Kabuls am deutlichsten: Die

Händler mieteten Garagen, um immer mehr Möbelstücke auszustellen und zu verkaufen.

Das Klima in den Ausbildungsstätten wurde unerträglich. In den Klassen wurde praktisch nicht mehr gearbeitet. Das Gymnasium wurde oft evakuiert, weil sich in dem Gebäude immer öfter der Gestank und Qualm bestimmter »Stinkbomben« ausbreitete. Die Anhänger der Regierung behaupteten, dies seien Sabotageakte der Widerstandskämpfer. Umgekehrt dachten die Widerstandskämpfer, es handele sich um Provokationen, die zum Ziel hätten, dass die Schulen geschlossen wurden. Denn nur hier konnte man seine Ablehnung gegenüber der Invasion noch zum Ausdruck bringen.

Besonders Mariam litt sehr unter der Situation: Sie wusste nicht, wo sie sich einordnen sollte. »Die Großen«, meistens Töchter von Widerstandskämpfern, organisierten eine Zeit lang Demonstrationen gegen die Regierung. Anfangs waren diese Kundgebungen nicht gefährlich; die Regierenden wollten nicht auf Kinder schießen lassen. Aber als mehrere Gymnasien sich zu regelmäßigen Kundgebungen in der Stadt zusammenschlossen, griff man zu Repressalien. Die Tore der Gymnasien wurden geschlossen. In Mariams Schule stürzten sich die Demonstrantinnen, die im Gebäude eingeschlossen waren, auf die verschlossene Pforte – sie drückten mit solcher Kraft, dass die Tür auf die Gymnasiastinnen fiel, die auf er anderen Seite gewartet hatten. Es gab Verletzte. Die Kundgebungen nahmen erst an Intensität ab, als die Regierung bewaffnete Polizisten auf den Mauern der Schule postierte. Die Militärs schossen mehrmals auf junge Demonstranten in der Stadt. Mariam und ihre Freundinnen mussten sich zu Unbekannten flüchten, um nicht erschossen zu werden.

Sie litt sehr darunter, dass wir ihre Fragen nicht klar beantworten konnten: Was sollte sie tun? Wenn sie im Gymnasium blieb, bekannte sie sich damit eindeutig zum Regime, wenn sie mit demonstrierte, riskierte sie, erschossen zu werden. Wir konnten sie auch nicht einfach zu Hause behalten, wenn Demonstrationen stattfanden, weil die Behörden die

Familien, die Flugblätter von den Widerstandskämpfern erhalten und dies nicht angezeigt hatten, als Komplizen beschuldigt wurden.

Einige Gymnasiastinnen waren wirklich Heldinnen. Eine von ihnen hatte einen Polizisten lächerlich gemacht, indem sie sein Gesicht mit ihrem Tuch verdeckte und ihm seine Waffe entwendete. »Wenn ihr nicht in der Lage seid, das Volk zu beschützen, so werden wir es selbst tun!« Allerdings war das nur möglich, weil die Soldaten zu diesem Zeitpunkt noch nicht schossen. Aber die Lage wurde immer gespannter. Die Anzahl der Gymnasien nahm ab, sicher weil immer mehr Eltern ihre Kinder zu Hause behielten und auch weil viele Familien ins Ausland flüchteten.

Es gab noch andere Demonstrationen gegen die russische Besatzung. Eines Abends hörten wir pünktlich um acht Uhr einen lauten Ruf aus der Stadt, »*Allahu akbar*!«, »Allah allein ist groß!«. Die Menschen kletterten auf ihre flachen Dächer, um mitzuschreien. Wir bemerkten, dass die ersten Rufe aus stark bevölkerten Stadtteilen kamen, von den schiitischen Hazaras. Es handelte sich um eine erstaunlich gut organisierte Aktion der Widerstandsbewegung nach dem Vorbild der iranischen Revolution. Ein großer Teil der Stadtbevölkerung beteiligte sich. Aber dies geschah nur ein Mal. Am nächsten Tag fuhren, kaum waren die ersten Rufe erklungen, die russischen Panzer in Kolonnen in das schiitische Viertel, das oberhalb von unserem lag. Die Soldaten feuerten mit Maschinengewehren auf die Dächer, es gab Tote und Verletzte. Niemand wagte mehr, über die Dächer hinweg zu rufen.

Die Angst war unsere ständige Begleiterin. Ich erinnere mich an einen Tag, als ich dachte, ich käme ins Gefängnis. Ich kam mit Sabah vom Einkaufen zurück, als ich einen Jeep sah, der vor unserer Tür parkte. Zwei Soldaten standen dort, der eine zeigte mit dem Finger in unsere Richtung. Ich drückte meiner Schwester meine Tasche in die Hand und sagte: »Die warten auf mich, um mich ins Gefängnis zu stecken. Kümmere dich um unsere Mutter.« Mit kleinen Schritten ging ich auf die Soldaten zu. Entgegen meiner Erwartung machten sie Platz, so dass ich ins Haus konnte. Sie standen nur dort, um das Kommen und Gehen in einem anderen Haus am Ende der Straße zu beobachten. Das Herzklopfen, das solche Situationen verursachten, kostete sehr viel Energie.

Es hieß, dass Jungen, Halbwüchsige, erschossen oder von den Russen als Geiseln genommen wurden. Man sagte, sie würden in die Sowjetunion deportiert. Aber es konnte auch sein, dass ihre Familien sie ins Ausland geschickt hatten. Sie wollten nicht zusehen müssen, wie sie im Kampf gegen die Mudschaheddin starben.

Wie sollte man noch Wahrheit und Lüge auseinander halten, wenn niemand mehr im eigenen Namen mit dem anderen sprach, sondern sich nur darauf beschränkte, was »man erzählt«? Jean-Christophe Victor hat seinem Buch, das er zu diesem Zeitpunkt über Kabul schrieb, zu Recht den Titel *La cité des murmures* (Die Stadt der Gerüchte) gegeben.

Mein Sohn als Geisel

Djahed kam eines Tages völlig verängstigt aus der Schule: Ein Lastwagen sammelte die Jungen von der Straße ein. Wer zog die Jugendlichen mit Gewalt auf einen Lastwagen? Die Kommunisten aus Partsham. Aus welchem Grund? Wohin wurden sie gebracht? All dies war unmöglich herauszufinden. Djahed war den Gewehren entkommen, weil zwei Frauen Erbarmen mit ihm hatten und ihn an der Bushaltestelle unter ihrem Schleier versteckten. Andere Kinder konnten sich retten, indem sie auf Bäume mit dichtem Blätterwerk kletterten.

Jeden Morgen ging ich hinter Djahed her, auf dem Weg zur Schule. Ich sagte mir, wenn sie ihn auf einen Lastwagen verfrachteten, konnte ich wenigstens schreien, sie anflehen, mir wenigstens zu sagen, wohin er gebracht wurde. Es waren Afghaner, die die Jungen einsammelten, keine Russen. Ob sie es wagten, einer Mutter die Antwort zu verweigern?

Manche Leute behaupteten, dass man aus diesen Vierzehnjährigen Soldaten machen wollte. Ich konnte das nicht glauben. Man hörte auch, dass sie eingesammelt wurden, um in der ersten Reihe vor den Russen als menschliche Schutzschilder zu dienen. Die Kommandozentrale hoffte, dass die Widerstandskämpfer nicht auf sie schießen würden und die eigentlichen Truppen auf diese Weise weiter vordringen könnten. Der Widerstand organisierte sich zunächst in den Bergen, in der Stadt merkte man noch nicht viel davon. Viele junge Leute zogen es vor, sich ihnen anzuschließen statt gegen sie zu kämpfen. Eines lag auf der Hand: Um zu verhindern, dass die jungen Männer sich ins Ausland absetzten, um Kämpfer zu gewinnen und eine Reserve aufzubauen, hatte das Regime nur eine Möglichkeit – es musste Geiseln nehmen.

Dann erfuhren wir aus der Gerüchteküche, dass während der Ausgangssperre systematische Hausdurchsuchungen durchgeführt wurden. Milizen oder Soldaten drangen in die

Häuser ein und entrissen die Jungen ihren Familien. Wir dachten uns Strategien aus, wie wir Djahed verstecken konnten. Ich dachte daran, ihn ins Bett zu stecken und ihm eine Infusion zu legen, wenn die Soldaten kämen. Ich hoffte, dass die eher tölpelhaften Männer von der medizinischen Ausrüstung beeindruckt wären und dass sie noch genug Menschlichkeit besaßen, um ein schwer krankes Kind bei seiner Familie zu lassen. Ich hatte das notwendige Material für diese Vorstellung besorgt. Jedes Familienmitglied wusste genau, was es zu tun hatte: Hamid sollte die Tür öffnen, und dabei ein wenig trödeln. Djahed würde sich in der Zeit in sein Bett legen. Ich würde ihm schnell die Infusion legen. Die Heftplasterstreifen, mit denen die Nadel befestigt werden sollte, lagen schon bereit. Ich überlegte auch, ob wir Djahed nicht in der Garage im Kofferraum unseres Wagens oder sogar unter dem Auto verstecken sollten. All diese Überlegungen waren in Wirklichkeit lächerlich und verstärkten nur unsere Angst. Die Übungsstunden zur Vorbereitung auf den nächtlichen Überfall lösten zusätzlich eine gedrückte Stimmung aus. Mein Sohn hielt sich genau an meine Anweisungen, aber ich spürte, dass er große Angst hatte.

Djaheds tatsächliches Verschwinden nahm dann einen fast offiziellen Charakter an. Es gab keinen brutalen Überfall in unserem Haus und auch keine Entführung auf offener Straße, sondern eine Nachricht vom Gymnasium. Eines Tages hörte mein Sohn, wie eine Liste mit Schülern verlesen wurde, die ihre Ausbildung in der Sowjetunion fortsetzen sollten. Sein Name war auch dabei. Er wandte sich an einen Lehrer, der ihm zur Antwort gab: »Wenn Sie nicht reisen, bedeutet das, Sie sind gegen die Regierung. Damit bringen Sie Ihre Familie in ernste Gefahr.«

Die Kinder wurden in Altersgruppen eingeteilt. Es gab drei- oder vierhundert aus den Gymnasien in Kabul, an die genaue Zahl erinnere ich mich nicht. Aus jener Zeit ist mir nur eines im Gedächtnis geblieben: Der Name meines Sohnes stand auf dieser Liste. Zu diesem Zeitpunkt war es unmöglich, das Land heimlich zu verlassen. Zumindest wusste ich keine Lösung. Das war nicht der Moment, um zu improvisieren – wenn ein Jugendlicher auf der Flucht erwischt wurde, riskierte er sein Leben. Djahed wollte lieber seine Ausbildung in der Sowjetunion fortsetzen, als einer Massenverhaftung zum Opfer zu fallen und gegen die Mudschaheddin kämpfen zu müssen.

Auf dieser Liste standen also jene jungen Gymnasiasten, denen die Ehre und der Vorzug zuteil wurden, ihre Ausbildung für einen unbestimmten Zeitraum vor dem Militärdienst in der Sowjetunion fortzusetzen. Nachdem die Namen bekannt gegeben worden waren, vergingen acht Tage wie im Traum. Es galt, die notwendigen Besorgungen zu machen – Passformalitäten, Impfungen –, als handele es sich um eine ganz normale Reise. Die Pässe sahen übrigens recht merkwürdig aus: Die afghanischen Behörden übertrugen den islamischen Kalender völlig falsch auf den, der in Russland gebräuchlich ist. Unser Kinder erhielten so Geburtsdaten, denen zufolge sie plötzlich vierzig, fünfzig oder gar neunzig Jahre alt waren.

Dann teilte man Djahed mit, dass er am nächsten Tag reisen werde. Er hatte gerade noch Zeit, seinen Koffer zu packen. Die Verwaltung hatte die Reisenden in dem Glauben gewiegt, dass sie einen Studiengang wählen könnten: Ingenieurwissenschaften, Medizin, Architektur ... Djahed und seine Leidengenossen fielen auf den Betrug herein und trafen schon ihre Wahl. Ich begleitete meinen Sohn zum Flughafen. Die Halle war voller Jugendlicher zwischen zwölf und fünfzehn Jahren. Die Eltern teilten sich in zwei Gruppen: Die Kommunisten waren glücklich, die anderen sahen aus wie Schiffbrüchige. Was mich betrifft, so dachte ich, selbst wenn mein Sohn nach Sibirien geschickt würde, hätte er ein besseres Schicksal als die Jugendlichen, die in den Straßen von Kabul eingesammelt wurden.

Die riesige Maschine der Aeroflot, die ich durch die Fensterscheiben der Flughafenhalle sah, erschien mir wie ein großer Vogel aus einem Albtraum. Er würde die Jugend der Stadt verschlingen, wie in einer schrecklichen Legende. Eine tiefe Traurigkeit überkam mich. Ich fühlte mich irgendwie schuldig und warf mir vor, nicht genug getan zu haben. Ich hatte keine Möglichkeit gefunden, Kabul zu verlassen. Mein Mann hätte es sicher geschafft, weil er immer Kontakt zu den Bauern und Menschen von Ghazni hatte. Er kannte viele Menschen, im Gegensatz zu mir.

Die Jungen bestiegen voller Illusionen das Flugzeug. Sie waren glücklich über ihre erste Reise, wie Schulkinder, die in den Urlaub fahren. In der Menge hörte ich Stimmen, die behaupteten, die Jungen müssten in Fabriken arbeiten.

Wenn ich meinen Sohn habe reisen lassen, so deswegen, weil ich keine andere Wahl hatte. Es gab auch noch einen anderen, geheimen Grund. Ich wünschte bereits tief in meinem Inneren, dass die Mudschaheddin den Krieg gewinnen würden. Für mich war wichtig, dass mein Sohn nicht gegen sie gekämpft hatte. Ich wollte nicht, dass mein Sohn Widerstandskämpfer tötete. Diese Jahre in Russland waren, von diesem Gesichtspunkt aus, ein Aufschub. Vielleicht war der Krieg ja beendet, wenn er zurückkam. In den Wochen nach Djaheds Abreise machte ich mir große Sorgen. Ich fragte mich, ob er wohl genug zu essen bekam, ob er nicht frieren musste, wo er überhaupt war...

Eineinhalb Monate später erhielt ich an der Universität einen Brief von ihm. Er schrieb: »Ich bin in Minsk. Ich setze meine Ausbildung fort. Mein Gehalt beträgt sieben Rubel im Monat. Ich weiß nicht, wann ich zurückkehren werde. Ich vermisse euch.« Ich war überrascht, dass die Zensur diese letzte Formulierung, also den Ausdruck eines Mangels, hatte durchgehen lassen. Ich antwortete ihm mit einem dieser erbärmlichen Briefe, in denen man nur das Übliche schreibt, weil sie zensiert werden. Suita schrieb die Adresse auf den Umschlag, weil ich mit den kyrillischen Zeichen nicht zurechtkam.

Die Sowjets verfolgten mit ihren Geiselnahmen ein doppeltes Ziel. Sie wollten einen Teil der jungen Leute, die sie für die zukünftigen leitenden Angestellten Afghanistans hielten, »russifizieren«. Sie wollten auch eine Reserve mit Männern aufbauen, die im Militärdienst eine Verbindung zwischen den sowjetischen Truppen und den Streitkräften der afghanischen Regierung würden herstellen können. Sollen sie mir meinen kommunistischen Sohn zurückschicken, wenn sie ihn überzeugen können, Hauptsache, er kommt lebend wieder! Auf dass sie ihn nur nicht an die Front schicken! Dies waren meine Empfindungen. Ich wusste, dass Djahed darunter litt, von seiner Familie getrennt zu sein. Vor allem aber hatte ich im Moment Angst vor einer unvorsichtigen Bemerkung seinerseits, einer Geste, einem Wort, das als Provokation ausgelegt würde und zur Folge hätte, dass er nach Sibirien geschickt wurde oder in die afghanischen Berge, wo er vor den russischen Panzern marschieren musste, um das Gebiet von Minen zu säubern.

Aus der Heimat fliehen

Immer mehr Menschen verschwanden, ohne dass ich die Zeit gehabt hätte zu reagieren oder einen festen Plan zu entwerfen. Ich muss zugeben, dass ich mich ein wenig habe entmutigen lassen. Dann wurde mir immer bewusster, dass unser Leben in Gefahr war. Erst Sharif, dann Nadjib und jetzt Djahed ... Alle Männer der Familie waren nach und nach verschwunden. Niemand würde eine Entscheidung für mich treffen. Doch für eine afghanische Frau ist es unglaublich schwer, etwas zu tun, auf das sie nie vorbereitet wurde: allein über die Zukunft ihrer gesamten Familie zu entscheiden.

Um eine gute Entscheidung zu treffen, hätte ich besser informiert sein müssen. Es fiel mir schwer, mir ein klares Bild von den Ereignissen zu machen. Im Iran erhielt ich praktisch keine Nachrichten über die Situation in Afghanistan. Radio Kabul log ganz offensichtlich. Nur über den BBC erhielt man zuverlässige Informationen, aber aus Vorsicht verbot ich mir, diesen Sender zu hören. Es war unmöglich, ernsthafte politische Diskussionen zu führen, ja überhaupt erst einmal an sichere Nachrichten heranzukommen. Es fiel mir schwer zu begreifen, dass ich nicht in Kabul bleiben durfte, um auf Djahed zu warten. Die Hoffnung im Herzen einer Mutter ist so stark, dass ich manchmal glaubte, er käme schnell zurück.

Meine französischen Freunde wurden immer weniger. Die Botschaft riet allen entschieden zur Abreise, die nicht eine besonders wichtige Funktion innehatten. So verließen auch Philippe und Régine Kabul. Nur einige Dozenten blieben noch an der Universität. Ich erwachte aus meiner Erstarrung und ergriff zunächst einige Maßnahmen: Ich überlegte, dass ich in Frankreich mehr Chancen hatte, eine Arbeit und Asyl zu finden als in jedem anderen Land, weil ich dort schon einmal tätig gewesen war und auch die Sprache beherrschte. Über einen französischen Freund schickte ich meine Zeugnisse, meinen Schmuck und 100 000 Afghanis nach Frankreich. Mit meinem Gehalt konnte ich mir diese Vorkehrungen erlauben. Was die Papiere und den Schmuck betraf, so nutzten sie mir in Kabul sowieso nichts. Sie reisten in einem Diplomatenkoffer nach Frankreich.

Es war höchste Zeit zu handeln. Wenn ich von der Universität nach Hause ging, wurde ich regelmäßig verfolgt und kontrolliert. Oft ließ ich mich von einem französischen Dozenten begleiten; ich dachte, dass ich so beschützt sei. Weit gefehlt! Auf jeder Fahrt, ob nun im Privatwagen oder im Taxi, folgte uns ein Jeep der Armee. Kaum war ich aus dem Auto gestiegen, kamen zwei Männer in Zivil auf mich zu und fragten mich, wer ich sei, wo ich wohne, wer der Mann sei, der mich begleitet hatte ... Auch wenn ich im Bus fuhr, wurde ich kontrolliert.

Auf der Straße folgten mir oft Männer in Zivil und fragten mich: »Was machen Sie? Wohin gehen Sie? Ihre Papiere!« Sie waren besonders abstoßend, wenn sie ihre bevorzugte Einschüchterungstaktik anwandten: Sie stellten sich vor mir in den Weg, blickten mich starr an und machten erst Platz, wenn ich direkt vor ihnen stand. Ich musste um sie herum gehen, mit gesenktem Kopf, obwohl ich sie liebend gern herausfordernd angeschaut hätte. Am nächsten Tag fingen sie wieder an – oder einige Tage später. Es gab so viele von ihnen, und sie hatten nichts anderes zu tun.

Der französische Professor, der mich begleitete, wurde selbst überwacht. Einige Jahre später, im Flüchtlingslager im pakistanischen Peschawar, dachte ich, dass ich mich sehr gut getäuscht haben könnte, was den Grund für die Beunruhigung des Sicherheitsdienstes betraf. Frauen aus der Widerstandsbewegung, die nach Peschawar geflüchtet waren, erzählten mir damals, dass sie russische Offiziere angelockt und sie zu einigen abgelegenen Orten gefahren hätten. Am Ziel angekommen, nahmen sich die Brüder und Cousins der Verführerinnen der betrogenen Unglücklichen an und ermordeten sie.

Vielleicht vermutete man, ich sei auch eine von diesen Frauen. Der französische Dozent, der mich nach Hause brachte, hatte genau die Körperstatur und die Haltung eines russischen Offiziers in Zivil. Ich zog ihn oft damit auf. Die Männer, die mir folgten und mich ausfragten, sollten also möglicherweise diesen Ausländer beschützen. Was waren die Gründe für diese permanente Einschüchterung? Ich hatte keine Vorstellung davon, was sich in den Köpfen derjenigen abspielte, die mich überwachten. Meine Angst war unbeschreiblich. Was sollte aus meiner Mutter werden, meiner Tochter, meiner Schwester, meinem Neffen, wenn ich verschwand? Ich war die einzige, die Geld verdiente. Meine Reaktionen und mein Verhalten wurden schlichtweg neurotisch ... Jeden Abend zog ich mich an, um ins Gefängnis zu gehen. Wenn ich sah, dass ein Mann sich mir auf der Straße näherte, der von nahem oder von weitem wie ein *partschami* aussah oder ein Sicherheitsagent, hatte ich Lust zu schreien: »Nehmen Sie mich rasch fest, damit es vorbei ist!« Ich hatte nur eine große Sehnsucht: keine Angst mehr zu haben. Ich dachte, dass die erste Nacht, die ich ruhig schlafen würde, diejenige wäre, die ich im Gefängnis verbrächte. Ich kann gut der Gefahr direkt gegenüberstehen – aber nur schlecht mit ihr umgehen, wenn sie auf sich warten lässt.

Meine Mutter erkannte, in welchem Zustand ich war. Sie war es, die mich aus dieser Art Wahnsinn herausholte, indem sie sagte: »Für dich gibt es keine andere Lösung als fort zu gehen. Egal, ob du allein fährst oder mit deiner Tochter – aber tu es schnell!« Sie hatte eindeutig Recht. Ich fühlte mich besser, nachdem ich beschlossen hatte, der Gefahr ins Auge zu sehen. Ich glaube, das ist auch der Grund, warum sich viele Menschen im Laufe der Zeit der Widerstandsbewegung angeschlossen haben. Wenigstens wussten sie dann, warum sie Angst hatten.

Zu gehen bedeutete, dass ich meine Familie vorübergehend ohne Einkünfte zurückließ. Aber die Situation wäre für uns alle schlimmer gewesen, wenn ich noch länger gewartet hätte und im Gefängnis gelandet wäre. Ich nahm mit einer Frau Kontakt auf, von der ich wusste, dass sie heimlich Fahrten von Kabul in den Iran und zurück organisierte. Ich kannte sie nur unter ihrem Decknamen Bibi Gol, was so viel bedeutet wie »heilige Blume«. Hatte sie mit diesem Namen ihren Humor ausdrücken wollen? Heilig war diese alte Unterhändlerin ganz bestimmt nicht, nicht heiliger, als sie es in der Blüte ihrer Jahre gewesen war. »Alte Hexe« hätte sie heißen sollen ...

Zunächst begann ich eine unverfängliche Unterhaltung, dann gab ich meiner Gesprächspartnerin indirekt zu verstehen, dass ich Afghanistan verlassen wollte. Als ich bemerkte, dass sie wohl auf eine deutliche Frage wartete, sagte ich: »Können Sie mir helfen, aus dem Land zu kommen?«

»Aber natürlich, ich tue ja nichts anderes. Jedes Mal, wenn ich in den Iran reise, nehme ich Leute mit, die fliehen.«

Mit dem Iran bin ich einverstanden.

»Sie müssen 6000 Afghanis pro Person zahlen, bevor es losgeht, und ebenso viel bei der Ankunft.«

Akzeptiert.

»Ich kann den Tag nicht im voraus festlegen. Halten Sie sich bereit. Ich werde unvermutet bei Ihnen vorbeikommen und Ihnen Tag, Ort und Stunde der Abreise mitteilen.«

Fünf oder sechs Tage nach unserem Treffen tauchte Bibi Gol plötzlich bei uns zu Hause auf: »Seien Sie um fünf Uhr morgens am Busbahnhof und kleiden Sie sich wie Bäuerinnen!«

Die Trennung von meiner Mutter und meiner Schwester, die immer noch bleiben wollten, war schrecklich. In den letzten Gesprächen am Abend äußerte ich nicht alles, was mir durch den Kopf ging: Ich dachte, dass ich dem Tod entgegen ging, aber gleichzeitig war ich froh, dass ich handeln konnte.

Dies war jedoch nur eine kurze Atempause. In der Nacht ergriff mich erneut die Panik: Ich wälzte mich in meinem Bett, ohne einschlafen zu können. Ich wollte nicht, dass man mir Mariam wegnahm. Ich stellte mir alle möglichen Szenarien vor: Ich sah, wie meine Tochter vor meinen Augen vergewaltigt und getötet wurde. Das war mehr, als ich ertragen konnte, selbst in diesem Albtraum des nächtlichen Wartens. Nach dem Verschwinden Djaheds wäre das zu viel gewesen. Sie durften mir meine Tochter einfach nicht wegnehmen. Ich nahm mir vor, sie zu töten, wenn man sie mir wegnahm, und mich dann auch. Als praktische Krankenschwester wollte ich dieses Problem nicht ungelöst lassen: Nur Gift konnte uns in einem solchen Fall zu einem schnellen Tod verhelfen. Ich bereitete also zwei Opiumkugeln mit einer tödlichen Dosis vor. Wenn man uns mit Gewalt trennen sollte, würde jede von uns eine Kugel schlucken.

Nach dieser Nacht voller schrecklicher Gedanken und morbider Vorbereitungen kam endlich der Aufbruch ... Wie abgemacht fanden wir uns um fünf Uhr morgens am Busbahnhof ein – allerdings nicht als Bäuerinnen gekleidet (wir hatten keine passenden Kleidungsstücke), sondern in langen Hosen und mit iranischem Schleier. Wir bestätigten der »heiligen Blume«, dass wir weder Fotos noch Papiere oder irgendwelche Dokumente bei uns hätten, auch keine persönlichen Gegenstände, mit denen man uns als Städterinnen identifizieren könnte. Dies war eine halbe Lüge. Natürlich hatte ich nichts Sichtbares dabei, auch nichts allzu Gefährliches. Doch ich hatte ein paar Dokumente dabei, weil ich wusste, dass ich mich im Iran nicht niederlassen konnte, auch nicht vorübergehend, wenn ich mich nicht ausweisen konnte. Außerdem hatte ich einen kleinen Fotoapparat mit, um während unserer Flucht ein paar Aufnahmen zu machen. Natürlich ganz heimlich, verborgen unter dem Schleier. Und selbstverständlich führte ich etwas Geld mit, das innen in meine Kleidung eingenäht war.

Auf ein Zeichen von Bibi Gol stiegen wir in den Wagen nach Kandahar. Unter den Passagieren konnte man unmöglich unterscheiden, wer nur routinemäßig reiste und wer – wie wir – das Land verlassen wollte. Niemand sprach.

Zwanzig Kilometer von Kabul war der erste Halt. Ein Angriff von Widerstandskämpfern, so sagte man uns, verhindere die Weiterfahrt des Fahrzeugs. Wir hörten zahlreiche

Schüsse, doch vom Wagen aus konnte man unmöglich erkennen, wer hier auf wen schoss. Die Unterbrechung ließ Zeit, um nachdenken und die Abreise zu bereuen. Am liebsten wäre ich ausgestiegen und mit Mariam zu Fuß zurückgegangen. Ich hatte Sehnsucht nach meiner Mutter. Ich litt. Die schlechte Nacht, die ich hinter mir hatte, half mir auch nicht gerade, diese Wartezeit zu überstehen. Zwei Stunden später war die Straße wieder frei und die Reise ging weiter.

Alle zehn oder zwanzig Kilometer wurde der Omnibus von kleinen bewaffneten Gruppen angehalten. Sie stiegen ein und sammelten Geld für die Mudschaheddin. Ich hielt sie für Banditen, die einen Vorwand benutzten, um die Reisenden zu erpressen. Verängstigt sah ich mein kleines Vermögen schwinden. Diese Halunken verschwanden so schnell, wie sie gekommen waren. Man konnte nicht begreifen, woher sie plötzlich auftauchten und wohin sie gingen. Es gab nur Wüste, so weit das Auge blicken konnte. Allerdings wurde die Straße von einem russischen Hubschrauber überwacht, der sehr niedrig flog. Als der Helikopter dem Bus folgte, konnten wir sogar deutlich die russischen Soldaten sehen, die an der Tür der Maschine standen.

Bei einer dieser erzwungenen Fahrtunterbrechungen mitten in der Wüstenlandschaft erschienen zwei Männer. Sie trugen einen Turban und waren mit Gewehren bewaffnet. Zunächst forderten sie zwei junge Männer von achtzehn oder neunzehn Jahren auf auszusteigen. Diese trugen unglücklicherweise Schnurrbärte. (Die Schnurrbärte waren einmal das Erkennungszeichen der *khalkis*, der Anhänger des kommunistischen Regimes.) Die beiden jungen Männer protestierten, aber niemand stand auf, um sie zu verteidigen. Während einer der Banditen wie immer Geld einsammelte, drückte der andere den Jungen den Gewehrlauf in die Nieren und zwang sie hinter eine kleine Erhebung. Wir konnten sie nicht mehr sehen. Die Jungen sind nicht mehr in den Bus eingestiegen. Ich stelle mir lieber vor, dass sie nicht getötet wurden, sondern in irgendeiner Gruppe mitkämpfen mussten.

Die mangelnde Strukturierung der Widerstandsbewegung ermöglichte es Räuberbanden, völlig unkontrolliert Erpressungsaktionen durchzuführen. Es hieß, dass manche Schlepper die Leute einfach in abgelegene Gegenden fuhren, wo sie sie ausraubten, wenn nicht sogar niedermetzelten. Und die überlebten, konnten natürlich nicht zur Polizei gehen und Anzeige erstatten. Somit gingen diese Banden vollkommen straffrei aus.

Bis Kandahar wurden wir regelmäßig erpresst.

In dieser Stadt war die Hauptbrücke zerstört. Glücklicherweise konnte der Bus den Fluss in einer Furt durchqueren. Wir verbrachten die Nacht in Kandahar. Dreißig Personen schliefen auf dem Boden in einem Raum. Ich hatte die ganze Zeit große Lust, wieder nach Kabul zurückzugehen. Je weiter ich mich von dort entfernte, desto falscher erschien mir meine Entscheidung. Ich stellte mir vor, dass ich diejenigen, die ich zurückgelassen hatte, nie mehr wiedersehen würde. Von diesem Moment an bewegten wir uns im Untergrund. Ich begriff, dass alle Fahrgäste das Land verlassen wollten.

Diejenigen, die unsere Flucht organisiert hatten, hatten ein erstaunliches System entwickelt. Der Raum, in dem wir schliefen, lag in der ersten Etage und hatte ein Fenster, in dessen Öffnung eine Fußgängerbrücke führte. Ganz früh am Morgen ratterte eine Rikscha über diese Brücke in unser Zimmer, um uns abzuholen. Wir mussten uns organisieren, weil in der Rikscha immer nur zwei Personen gleichzeitig Platz hatten. Bibi Gol wollte mit Mariam in die Rikscha steigen. Ich sollte bei der nächsten Tour mit einer anderen Frau nachkommen. Ich lehnte diesen Vorschlag ab: Ich wollte nicht, dass wir uns getrennt in Gefahr begaben. Bibi Gol musste nachgeben.

Die Rikscha fuhr über die Fußgängerbrücke und dann durch einen Tunnel. Als wir wieder ans Licht kamen, befanden wir uns in einem großen unbebauten Gelände, dann waren wir plötzlich mitten in Kandahar unter schwer bewaffneten russischen Soldaten und Panzern. Ich war einigermaßen ruhig. Ich hatte Vertrauen in die Schlauheit derjenigen, die das System mit dem geheimen Tunnel ausgeklügelt hatten. Selbst wenn man die Schlepper nicht mit den Widerstandskämpfern gleichsetzen konnte – viele von ihnen wollten nur Geld verdienen –, stellte ich doch fest, dass es den Gegnern der Russen gelungen war, sich so weit zu organisieren, dass sie am hellichten Tag und mitten in der Stadt agieren konnten.

Die Rikscha hielt vor einem seltsamen Omnibus ohne Sitze. Er war mit graublauen, völlig verwaschenen und zerrissenen Nylonvorhängen ausgestattet. Wir näherten uns dem Fahrzeug. Etwa zehn Personen warteten bereits in Grüppchen hinter dem Bus, darunter drei Jungen. Zu unserer großen Überraschung befahl uns der Rikschafahrer, wir sollten uns hinten im Bus auf die Erde setzen und möglichst eng zusammenrücken. Gleich darauf führte unser Begleiter vier große Kühe in den Bus. »Legt euch am besten ganz hinten in den Wagen!« forderte er uns auf. Man kann sich kaum unbequemere Reisebedingungen vorstellen. Die Kühe ließen ihren natürlichen Bedürfnissen in den bekanntermaßen kurzen Abständen und mit der diesen Tieren eigenen Hartnäckigkeit freien Lauf. Es gab keine Möglichkeit, den Ausleerungen oder den Hufen der Kühe zu entkommen. Bei jedem Stoß mussten sie sich bewegen, um ihr Gleichgewicht wieder zu finden. Jedenfalls waren wir in Sicherheit und nutzten die Gelegenheit, um etwas trockenes Brot zu essen, das wir in den Ärmeln unserer Kleidung versteckt hatten.

Dies war die erste meiner Reisen, auf denen ich mich verstecken musste. Ich machte die Erfahrung, dass die größte Sehnsucht – und gleichzeitig diejenige, die sich praktisch nie erfüllen lässt – nicht etwa die nach Essen ist, sondern die nach einer Waschmöglichkeit. Ich dachte an die zahlreichen Menschen, die die Grenze im Öltank eines Lastwagens passieren mussten. Sie klammerten sich an der Decke fest und erstickten fast an den giftigen Dämpfen. Dann doch lieber die Kühe.

Der Omnibus hielt hinter einem Hügel. Nun mussten wir zu Fuß gehen: Das war uns gleichgültig, außerdem war es sehr viel besser, als zusammengerollt unter den Kühen zu liegen. Auf diesem Teil der Flucht machte ich – halb im Gehen, halb im Laufen – heimlich ein paar Aufnahmen, wobei ich die Kamera immer unter meinem Tschador versteckt hielt. Hier entstanden Bilder, auf denen man Mariam in ihren großen Schleier gehüllt sieht. Da ich in der Bewegung fotografieren musste, sind die Fotos etwas verschwommen.

Unsere kleine Gruppe kam in dieser wüstenähnlichen Steppe im Süden von Kandahar (Rigestan) recht schnell voran. Nachdem wir einen Hügel überwunden hatten, folgten wir eine Stunde lang einem bewaffneten Führer. In dieser kargen Landschaft war weit und breit kein Haus zu sehen, keine Spur irgendeiner menschlichen Aktivität. Schließlich gelangten wir zu ein paar Strohhütten mit Lehmboden. Sie waren sehr niedrig und in einer Geländefalte verborgen. Zwischen den Hütten entdeckten wir ein Loch, das gerade so groß war, dass eine Person hineinpasste.

»Da hinein!«

Unter dem Loch führten ein paar Stufen aus festgetretener Erde zu einem großen unterirdischen Raum. Nach dem Tunnel von Kandahar war mir klar geworden, dass eine der besten Taktiken für ein kleines Volk, das sich einer modernen Armee widersetzen will, darin besteht, sich unter die Erde zu begeben. So hatten es die Vietnamesen gemacht, so machten es jetzt die Afghanen. In diesen Katakomben lebte ein ganzes Volk: Frauen, Jungen und Mädchen. Wir blieben einige Stunden, die wir auch dringend zum Ausruhen benötigten. Die Frauen boten uns gekochte Kartoffeln an. Das war sehr nett von ihnen, aber wie sollte man Kartoffeln hinunter bekommen, wenn der Mund völlig ausgetrocknet war und es nirgends etwas zu trinken gab? Wir aßen trotzdem, um etwas Kraft zu schöpfen. Doch die Kartoffelstückchen klebten innen an meinen Wangen fest, an meinem Gaumen und in meiner Kehle. Es war kein Tropfen Speichel mehr übrig, um die verklebte Speise aufzulösen. Trotzdem dankten wir den Bäuerinnen überschwänglich. Es war ein Genuss, auch wenn er getrübt war.

Da versuchte die Frau des Führers, die in diesem Loch lebte, die Situation auszunutzen, um ihrem Sohn eine Frau zu verschaffen. Dieser Sohn, den sie uns vorstellte, war nicht gerade eines der schönsten Exemplare der menschlichen Rasse: Vor allem sein Gesicht konnte nur Furcht oder Mitleid einflößen. Unter den Staubkrusten waren hier und da ein paar kahle Stellen auf seinem Kopf zu sehen. Die Haare fielen ihm büschelweise aus. Und was noch schlimmer war: Er hatte auf dem Kopf eine Geschwulst, die etwa die Größe eines Hühnereis besaß. Es schien ein Tumor zu sein.

Die Frau des Führers begutachtete Mariam sehr sorgfältig und ohne jede Hemmung. Sie zog ihr den Schleier zurück, berührte ihre Wangen, die von unserem Marsch durch die Wüste ganz rot waren. Dann schlug sie mir ohne Scham einen Handel vor: »Sie lassen mir die hübsche Kleine hier als Frau für meinen Sohn, und mein Mann führt Sie dafür bis an die pakistanische Grenze.« Ich kam mir vor wie in einem grausamen Märchen, als sei ich in die Höhle einer Menschenfresserin geraten. Obwohl sie wusste, dass ich sie niemals verlassen würde, hatte Mariam Angst. Auch ich befürchtete, dass die Frau ihren Ehemann überreden könnte, uns hier festzuhalten, bis ich dem Vorschlag zustimmte. Ich versuchte, eine Möglichkeit zu finden, wie ich sie hinhalten konnte. Da erschien – dem Schicksal sei Dank! – der Führer oben am Erdloch und rief uns zu:

»Kommt da raus, schnell!«

Oben angelangt entdeckten wir einen Traktor mit einem Anhänger, der mit landwirtschaftlichen Geräten und verschiedenen Werkzeugen beladen war. Wir drängten uns zu zehnt in diesen Karren. Es musste etwa fünf oder sechs Uhr am Abend sein. Der Traktor setzte sich auf der Lehmstraße in Bewegung. Bald darauf war es dunkel. Der Fahrer hielt von Zeit zu Zeit an und wir mussten den Anhänger schieben, der in einem Schlammloch oder einer zu tiefen Wagenspur versunken war.

Nach einigen Stunden entdeckten wir ein Licht. Uns war schnell klar, dass es sich um einen Scheinwerfer handelte und dass das Fahrzeug auf uns zu fuhr. Schon war das Motorengeräusch zu hören. Ich fürchtete, dass es sich um eine russische Patrouille handelte, doch dann sagte ich mir, dass die Russen in diesen abgelegenen Gebieten immer im Konvoi fuhren. Dennoch war ich wie hypnotisiert von diesem Scheinwerfer, der immer näher kam.

Bald erkannten wir ein Motorrad. Der Führer hielt den Traktor an. Der Mann auf dem Motorrad kam näher und rief uns zu: »Ihr könnt weiter, die Straße ist frei!«

Gegen zwei Uhr morgens kamen wir in einer Unterkunft an, die man als »Hotel« bezeichnen könnte, aber ohne Licht und ohne Essen. Der Führer teilte uns mit: »Dies ist das letzte Dorf vor der Grenze. Morgen früh bekommt ihr ein Frühstück.«

Meiner Einschätzung nach konnte es sich nur um die Grenze nach Pakistan handeln, südlich von Kandahar. Wir nutzten die Gelegenheit, um zwei oder drei Stunden zu schlafen. Mariam und ich wählten eine schwarze Decke mit weißen Blumen, ein Luxus! Am frühen Morgen entpuppten sich die weißen Blumen dann als fettige Wucherungen von Pilzen ...

Um fünf Uhr morgens riss man uns aus einem unruhigen Halbschlaf. Wir bekamen gezuckerten Tee und etwas Brot. Vor der Unterkunft wartete ein Bus. Bevor wir den kleinen Grenzposten erreichten, befahl der Fahrer drei jungen Männern von siebzehn bis achtzehn Jahren auszusteigen. Es war nicht schwer zu erraten, dass sie besonders gefährdet waren. Da sie in ihrem Alter ihren Militärdienst hätten absolvieren müssen, galten sie bei Kontrollen als Deserteure.

Wir kamen durch ein überschwemmtes Gebiet, besser gesagt einen Sturzbach, der die Straße überflutete.

An der Grenze stand nur ein kleines Zelt und ein einziger afghanischer Soldat. Er war ganz mager. Es gab noch nicht einmal ein Wachhäuschen. Eine Frau stieg aus dem Wagen, um dem Soldaten zu erklären, dass wir in Pakistan zu einer Hochzeit wollten, in dem Dorf, das gleich hinter der Grenze lag. Ich hielt die Frau für eine Bäuerin. Später im Iran habe ich sie näher kennen gelernt und bei dieser Gelegenheit erfahren, dass sie in Kabul Sekretärin bei einer internationalen Organisation gewesen war. Im Augenblick aber spielte sie ihre Rolle sehr gut. Sie hatte ihre Hände mit Henna gefärbt und sprach den Akzent dieser Gegend so überzeugend, dass ich mich täuschen ließ. Aber irgendetwas stimmte nicht. Der Soldat ließ nicht mit sich reden. Vielleicht kam es ihm seltsam vor, dass man vollkommen mit Kuhdung beschmiert und in uringetränkten Kleidungsstücken zu einer Hochzeitsfeier fuhr. Der Fahrer stieg aus, um zu verhandeln – vergeblich.

Entnervt stieg der Fahrer wieder in den Bus, ließ in Windeseile den Motor an und fuhr einfach los. Bei aller Schnelligkeit konnte er nicht verhindern, dass der Grenzposten sein Gewehr anlegte und auf den Bus schoss. Eine Kugel traf eine Frau, die hinten saß, in die Nieren. Sie war schwer verletzt und würde jeden Augenblick sterben. Ihre Nachbarin nahm ihr Baby in die Arme. Das Kind war vielleicht acht Monate alt, und die Sterbende konnte es nicht mehr halten. Die Nachbarin wandte sich an die anderen Reisenden: »Gibt es hier ein Frau, die stillen kann?« Kurz darauf stand eine Frau auf, nahm das Baby auf ihren Schoß und kümmerte sich darum, als ob es ihr eigenes wäre.

Im ersten pakistanischen Dorf wurde die sterbende Frau in ein Krankenhaus gebracht. Das frisch adoptierte Baby fuhr mit uns. Es weinte, wie alle Babys, sicher vor Hunger. Doch es kam uns vor, als begriffe es die Situation und weinte, weil seine Mutter im Sterben lag. Alle Frauen im Bus hatten feuchte Augen oder weinten still vor sich hin. Bevor wir die Unglückliche abgesetzt hatten, waren wir kurz stehen geblieben, um die Jungen wieder aufzunehmen, die kurz vor der Grenze ausgestiegen waren. Ich war ganz naiv davon ausgegangen, dass sie den Weg zu Fuß zurücklegen mussten und wir sicher eine Weile auf sie würden warten müssen. Überrascht stellte ich fest, dass sie die ganze Zeit über in unserer Nähe gewesen waren. Sie sprangen von der Motorhaube und vorne vom Kotflügel. Sie hatten sich unter dem Bus festgeklammert und waren nass bis auf die Haut, weil wir ja durch den Sturzbach gefahren waren. Jetzt wurde mir klar, warum der Fahrer an der Grenze so schnell losgefahren war. Er wusste, dass die Jungen, die unter dem Wagen hingen, kaum noch Kraft hatten, sich festzuklammern.

Als wir auf der Straße weiterfuhren, die an der pakistanischen Grenze entlang führte, dachte ich viel an die Frau, die tödlich verletzt worden war. Ich verglich mein Land mit Europa, und ich war stolz, Afghanin zu sein. Hätte eine Europäerin innerhalb von dreißig Sekunden das Kind einer Unbekannten adoptiert, ohne Papiere, ohne Standesamt, ohne seinen Namen und seinen Vornamen zu kennen, ja noch nicht einmal sein Geschlecht? Ich war stolz darauf, in einem armen Land geboren zu sein, wo das Leben noch auf eine ganz natürliche Weise fortgesetzt werden konnte, nur durch die einfache Frage: »Gibt es unter uns eine Frau, die stillen kann?« Ich habe gehört, dass es während des Zweiten Weltkrieges in Frankreich ähnliche Fälle gegeben hat.

Sind wirklich Kriege nötig, damit Männer und Frauen ihr Bestes geben und etwas tun, was sie in ruhigen Zeiten für verrückt halten würden?

In der ersten etwas größeren Stadt hielt der Bus vor einem Hotel. Der Fahrer bestellte Unterkunft und Essen für zwölf Personen. Wir stiegen aus. Aber der Junge, der uns empfangen wollte, drängte uns zurück, ehe wir noch die Eingangshalle betreten hatten. Wir seien zu schmutzig und würden zu sehr stinken. Über die letzten tragischen Ereignisse hatten wir vollkommen vergessen, dass wir uns seit Tagen weder gewaschen noch umgezogen hatten.

Ein Stück weiter entdeckten wir eine kleine Hütte. Ein Raum, in dem die Frauen auf Matten auf dem Boden schlafen durften. Die Männer schliefen draußen unter einer Plane, die an Pflöcken befestigt worden war. Wer war nun besser untergebracht, die Männer oder die Frauen? Draußen regnete es. Aber der Raum, in dem die Frauen lagen, war der widerlichste Ort, den ich je gesehen hatte. Exkremente, die an den Wänden klebten, hatte ich schon häufig gesehen, und nicht nur in der Dritten Welt, aber regelrechte Zapfen von Auswurf wie hier hatte ich sonst noch nirgendwo gesehen. Ich verbrachte die ganze Nacht im Sitzen und hielt Mariam im Arm, um sie ein bisschen vor diesem ganzen Dreck zu schützen. Keine Toilette – nur ein Loch im Freien, wo die Benutzer ohne Sichtschutz ihre Notdurft verrichten mussten. Für die Männer ging das noch. Aber für eine Muslimin ist dies, wenn man ihre Erziehung bedenkt, ein unmöglicher Zustand. Hatte man in diesen Ländern beschlossen, dass die Frauen keine Bedürfnisse haben?

Nach dieser trostlosen Nacht stiegen wir wieder in den Bus und kamen bald an die Grenze zum Iran. Andere Führer, andere Schlepper, Hunderte von anderen Menschen palaverten Stunde um Stunde ... Diesen widrigen Umstand nahm ich recht gleichgültig hin. Das Schlimmste hatten wir geschafft: Wir hatten Afghanistan verlassen. Was jetzt kam, konnte nur leichter sein. Bibi Gol führte für uns die Verhandlungen mit den iranischen Schleppern, darüber erfuhr ich nichts Genaues. Ich nehme nur an, dass es in der sehr lebhaften Diskussion um den Preis ging. Auch die Führer mussten ihre Schäfchen ins Trockene bringen: Sie brauchten genug Geld, um die iranischen Beamten zu bestechen.

Dann wurden wir in ein Taxi verfrachtet: Fünf Personen auf der Rückbank, eine musste sich zu ihren Füßen legen. Zwei saßen vorne neben dem Fahrer und hatten zwei Kinder auf ihrem Schoß. Ein Kind wurde hinter uns auf die Ablage gelegt. Andere Kinder waren im Kofferraum – ich weiß nicht mehr, wie viele. Insgesamt waren es mindestens fünfzehn Personen. Wir zogen die Vorhänge zu, damit niemand nachzählen konnte. Das nennt man »Profit machen«! Wenn die afghanischen Schlepper noch ein gewisses Nationalgefühl für die Flüchtlinge empfanden, die sich der Regierung widersetzten, so ging es den pakistanischen und vor allem den iranischen Schleppern nur ums Geld. Sie handelten mit Unglücklichen. Und der Wagen wurde mit so vielen Zahlungskräftigen vollgestopft, wie es nur eben ging. Selbstverständlich verteilte der Taxifahrer auch einen Teil seines beträchtlichen Gewinns an Grenzposten, die allzu neugierig waren.

So schlimm die Transportbedingungen auch waren, wenigstens kamen wir voran. Am frühen Nachmittag erreichten wir Zahedan und unterbrachen unsere Reise in einem Motel. Endlich. Es gab fünf oder sechs Betten in einem Raum, aber wenigstens war es sauber. Man konnte sich sogar eine Mahlzeit aufs Zimmer bestellen.

War es, weil wir Flüchtlinge waren oder weil wir so übel rochen? Im Speisesaal hatten wir jedenfalls noch keinen Zutritt. Das war uns aber egal: Reis und Fleischspieße schienen uns das Köstlichste, was wir je genossen hatten. Mariam und ich waren glücklich. Nun mussten wir uns nur noch waschen. Ganz in der Nähe des Motels gab es ein schönes öffentliches Bad: Es gibt nichts Herrlicheres, als zu spüren, wie warmes Wasser über den eigenen Körper läuft ... Alles wäre perfekt gewesen, wenn wir nicht die schmutzigen Kleider wieder hätten anziehen müssen. Aber was sollten wir tun? Unsere Tschadors konnten wir dort nicht waschen. So reinigten wir all unsere Kleidung – außer unseren Schleiern.

Am nächsten Tag versuchten wir, den normalen Bus von Zahedan nach Teheran zu nehmen. Doch das war unmöglich. Flüchtlinge, Menschen ohne Papiere – zu denen wir jetzt zählten – durften die Hauptstadt nicht betreten. Sie mussten sich auf die Provinzstädte verteilen. Ich konnte aber nicht zu meiner Schwester Narges, wir mussten in die Nähe der westlichen Botschaften kommen, um Visa beantragen zu können. Gestärkt durch die Mahlzeit, die Dusche und den Schlaf nahm ich die Dinge in die Hand: Ich zeigte meinen internationalen Führerschein, den ich trotz Bibi Gols gegenteiliger Ratschläge mitgenommen hatte. Das Dokument war in persischer Sprache, da es in Teheran ausgestellt worden war.

Die *pasdarans*, die islamischen »Revolutionswächter«, die sich in religiösen Dingen besser auskannten als im Lesen, hielten den Führerschein für ein offizielles Dokument, das mich berechtigte, in die Hauptstadt zu fahren. Einer von ihnen setzte mit einem energischen Schriftzug die Formel *schah in schah* darunter, die unter dem damaligen Regime unter allen offiziellen Papieren stand. Die anderen hielten das Dokument jetzt für gültig und bestätigten dies mit einem Kopfnicken. Sie beschlossen allerdings, dass nur meine Tochter und ich berechtigt waren, nach Teheran zu fahren, der Rest der Gruppe nicht. Natürlich lehnte ich dies ab.

Der Busfahrer war von anderem Kaliber, er war bestechlicher. Ob jemand berechtigt war oder einen Führerschein hatte, beeindruckte ihn nicht besonders. Sobald die *pasdarans* außer Sichtweite waren, sagte er zu uns, er könne uns zwar nicht als normale Passagiere auf der üblichen Strecke mitnehmen, aber er könne in der Nacht heimlich zurückkommen. Er kam nicht schlecht dabei weg, wenn man die Summe bedenkt, die er von Bibi Gol dafür verlangte.

Abends kam er tatsächlich. Mariam und ich nahmen auf den ersten Sitzen Platz. Ich erkannte sehr schnell, dass der Fahrer beim Schalten jedes Mal versuchte, Mariams Beine zu streicheln, und auch, wenn er gar nicht schalten musste. Mariam fragte mich mit den Augen: Was soll ich tun? Mir wurde übel, wenn ich sah, wie diese dicke Männerpranke auf dem Bein meiner Tochter lag.

Mit einem Satz standen wir auf, um uns weiter hinten in den Bus zu setzen. Der Fahrer hielt an. Verärgert wollte er uns aus dem Fahrzeug werfen. Plötzlich fiel ihm ein, dass er uns gar nicht nach Teheran fahren durfte, weil wir keine Papiere hatten. Wir hüllten uns in unsere Tschadors und unsere verletzte Würde, fest entschlossen, sitzen zu bleiben und es der »heiligen Blume« zu überlassen, den Affront gegen die Mannesehre des Fahrers mit Geld wieder auszubügeln. Schließlich hatte ich ihr dafür genug bezahlt. Anscheinend können Tschadors nicht viel gegen die Kräfte des Bösen und die Wollust ausrichten, auch wenn sie voller Kuhdung sind. Und das im Land der reinen islamischen Sitten.

Wir fuhren also weiter. Anderthalb Tage ging es durch Khorasan. Als wir nach Teheran kamen, tauschten wir ohne Bedauern den Bus mitsamt seinem Fahrer gegen einen Lieferwagen, der uns zu einem Motel bringen sollte. Unsere ersten Sorgen waren sehr weiblicher Natur. Wir schämten uns, in diesem Zustand in eine moderne Stadt zu kommen. Ich erinnerte mich an die wichtigsten Straßen Teherans während des Schah-Regimes, die durchaus mit jenen von Paris konkurrieren konnten.

Es gibt ein ungeschriebenes Gesetz, das überall auf der Welt gilt: Nur ärmliche Hotels können Immigranten ohne Papiere aufnehmen. Allahs Wille geschehe, wenn dies wirklich sein Wille ist. Was ich bezweifle. Wir mussten uns mit Zimmern zufrieden geben, in denen zehn Betten standen. In der Ecke war ein kleines Waschbecken. Das Essen wurde ins Zimmer gebracht: Den Speisesaal des Hotels durften wir nicht betreten. Es galt eindeutig das eherne Gesetz: versteckt leben. Immerhin gab es in dieser trostlosen Unterkunft ein Telefon. Ich rief einen Freund in Teheran an. Essi hatte uns vor vier Jahren in Kabul besucht und um die Hand meiner Schwester Sabah angehalten. Ich hatte ihn dreieinhalb Jahre nicht gesehen. Was für ein Glück, dass ich ihn am Telefon erreichte! Als ich ihm erzählte, dass ich mit Mariam in Teheran war, holte er uns sofort ab. Wir konnten bei ihm wohnen.

Zwei oder drei Tage ruhte ich mich aus. Ich befand mich in einem sehr widersprüchlichen Zustand. Manchmal fühlte ich mich gut, endlich frei, und freute mich darüber, ein fast normales Leben zu führen. Dann war ich plötzlich sehr deprimiert. Ich erkannte immer deutlicher, wenn ich meiner inneren Unruhe nachspürte, dass ich den Gedanken an das Leben nicht ertrug, das meine Mutter und meine Schwester in

Kabul führten. Ich machte mir Vorwürfe, dass ich nur mich gerettet und sie beide in der Hölle zurückgelassen hatte. Es schien mir, dass ich, wenn ich jetzt nach Frankreich ginge, nie mehr nach Afghanistan würde zurückkehren können, um den Rest meiner Familie zu holen. Vielleicht war es jetzt oder nie.

Ich traf die einzige Entscheidung, die mich beruhigen konnte: Ich musste meine Mutter, Sabah und Hamid holen, den Sohn meiner Schwester Narges. Hierzu nahm ich wieder Kontakt mit Bibi Gol auf, deren Teheraner Adresse ich aufbewahrt hatte.

Die zweite Flucht

Von Teheran nach Kabul zurückzukehren war geradezu lächerlich einfach. Man musste nur einen normalen Linienbus nehmen. Nachdem ich von Mariam Abschied genommen hatte, traf ich mich mit Bibi Gol und wir fuhren los. Wir verbrachten eine Nacht in der heiligen Stadt der Schiiten, Mashad, ehe wir die afghanische Grenze überschritten.

Den Grenzsoldaten nannten wir falsche Namen, was zum einen durch die afghanische Sitte sehr erleichtert wurde, dass man sich nur beim Vornamen nennt, zum anderen dadurch, dass der größte Teil der Bevölkerung keine Papiere besaß. Dann erklärten wir dreist, wir seien während der blutigen Epoche Amins heimlich ins Exil geflohen. Jetzt seien wir aber sehr zufrieden über den Verlauf der Ereignisse, darüber, dass Babrak Karmal an der Macht sei und dass die Russen gekommen seien, um die Ordnung im Land wiederherzustellen. Daher wollten wir, als bewusste und verantwortliche Bürgerinnen, das nationale Territorium wieder betreten. Die Soldaten waren ziemlich verblüfft über diesen Diskurs, den sie bestimmt nicht häufig zu hören bekamen, aber sie konnten nichts erwidern.

Sie waren so taktvoll, uns ihre Kommentare zu ersparen, schlugen uns aber vor, uns für das Fernsehen zu filmen. Wir sollten Zeugnis ablegen von unserer Verbundenheit gegenüber der Regierung. Das war eigentlich nicht unsere Sache. Dieser beschämenden Zurschaustellung wollte ich um jeden Preis entkommen. Von diesen Propagandaaufnahmen hatte ich in Kabul nur allzu viele gesehen. Bibi Gol argumentierte mit ihrem hohen Alter: »Ich bin wirklich viel zu alt, um gefilmt zu werden.« Lachend antwortete ich meinerseits, ich sei nur eine einfache Bäuerin und könnte nicht in der Öffentlichkeit reden. Doch sie blieben hartnäckig: »Aber es ist ganz einfach: Sie müssen nur vor der Kamera wiederholen, was Sie uns soeben erzählt haben – dass Sie nach Afghanistan zurückkommen, weil Sie Vertrauen in die neue Regierung haben. Sie wissen nicht, wie wichtig solche Aussagen für die Stimmung des Volkes sind!« Ich weigerte mich. Sie bestanden weiter darauf, wandten aber keine Gewalt an. Schließlich ließen sie uns durch.

Nach der Grenze bestand die einzige Schwierigkeit darin, ein Transportmittel nach Herat zu finden. Ein alter Omnibus stand dort, aber er sollte erst abfahren, wenn er voll besetzt war. Sechs oder sieben Personen warteten auf eine Abfahrt, die nicht sehr wahrscheinlich war. Vergeblich suchten wir stundenlang die iranische Seite der Grenze ab – es kam niemand. Keiner wollte in diese Richtung reisen, während Zehntausende von Flüchtlingen ihr Leben riskierten, um die Grenze in der entgegengesetzten Richtung zu überqueren.

Bibi Gol und ich wussten, was wir zu tun hatten: uns in Geduld fassen, uns in unser Gewand hüllen und so tun, als hätten wir ewig Zeit ... bis andere Reisende, die unter Druck standen und nicht so gute Nerven hatten, die Kosten für alle leeren Plätze übernahmen. Bei diesem kleinen Pokerspiel gewannen wir. Nach einigen Stunden kamen Reisende, die für alle Plätze bezahlten, und der Fahrer ließ seinen Motor über die Straße nach Herat dröhnen.

Nachdem wir eine Nacht in Herat verbracht hatten, nahmen wir wieder den Bus. Es kam zu keinen besonderen Zwischenfällen mehr, abgesehen von einer gründlichen Durchsuchung, die wir in Pagham über uns ergehen lassen mussten. Die Polizei hatte zu diesem Zweck Frauen angestellt. Es war das erste Mal, dass ich in Afghanistan eine Frau in Uniform sah. Ich merkte mir das gut. Bei der zweiten Reise würde ich noch weniger mitnehmen können als beim ersten Mal. Ungehindert kamen wir über die normale Straße am späten Nachmittag nach Kabul. Ich vereinbarte mit Bibi Gol einen Treffpunkt für die erneute Abreise nach Teheran, dann nahm ich ein Taxi, um so schnell wie möglich nach Hause zu kommen.

Als meine Mutter mich allein kommen sah, hatte sie schon Angst, Mariam sei etwas zugestoßen. Wie ich vermutet hatte, glaubte sie, dass es mir nicht gelungen sei, die Grenze zu überwinden. Ich fasste alles in einem Satz zusammen, damit ihr keine Zeit blieb, sich Sorgen zu machen: »Alles ist gutgegangen: Ich habe Mariam in Teheran gelassen, bei Essi, und bin gekommen, um euch zu holen.« Ich sah die Freude in ihren Augen glänzen. Sie war so erzogen worden, dass sie nie etwas für sich beanspruchte. Es wäre für sie undenkbar gewesen, mich zu bitten, sie mitzunehmen, aber sie war sehr glücklich darüber, dass ich es ihr vorschlug. Warum hatte sie ihre Meinung geändert? Ich nehme an, dass sie während meiner Abwesenheit große Angst ausgestanden und daraus die gleichen Schlüsse gezogen hatte wie ich. Von den Schwierigkeiten, den Strapazen und den Gefahren der Reise sagte ich nichts.

»Es ist ganz einfach. Überhaupt kein Risiko. Ihr werdet sehen.«

Wir hatten nur wenig Zeit, um das notwendige Geld für diese zweite Reise zu organisieren. Bibi Gol hatte mir nur eine Woche gelassen. Ich versuchte, unsere Möbel zu verkaufen. Das musste heimlich geschehen. Wir waren auf die Gnade des Käufers angewiesen, der uns jederzeit denunzieren konnte. Auf der anderen Seite war der Schwarzmarkt überfüllt mit den Sachen all der anderen, die das Land verlassen hatten. Ich habe zwei oder drei Interessenten gefunden, die mir für die gesamte Einrichtung 20 000 Afghanis anboten. Ich weigerte mich, mich dermaßen von Nutznießern des Krieges betrügen zu lassen.

Ein paar Sachen habe ich Bibi Gol gegeben, die sie als Teilzahlung für ihre Dienste annahm. Sie versprach, andere Sachen, die ich ihr in Verwahrung gab, für mich zu verkaufen. Es erübrigt sich wohl zu erwähnen, dass ich von dem Geld nie etwas zu Gesicht bekam. Ich versuchte, wenigstens Geschirr zu verkaufen.

Plötzlich fiel mir meine russische Freundin ein, Suita. Ich überlegte, dass es vielleicht gut sei, sie auch zur Ausreise nach

Teheran zu überreden. Ich rief sie an und lud sie zu mir nach Hause ein. Als ich ihr meinen Vorschlag erklärt hatte, stimmte sie gleich begeistert zu. Ihr gegenüber verheimlichte ich die Schwierigkeiten und Gefahren nicht.

»Entweder man kommt an oder man stirbt.« Ich erzählte ihr von der Frau, die in unserem Bus erschossen worden war. Sie antwortete: »Hier stirbt man auf jeden Fall ...« Es war also beschlossen, noch ehe ich mit meiner Mutter oder meiner Schwester über die neue Reisegefährtin gesprochen hatte.

Ich vertraute den Hausschlüssel einem Hausangestellten an, der früher einmal für uns gearbeitet hatte. Ich schlug ihm vor, in das Haus einzuziehen und dort zu wohnen, aber das wollte er nicht. Wir vereinbarten, dass er von Zeit zu Zeit nachsehen würde, ob sich niemand unerlaubt darin niedergelassen hatte. Ich machte mir keine Illusionen; solche Vorsichtsmaßnahmen waren im Grunde sinnlos, denn damals wurden Häuser einfach mit der Kalaschnikow in der Hand beschlagnahmt, ohne dass man dazu den schriftlichen Befehl von irgendjemandem gebraucht hätte.

Am vereinbarten Tag begaben wir uns – meine Mutter, Sabah, Hamid und ich – zum Busbahnhof. Dies war der Treffpunkt, den Bibi Gol üblicherweise mit den Ausreisewilligen vereinbarte. Ich war sehr unglücklich, weil ich Suita nicht über die veränderte Uhrzeit hatte informieren können: Bibi Gol hatte uns in letzter Minute mitgeteilt, dass die Abfahrt um eine Stunde vorverlegt worden war. Wie durch ein Wunder war Suita bereits da: Sie war eine Stunde früher gekommen! Da sie nicht schlafen konnte, hatte sie beschlossen, einfach zeitiger loszugehen. In dieser Schlaflosigkeit sah ich einen Wink des Schicksals. Die Stimmung unter denjenigen, die zu dieser zweiten Expedition aufbrachen, war nicht die beste. Dafür war vor allem ich verantwortlich: Ich hatte meiner Mutter und meiner Schwester bis zum letzten Augenblick verschwiegen, dass Suita mitfahren würde.

Der Führer, der Fahrer und Bibi Gol wussten nicht, dass Suita Russin war. Ich hatte sie als Französin ausgegeben, die ihre Papiere verloren hatte. Die Drei, die für unsere Gruppe verantwortlich waren, zogen sich zurück, um sich zu beratschlagen. Ich konnte nicht hören, was sie sagten, aber ich ahnte es. Sie waren sich nicht sicher, was sie davon halten sollten. Eine Französin, wirklich? Was machte sie in dieser Galeere, wo sie doch nur zur französischen Botschaft hätte gehen müssen? Warum riskierte sie ihr Leben, wenn eine Französin in aller Ruhe mit einer Linienmaschine über Moskau nach Paris fliegen konnte?

Währenddessen waren meine Mutter und meine Schwester sehr aufgebracht. Mit gedämpften Stimmen flüsterten sie mir unter ihren Tschadors zu, dass sie mich für eine gefährliche Verrückte hielten. »Du setzt das Leben deiner Mutter für eine Ausländerin aufs Spiel, noch dazu eine Russin! Was ist in dich gefahren? Warum ziehst du eine Ausländerin deiner eigenen Familie vor?« Besonders meine Schwester war tief betrübt, und ich wusste, warum. Sie hatte Suita immer sehr gefürchtet, als Dozentin für französische Grammatik hatte diese ihr manchen Albtraum beschert. Sie weigerte sich, im Bus neben Suita zu sitzen. Wir fuhren immer noch nicht los, weil der Fahrer nach wie vor mit Bibi Gol verhandelte. Es bestand die Gefahr, dass die Reise nicht zustande kam.

Endlich wandte sich Bibi Gol an uns. Sie teilte mir mit, dass sich der Preis wegen meiner französischen Freundin verdoppeln würde, weil sie mit ihrer Größe, ihrem ganzen Auftreten und ihren hellen Haaren praktisch wie eine Russin aussehe. Wegen dieser unglückseligen Ähnlichkeit bestünde die Gefahr, dass wir unterwegs zusätzliche Schwierigkeiten hätten. Daher sei eine finanzielle Entschädigung notwendig. Ich zahlte und streckte Suita das Geld vor, das sie mir später zurückgeben würde – sie wäre um jeden Preis gefahren. Aber ich verfluchte diese gerissene alte Hexe, auf die man als Führerin einfach angewiesen war, und schickte sie mitsamt ihren Gehilfen zum Teufel.

Wir sprachen nicht miteinander. Jede schmollte und murrte vor sich hin. In dieser angenehmen Atmosphäre fuhren wir bis nach Kandahar, wo wir zu siebt oder acht in einem kleinen Zimmer eine scheußliche Nacht verbrachten. Diesmal gab es keine Überfälle auf der Straße. Die Stadt war sehr viel unruhiger als bei meiner ersten Reise zwei Wochen zuvor. Überall hörten wir Schüsse von Maschinengewehren. Die Widerstandskämpfer kamen nachts in die Stadt hinunter und schossen mit schweren Geschützen. Die Russen und die Anhänger der Regierung hatten nur ihre Kasernen unter Kontrolle, dorthin flüchteten sie sich ab dem späten Nachmittag. Babrak Karmals Anhänger waren zwar mutig, aber nicht lebensmüde. Nachts versteckten sie sich; es war, als seien sie vom Erdboden verschwunden.

Ab fünf Uhr nachmittags lagen wir alle in diesem kleinen Zimmer flach auf dem Boden und beteten zu Gott, dass wir nicht von einer Kugel getroffen würden. Eine Kugel gelangte doch in unserer Zimmer, zertrümmerte die Scheibe und durchbohrte die Wand. Zum Glück lagen wir auf dem Boden. Die Salve beeindruckte meine Mutter überhaupt nicht. Schließlich war sie die Tochter eines tadschikischen Kavalleristen. Sie war immer noch wütend auf mich und brummte mir unter ihrem Tschador zu: »Warum hast du dir diese Russin aufgehalst, die uns ins Verderben stürzen wird?« Ich war froh, dass sie sich damit begnügte, den privaten Krieg gegen mich fortzusetzen statt ihre Aufmerksamkeit dem wirklichen Krieg zuzuwenden, der sich da draußen abspielte. Darüber musste ich lachen, und es schien mir ein gutes Zeichen zu sein. So weit es zwischen den Schüssen möglich war zu sprechen und sich zu verständigen, versuchte ich, ihren Argwohn zu besänftigen.

Wir aßen zu Abend, auf dem Boden und ohne Licht.

Am nächsten Tag stiegen wir in einen anderen Omnibus, diesmal in Richtung Herat. Bibi Gol verstand es, immer wieder verschiedene Strecken und Schlepper zu wählen. In Herat ließ uns ein Mitglied der Gruppe im Stich, um sein Glück auf eigene Faust zu versuchen. Wir hätten im Prinzip nichts dagegen gehabt, wenn er nicht all unsere belegten

Brote und hart gekochten Eier mitgenommen hätte. Ich hoffe dennoch, dass Gott trotz dieser erbärmlichen Sünde Mitleid mit ihm hatte und ihn auf seiner Reise beschützt hat.

In Herat mussten wir nochmals umsteigen, um den Bus nach ... Kandahar zu nehmen! Von dort waren wir gerade gekommen. Die Pläne unseres Führers wurden immer undurchschaubarer. Kurz nach der Abfahrt ließ uns Bibi Gol heimlich eine Nachricht über das »arabische Telefon« zukommen (Mund-zu-Mund-Propaganda, verborgen unter dem Tschador). »Sobald der Bus hält, steigt so schnell wie möglich aus und lauft so weit ihr könnt immer geradeaus von der rechten Seite der Straße weg! Vorsicht! Nicht trödeln! Niemand darf auf jemanden warten!« Wir dachten, wenn der Fahrer und Bibi Gol uns diese Nachricht heimlich mitteilten, konnten sie nicht allen Fahrgästen trauen, vielleicht befanden sich in diesem Linienbus Sympathisanten der Regierung.

Aber als das Fahrzeug hielt, leerte sich der ganze Bus auf einen Schlag. Wir liefen, so weit wir konnten, in die Wüste hinein und hielten außer Atem hinter einem Hügel an, damit man uns von der Straße aus nicht sehen konnte. Dort warteten kleine Autos auf uns. Drei Moskwitsch und ein Lieferwagen. Diese kleine Karawane setzte sich auf einer unebenen Piste quer durch die Wüste in Bewegung. Eine Stunde später kamen wir an einem kleinen Gehöft an. Zwei oder drei Lehmhäuser und ebenso viele Bäume rund um einen Brunnen bildeten eine kleine Oase. An diesem herrlichen Ort fanden wir die Frau des Fahrers und seine Kinder. Der Fahrer hatte an alles gedacht: Er hatte für alle etwas zu essen vorbereitet. Im Schatten der drei Bäume hielten wir eine geruhsame Siesta, dann machten wir einen kleinen Spaziergang. Welch traumhafter Ausflug in den Garten Eden!

Bei Sonnenuntergang fuhren wir im Lastwagen weiter durch die Wüste. Bald kamen wir an einen Fluss. Wir mussten anhalten: Die Lastwagen konnten nicht durch den Fluss fahren. Er war an dieser Stelle nicht besonders tief, aber das Flussbett war voller Kieselsteine und extrem breit. Auf der anderen Seite warteten bereits Lastwagen, in denen schon andere Flüchtlinge saßen. Weitere Menschen warteten dort, wo wir jetzt angekommen waren. Um über den Fluss zu kommen, gab es nur ein Dromedar, das jeweils mit zwei Leuten beladen wurde. Der Führer des Tieres verlangte für seine Dienste 50 Afghanis von jedem.

Sabah mied Suita immer noch. Mit ihr gemeinsam aufs Dromedar zu steigen kam überhaupt nicht in Frage. Also ritt ich mit meiner Schwester und Suita mit meiner Mutter. Von dieser Seite her schienen die Dinge also langsam ins Lot zu kommen. Das Dromedar musste bis zur Hälfte seines Körpers durch den Schlamm waten. Um nicht nass zu werden, musste man sich möglichst hoch oben am Höcker festklammern und die Beine anziehen. Zu zweit saßen wir so dort und konnten kaum das Gleichgewicht halten. Der Mann, der das Tier führte, versuchte, den Kopf über dem schlammigen Wasser zu halten. Vor jeder neuen Durchquerung ließ er sich bezahlen.

Diese Art, den Fluss zu überqueren, dauerte natürlich sehr lange. Ich rechnete aus, dass dieses unermüdliche Dromedar insgesamt fünfundsiebzigmal durch den Fluss waten musste, ehe unsere gesamte Gruppe sich auf dem westlichen Ufer befand. Wir waren hundertfünfzig Personen, hinzu kamen diejenigen, die vorher schon dort gewartet hatten. Allmählich füllten sich die Lastwagen im Schein des Mondlichtes. Wir saßen sehr eng zusammengedrängt, jeweils fünfzig Leute auf der Ladefläche eines Lastwagens. Man musste sich organisieren. Wir beschlossen, dass die Älteren und Kranken sich abwechselnd auf dem Beifahrersitz ausruhen sollten. Die Jungen mussten sich auf den Bögen der Wagenwände festklammern – es gab nicht genug Platz für alle auf der Ladefläche. Sie mussten sich also während der Reise mit Händen und Füßen festhalten, jeweils drei pro Bogen. Die Führer teilten uns mit, dass wir die iranische Grenze normalerweise etwa um drei Uhr morgens passieren müssten. Aber auf dieser Art Reisen verläuft eben nichts »normal«.

Wir fuhren einigermaßen ruhig durch die Wüste. Kein Flugzeug war zu hören, kein Hubschrauber und kein Panzerwagen. Wir dachten schon, dass wir außer Gefahr seien. Wir hielten das natürliche Hindernis des Flusses für ausreichend, um uns vor den russischen Panzern zu schützen. Aber wir litten sehr, besonders die jungen Leute, die sich auf den Bögen halten mussten. Wir hatten ständig Angst, dass sie keine Kraft mehr haben könnten, um sich festzuhalten, und auf uns fallen würden. Aufgrund der Erschöpfung, der Angst und der gereizten Nerven durch das permanente Geschrei der Kinder, brachen einige Leute plötzlich in ein hysterisches Gelächter aus. Andere erlitten einen regelrechten Nervenzusammenbruch. Ich spürte, dass wir das nicht mehr lange durchhalten würden.

Wir waren so eingequetscht, wie gelähmt, dass diejenigen, die sich kratzen wollten, häufig einen anderen Körper erwischten und aus Versehen großzügig ihren Nachbarn kratzten. Manchmal merkten sie es noch nicht einmal. Unsere Körper gehörten uns nicht mehr. Die Kinder hatten die Windeln voll, ohne dass man sie wechseln konnte. Die Frauen war so eingezwängt, dass sie ihre Babys nicht stillen konnten. Und dabei beteten wir ständig, dass die Männer nicht von den Bögen fallen mochten.

Trotz allem konnte ich schlafen. Meine Mutter, die immer sehr wachsam ist, behielt alles im Auge. Sie weckte mich, um mir zu sagen, dass sie zum dritten Mal eine kleine Moschee auf einem Hügel gesehen habe und zu der Überzeugung gekommen sei, dass wir im Kreis fuhren. Warum wohl? Es war rätselhaft. Bald darauf hielten die Lastwagen an. Einer von ihnen hatte eine Panne. Man teilte uns mit, dass der Schlepper die Orientierung verloren hätte und dass wir jetzt wieder ganz nah an unserem Ausgangspunkt wären. Die Männer – völlig erschöpft und wütend – fingen an zu schreien. Sie stritten so laut, dass ihr Echo von den Bergen zurückhallte. Es war drei Uhr morgens. Um die Zeit hätten wir im Iran sein sollen.

In diesem Augenblick sah ich Lichtkegel im Dunkeln auftauchen. Starke Scheinwerfer waren auf dem Gipfel eines Berges installiert, man versuchte, unseren Standort zu ermitteln. Jedem von uns war sofort klar, was das bedeutete: Dort musste ein Posten der Russen oder von der Regierung sein. Glücklicherweise wurden die Scheinwerfer durch das Gelände behindert: Ein Bergkamm lag schützend vor den Lastwagen. Die Lichtkegel erhellten das Gebirge gegenüber, ganz in unserer Nähe. Aber wenn sie uns auch nicht sehen konnten, so konnten sie doch von ihrer Festung aus auf uns schießen oder einen Trupp schicken, um uns anzugreifen.

Die Lichtbündel bewegten sich ständig, ohne uns zu treffen. Ich hatte Angst, die Russen könnten einfach auf gut Glück mit Raketenwerfern auf diese Talmulde zielen, wo nichts Verdächtiges zu sehen war, aus der aber ein solcher Lärm ertönte. Die Männer stritten sich weiter lautstark. Andere gaben dem Mechaniker Ratschläge, der den Lastwagen reparierte. Ruhig sein hätte bedeutet, dass sie sich von den russischen Scheinwerfern beeindrucken ließen: Um nichts in der Welt wären sie still gewesen. So sind die Afghanen. Ihr Geschrei dröhnte noch immer durch das Tal, was zur Folge hatte, dass die Lichtkegel das Gebiet noch hastiger absuchten. Endlich gelang es dem Mechaniker, den Motor wieder in Gang zu bringen. Wir fuhren in die Nacht hinein und ließen die Scheinwerfer hinter uns. Gegen sieben Uhr morgens machte der Konvoi eine kurze Pause, damit die Fahrer sich etwas ausruhen konnten.

Seit dem Mittagessen hatte niemand mehr etwas zu sich genommen. Mehrere kleine Kinder waren völlig ausgetrocknet. Wir fragten die Fahrer, ob sie noch etwas Wasser hätten: Sie hatten nur noch eine Reserveflasche, und die wollten sie lieber für die Kühler der Lastwagen aufbewahren, die qualmten. Wir fuhren weiter. Meine große Sorge galt jetzt den Läusen meiner Nachbarin. Ich sah sie in ihren Haaren, ganz nah neben meinen. Glücklicherweise machten sie an einem bestimmten Punkt immer kehrt, ehe sie den »großen Sprung« wagten.

Um elf Uhr kündigte der Fahrer uns an, dass hinter dem nächsten Bergkamm die iranische Grenze lag. Wie unsere Führer vermutet hatten, war diese Gebirgsstraße auf der afghanischen Seite nicht bewacht. Wir hatten es also gleich mit Iranern zu tun: Zwölf Soldaten, die uns bestimmt schon von weitem mit ihren Ferngläsern hatten kommen sehen. Sie empfingen uns nicht gerade freundlich. Sie zielten auf uns und erteilten uns streng den Befehl, ihnen bis zu einem kleinen Posten zu folgen, der etwas weiter entfernt lag. Das war kein normaler Grenzposten. Die Iraner hatten ihn eingerichtet, weil ihnen aufgefallen war, dass hier besonders viele Afghaner illegal über die Grenze kamen.

Jede Familie oder jede Gruppe wurde aufgefordert, einen Vertreter zu bestimmen, der die Fragen des Unteroffiziers beantworten sollte. Ich ging für meine Familie. Ich erinnere mich noch ganz genau an diese ausgedörrte Landschaft, die ich betrachtete, ehe ich das Wachhäuschen betrat, wo ich ausgefragt wurde. Es gab nicht *einen* Baum. Auf der einen Seite die schroff abfallenden Berge. Auf der anderen die unendliche Weite der Wüste. Durch eine kleine Tür trat ich ein. Suita begleitete mich, sie wollte mich nicht allein lassen. Aber in dieser Situation durfte sie natürlich nicht sprechen: Je weniger man auf sie aufmerksam wurde, umso besser.

Da wir Frauen waren, wurden wir als einzige im Wachhaus ausgefragt. Für die Männer wurden die Formalitäten draußen abgewickelt. Wir trugen Schleier, aber unsere Gesichter waren frei – und ziemlich schmutzig. Ich erwartete, dass die Iraner uns als erstes auffordern würden, unsere Gesichter zu bedecken, aber das taten sie nicht. Die letzten Entwicklungen in Teheran hatten diesen Gebirgsposten noch nicht erreicht. Umso besser. Die Unteroffiziere führten die Befragung äußerst höflich durch, aber sehr spitzfindig. Sie notierten alles, was ich sagte. »Warum wollen Sie Afghanistan verlassen?« »Was haben Sie jetzt vor?«

Ich erklärte, dass Suita Französin sei, dass sie meine Schwägerin sei, ausgebildete Lehrerin und dass sie an der französischen Fakultät in Kabul unterrichte. Was Sabah betrifft, sagte ich die Wahrheit: dass sie meine Schwester ist und bis jetzt an derselben Fakultät Französisch studiert hat. Die Befragung dauerte eine Ewigkeit. Diese Iraner waren erpicht auf jede Einzelheit, von der ich nicht begriff, welche Bedeutung sie unter diesen Umständen haben sollte. Immer noch sehr höflich und liebenswürdig luden uns die Unteroffiziere ein, ihre Mahlzeit mit ihnen zu teilen. Suita und ich nahmen an, um sie nicht zu verärgern. Aber ich konnte kaum etwas hinunterbringen, weil ich ahnte, welche Angst meine Mutter und meine Schwester draußen im Hof ausstanden. Wir waren nun bestimmt schon eine Stunde in diesem Raum.

Die Befragung und die Mahlzeit nahmen zwei Stunden in Anspruch. Die Atmosphäre entspannte sich merklich. Zum Glück wurden nur wenige politische Fragen gestellt. Ich erfand aus dem Stegreif Antworten, die von vorn bis hinten erlogen waren, weil ich plötzlich Angst hatte, dass die Iraner uns trennen wollten. Ich fürchtete, dass sie zum Beispiel Suita und mich durchlassen, meine Mutter, Hamid und Bibi Gol aber zurückschicken würden. Deshalb behauptete ich, Bibi Gol sei meine Halbschwester. Indem ich aus der ganzen Gruppe eine Familie machte, hoffte ich, dass man uns nicht trennen würde. Der Chef des Wachpostens verkündete schließlich seine Entscheidung: »Sie und Ihre Familie werden in die nächste Stadt gebracht. Alle anderen Mitglieder des Konvois müssen zurück nach Afghanistan.«

Ich bestand nicht darauf, die Interessen meiner Reisegefährten zu verteidigen. Ich wusste nicht, ob ihnen nicht vielleicht ein besseres Schicksal beschieden war als uns. Offiziell waren wir nicht frei. Aber auch keine Gefangenen. Wir wurden einfach von Soldaten »begleitet«. Diesen Ausdruck kann man so oder so verstehen ...

Ich fragte die Fahrer der Lastwagen, was nun aus den anderen werden würde. Sie antworteten mir, dass die Iraner sie zwingen würden, die Grenze an einem offiziellen Posten zu überqueren. Dort würden sie den afghanischen Behörden übergeben. Aber die kleinen afghanischen Grenzposten hätten weder die Möglichkeit noch die Befugnis, Ausreisen zu blockieren und all die Kandidaten als Gefangene zu halten, die über die Grenze wollten – vorausgesetzt, es gelänge ihnen überhaupt, sie abzufangen. Die Lastwagen würden mit Sicherheit der Form halber ein paar hundert Meter Richtung Landesinneres fahren, dann würden die Passagiere aussteigen und ihr Glück zu Fuß versuchen. In kleinen Gruppen würden sie über die Berge in den Iran gelangen. Die zwölf Männer am iranischen Grenzposten würden nicht ausreichen, um sie aufzuhalten, zumal einige von ihnen auch noch abkommandiert wurden, um uns in die Stadt zu begleiten. Dieses Katz-und-Maus-Spiel würde so lange dauern, bis alle drüben wären.

Später, als ich nach den ganzen Abenteuern nicht mehr so naiv war, begriff ich die Logik der Iraner. Sie machten sich wenig Sorgen darum, dass afghanische Bauern in den Iran kamen. Ihnen war klar, dass die meisten von ihnen sich sowieso irgendwie einschmuggeln würden. Außerdem wäre es recht einfach, sie wieder in ihr Land zurückzuschicken, falls dies nötig sein sollte. In der Zwischenzeit konnten sie die Löcher stopfen, die der Krieg gegen den Irak unter den iranischen Arbeitern gerissen hatte. Ausgebildete Städter bedeuteten für den islamischen Staat jedoch eine ganz andere Bedrohung.

Die Iraner stellten keine direkten politischen Fragen und taten ganz unschuldig. In Wirklichkeit aber fürchteten sie nichts mehr als eine Ausbreitung des Kommunismus. Dass die Russen jetzt hinter diesen Bergkämmen das Sagen hatten, war für sie sehr beunruhigend. Sie hatten Angst, die afghanischen Kommunisten könnten in ihrem Expansionsdrang den Flüchtlingsstrom ausnutzen, den Iran infiltrieren und schließlich Unruhen auslösen, um die islamische Republik aus dem Gleichgewicht zu bringen. Sie meinten, die Kommunisten hätten die Universität von Kabul grundlegend in ihrem Sinne reformiert. Die Diplome, die ich für meine

Familie vorzuweisen hatte, waren also nicht gerade die beste Empfehlung. Unbewusst witterte ich die Falle und ging allen politischen Fragen aus dem Weg. In dem Moment war mir nicht klar, wonach sie suchten. Ich wollte nur so vorsichtig wie möglich antworten, um nicht auf eine allzu direkte Frage nach dem Beruf meines Mannes reagieren zu müssen.

Bleibt nur noch zu sagen, dass ich nach der Befragung die Situation völlig falsch einschätzte: Ich freute mich, dass man uns in die nächste Stadt »begleitete« und bedauerte diejenigen, die zurückgeschickt wurden. Dieses Mal hatte ich mich durch diese orientalische politische Taktik – die ich doch so gut kannte und die darin besteht, diejenigen am freundlichsten zu empfangen und in schöne Wort einzulullen, denen man am meisten misstraut und für die man das schlimmste Schicksal vorbereitet – hinters Licht führen lassen.

Als ich den Hof wieder durchquerte, sah ich nur die drei Lastwagen und die Männer, die dort saßen und noch nicht wussten, was aus ihnen werden sollte. Meine Mutter, meine Schwester, mein Neffe, Suita, Bibi Gol und ich stiegen in einen Jeep und fuhren mit zwei bewaffneten Wachen in die nächste Stadt. Selbstverständlich mussten wir an der Polizeistation halten und dort eine Befragung über uns ergehen lassen, die ebenso peinlich genau war wie die an der Grenze. Ich bemühte mich, möglichst mit den gleichen Worten zu antworten wie beim ersten Mal. Das Dumme beim Lügen ist, dass man sich sehr anstrengen muss, um sich an alles Erfundene zu erinnern.

Wir stiegen wieder in den Jeep und fuhren in eine größere Stadt. Als es Abend wurde, hielten wir vor dem Haus des Unteroffiziers, der uns begleitete. Er bot uns sehr freundlich seine Gastfreundschaft an. Wir schöpften Wasser aus dem Brunnen im Garten; so konnten wir uns wenigstens das Gesicht, Hände und Füße waschen. Die junge Frau des Soldaten empfing uns wie Freunde: Sie brachte uns etwas zu essen, während ihre Mann weitere Fragen stellte. Ich wagte schließlich zu fragen: »Sind wir Freunde oder Gefangene?«

»Eher Freunde«, war die Antwort, die nicht gerade beruhigend war.

Aber unser Misstrauen verflog, weil wir so freundlich behandelt wurden. Für jeden von uns hatte der Unteroffizier ein nettes Wort, auch für Hamid. Er bat seine Frau, Betten vorzubereiten. Saubere Laken. Neue Bettbezüge. Behandelt man so Gefangene im Iran? Bevor wir schlafen gingen, fragte ich noch: »Wohin bringen Sie uns?«

»Ich habe den Befehl, Sie nach Birjan zu bringen, eine Stadt, die nicht weit von hier ist.«

Es gelang mir nicht, Genaueres über das Ziel der Reise zu erfahren. Wir verbrachten eine sehr erholsame Nacht, die erste seit langer Zeit. Am nächsten Morgen servierte die junge Frau uns ein ausgezeichnetes Frühstück: Spiegeleier, Brot, Marmelade, Butter ... Anschließend stiegen wir wieder in den Jeep.

Wir erreichten Birjand am frühen Nachmittag. Diese Stadt erschien uns lebhaft und einladend, fast fröhlich. Da wir vom Jeep aus freie Sicht hatten, genossen wir das Schauspiel. Viele Kinder und Jugendliche tummelten sich in den Straßen. Als wir diese Szenen eines ganz normalen Alltagslebens sahen, ließ unsere innere Anspannung nach. Wir fanden es erstaunlich, dass in den Straßen eines Landes, das sich im Kriegszustand befand – der Krieg zwischen dem Iran und dem Irak dauerte noch an – solch eine Sorglosigkeit und Lebensfreude herrschen konnte. Wir freuten uns, an dieser Atmosphäre teilhaben zu dürfen, die mit jener in Kabul überhaupt nicht zu vergleichen war.

Der Jeep hielt vor einem offiziellen Gebäude mit einem großen Eingangstor. Der Unteroffizier ging hinein, um sich weitere Anweisungen zu holen – wir blieben mit den Wachen im Wagen. Die Passanten bildeten einen Kreis um den Jeep und sahen uns schweigend an, wie man Menschen betrachtet, mit denen man Mitleid haben muss. Unser Stimmung war aber ganz anderer Art: Wir fühlten uns entspannt und zufrieden. Wir lächelten den Menschen zu, die so freundlich waren, sich Sorgen um uns zu machen. Uns war nicht klar, warum sie uns mit dem traurigen Respekt betrachteten, den man jenen Opfern entgegenbringt, denen man nicht helfen kann, deren Schicksal man aber beklagt. Ich schaute noch nicht einmal nach oben, um nach irgendeiner Aufschrift zu suchen, mit der man das Gebäude hätte identifizieren können. Nach wenigen Minuten kam der Unteroffizier zurück. Er fuhr den Wagen in den Hof des Gebäudes.

Wir wurden in ein Büro geführt. Dort befragten Militärs, die einen höheren Dienstgrad hatten als jene an der Grenze, uns aufs Neue. Das war das dritte Mal, aber diesmal gab es noch mehr Fragen, und der Ton war ausgesprochen barsch. Nach einer Unterbrechung, während der wir gründlich von Frauen durchsucht worden waren und man auch unser ganzes Gepäck unter die Lupe genommen hatte, ging es weiter: »Warum haben Sie gerade den Iran gewählt?« »Kennen Sie jemanden im Iran?«

Je bedrohlicher die Befragung wurde, umso mehr log ich. Das war meine einzige Waffe. Aber ich wusste, wenn man log, musste man Lügen wählen, die möglichst nahe an der Wahrheit und damit glaubhaft waren. Da die Offiziere recht brutal auftraten, beschloss ich, sie durch Gefühle umzustimmen. Ich fabrizierte einen schönen Liebesroman für sie, indem ich mir vorstellte, was Männer mit einer islamischen Tradition wohl am meisten rühren konnte.

»Da ich den Eindruck habe, dass Sie mehr Verantwortung tragen und über mehr Einfluss verfügen als diejenigen, die mich bisher gefragt haben, will ich Ihnen die Wahrheit sagen: Wir sind in den Iran gekommen, um meine Schwester Sabah zu verheiraten. Ihr zukünftiger Ehemann, Essi, ist Iraner. Seit Jahren schon wartet er in Teheran auf seine Verlobte. Die politischen Ereignisse auf beiden Seiten haben die Heiratspläne immer wieder durchkreuzt – die iranische Revolution, der Krieg gegen den Irak, die Intervention der Russen in Afghanistan. Wegen der Umstände konnten wir nicht offiziell in den Iran einreisen. Unsere Religion verlangt, dass Heiratsversprechen eingehalten werden; aus religiöser Pflichterfüllung haben wir also auf Kamelen die Wüste durchquert. Deshalb sind wir hier. Ich hoffe, dass Sie uns jetzt erlauben werden, unsere Reise fortzusetzen, damit diese lang ersehnte Hochzeit endlich stattfinden kann.«

Die Geschichte war nicht ganz falsch. Essi war nach Kabul gekommen, um dort um Sabahs Hand anzuhalten, die damals noch Schülerin war. Sharif handelte an Stelle meines Vaters als Familienoberhaupt und lehnte ab, weil Sabah zunächst ihr Studium beenden sollte. Dabei war es geblieben. Essi war verärgert nach Teheran zurückgefahren. Sabah und er waren nicht verlobt, obwohl Essi von allen als Freund der Familie betrachtet wurde. Sabah, die bei der Befragung dabei war, hütete sich, mir zu widersprechen. Wie alle anderen hoffte sie, dass dieser orientalische Liebesroman uns aus unserer misslichen Lage befreien würde. Niemand kam übrigens auf die Idee, sie selbst zu fragen, ob das auch ihre Version des Sachverhaltes sei. Ich gab Essis Adresse in Teheran an, nannte seinen Arbeitsplatz und erteilte alle Auskünfte, die die Offiziere von mir verlangten.

Im Gefängnis

Wir wurden in ein riesiges Zimmer geführt, das durch ein Gitter mit dicken Stäben in zwei Räume geteilt war. Auf der einen Seite standen Schreibtische, auf der anderen Seite war ein dunkler Raum. Jetzt erst begriff ich, dass wir in einem Gefängnis waren und nicht in irgendeinem Verwaltungsgebäude der Polizei oder einer Kaserne.

Jemand öffnete das schwere Vorhängeschloss vor der Gittertür. Man befahl uns, in diesen schwarzen Raum zu gehen.

Die Soldaten hatten Hamid, meinen achtjährigen Neffen, vor dem Gitter zurückgehalten. »Du kannst nicht da hinein, du bist kein Gefangener!«

Ich fragte durch die Gitterstäbe hindurch: »Was haben Sie mit dem Kind vor?«

»Wir dürfen Kinder nicht als Gefangene halten. Wir werden ihn nach Afghanistan zurückschicken.«

Mir war klar, dass das ernst gemeint war. Ich flehte die Soldaten an, uns dann alle mit Hamid an die Grenze zurückzuschicken. Dies wollten sie aber auch nicht. Hamid bekam panische Angst auf der anderen Seite des Gitters. Er fing an zu weinen.

»Dann sperren Sie ihn doch bitte in das Männergefängnis, damit er noch in unserer Nähe ist!«

»Er ist zu jung. Im Männergefängnis sind nur Erwachsene.«

Schließlich fanden sie eine Lösung. Hamid durfte auf einem Stuhl im Gang sitzen bleiben, vor den Gitterstäben. Wenigstens konnten wir ihn so sehen. Sprechen durften wir nicht mit ihm. Er beruhigte sich etwas. Er konnte uns in der Dunkelheit zwar nicht sehen, doch er spürte, dass wir da waren.

Wir setzten uns in einer Ecke zusammen und versuchten, unser Leben im Gefängnis ein bisschen zu organisieren, wenn dies nun schon einmal unser Schicksal war. In dem großen Raum waren ungefähr fünfzehn Iranerinnen, gleichmütige und stille Frauen, die während unserer Verhandlungen bereits ihre Matratzen etwas zur Seite gerückt hatten, um uns Platz zu machen. Wir weinten alle zusammen, die Iranerinnen und wir, außer Bibi Gol. Sie war totenbleich, wie eine Wachsfigur. Unser Weinen wurde durch einen Wächter jäh unterbrochen: »Jemand will Sie sprechen ...«

Ich drehte mich zum Gang hin. Meine Augen waren von den Tränen ganz verschleiert, so dass ich zunächst gar nichts sehen konnte. Ich ging näher an das Gitter heran und erkannte den Unteroffizier, bei dem wir übernachtet hatten. Er wirkte beschämt, sehr traurig. »Wenn Sie irgendetwas brauchen, wenden Sie sich an mich. Berufen Sie sich auf mich.« Er sah erbärmlich aus.

Ich schaute ihn hasserfüllt an und sagte in scharfem Ton: »Ich danke Ihnen für alles, was Sie getan haben. Sie haben Ihre Pflicht erfüllt!« Ich sah, wie ihm Tränen in die Augen stiegen. Er senkte den Kopf und ging.

Da wir nichts anderes tun konnten, weinten wir stundenlang. Vor allem der Anblick des armen Hamid schmerzte uns, der auf einem Stuhl im Gang saß. Er durfte sich nicht bewegen, nichts trinken und nichts essen. Nach einiger Zeit hatten wir einfach keine Tränen mehr. Die gefangenen Frauen sprachen mit uns. Seltsamerweise erzählten sie sofort, warum sie festgenommen worden waren. Es gab drei Opiumhändlerinnen unter ihnen, Prostituierte und Frauen, die aus den verschiedensten Gründen ihre Ehemänner umgebracht hatten. Eine der Opiumhändlerinnen war zum Tode verurteilt worden, sie wusste aber nicht, wann das Urteil vollstreckt werden würde. Zu dieser Zeit wurden Menschen erschossen, wenn man auch nur zwei Gramm Opium bei ihnen fand.

Mit diesen Gesprächen verging die Zeit, bis es etwas zu essen gab. Ein Wächter kam mit einem kleinen Karren und gab ungeschickt Suppe an die Gefangenen aus, die ihre Näpfe bereit hielten. Die Hälfte landete auf dem Boden.

»He, Afghaninnen, bringt eure Teller her wie die anderen auch!«

Aber »die Afghaninnen« hatten, nachdem sie so lange geweint hatten, ihren Stolz wiedergefunden. »Wir sind nicht zu euch gekommen, um wie die Hunde aus dem Blechnapf zu essen! Wir sind in den Iran gekommen, um wie islamische Nachbarinnen und Freundinnen behandelt zu werden!«

Nach diesen Worten setzten wir uns mit dem Gesicht zur Mauer und wandten den Wächtern den Rücken zu. Hamid aß mit den Soldaten. Nach ihrer Mahlzeit brachten die Gefangenen uns heißen Tee mit Zucker, den wir gern annahmen. Abends erhielten wir saubere Glasteller, Gabeln, Bettlaken und neue Bezüge. Die anderen Frauen hatten weder Laken noch Bezüge. Unser kurzer Hungerstreik und die energische Rede zum Thema Gastfreundschaft zeigten offenbar Wirkung. Ein Wächter kam und teilte uns mit, dass Hamid bei uns schlafen dürfe, dass er am Morgen aber wieder herauskommen und sich auf seinen Stuhl setzen müsse.

Unsere Situation verbesserte sich also recht schnell. Der Offizier, der mich ausgefragt hatte, kam und sprach mit mir durch die Gitterstäbe. Diesmal war er sehr höflich: »Ich bin der Leiter dieses Gefängnisses. Ich habe von zu Hause aus mit Ihrem zukünftigen Schwager telefoniert, um ihm Ihre Lage zu schildern. Ich bin von morgens bis abends da. Wenn Sie etwas brauchen, können Sie mich jederzeit rufen lassen.« Mein Hass und mein Zorn waren etwas besänftigt. Unsere Zukunft sah nicht mehr ganz so düster aus.

Die anderen Gefangenen hatten eine große Fläche im Raum für uns frei gemacht. Dort breiteten wir unsere Matratzen aus, als wir plötzlich hörten, wie die Gittertür aufgeschlossen wurde. Wir wandten unsere Köpfe: Hamid wurde eingelassen. Er strahlte und beeilte sich, so schnell wie möglich in unsere große Zelle zu gelangen, die Tür war noch nicht einmal ganz geöffnet. Dieses Bild hat sich mir eingeprägt: Das Bild eines Kindes, das vor Freude jauchzt, weil es in ein Gefängnis darf. Weinend nahm ich ihn in meine Arme.

Weder sein Vater noch seine Mutter waren da, um ihm in dieser schwierigen Situation beizustehen. Die ganze Nacht kümmerte ich mich um ihn, sorgte dafür, dass er gut schlafen konnte, tröstete ihn, wenn er plötzlich aufschreckte. Sehr früh am Morgen nahm er wieder seinen Platz auf dem Gang ein. Diesen Rhythmus musste er nun einige Tage durchhalten: Jedes Mal war er so glücklich, wenn er zu uns hinein durfte, und so traurig, wenn er uns wieder verlassen musste.

An unserem zweiten Tag im Gefängnis durften wir warm duschen. Warmes Wasser, im Gefängnis, im Iran? Das erschien uns wunderbar. Allerdings konnten wir immer noch nicht unsere Kleidung waschen. Durch die Erfolge des Vortages ermutigt, beschloss ich, meine Protestaktionen fortzusetzen. Bis dahin hatte ich aus Respekt vor dem iranischen Staat, der uns aufnahm, den Schleier getragen. In der afghanischen Tradition ist die Gastfreundschaft nicht nur ein leeres Wort. Da wir im Gefängnis »zu Gast« waren, legte ich auch den Schleier ab. Damit waren wir quitt.

Ich hätte auch gern den Hungerstreik fortgesetzt. Wir diskutierten darüber. Meine Mutter hatte ein Magengeschwür. Für sie wäre es gefährlich gewesen, nichts mehr zu essen. Daher beschlossen wir, diese Aktion nicht zu wiederholen. Zur Essenszeit wandten wir dem Gitter symbolisch immer den Rücken zu. Die anderen Gefangenen brachten uns das Essen und bedienten uns. Sie wuschen unser Geschirr. Für sie war es eine Art Protest gegen die Art, wie wir behandelt wurden. So übernahmen sie die Pflicht der Solidarität und Gastfreundschaft, die der Islam vorschreibt. Wo der Staat seinen Verpflichtungen nicht nachkam, übernahmen Prostituierte, Mörderinnen und Drogenabhängige diese Aufgabe und erteilten ihm damit eine Lektion. Zum Dank schrieb ich für sie Briefe an ihre Familien, die sie mir diktierten.

Am Abend des zweiten Tages nahm mich meine Mutter, die ständig alles beobachtete und deren Aufmerksamkeit nichts entging, auf die Seite. »Ist dir aufgefallen, dass Bibi Gol nur ein Mal zur Toilette gegangen ist, mitten in der

Nacht? Ich habe gesehen, dass sie diesen schwarzen Beutel mitgenommen hat. Da muss etwas sehr Wertvolles drin sein, sie sitzt ständig darauf. Irgendetwas stimmt mit dieser Frau nicht.« Ich gab zu, dass mir dieses Verhalten auch merkwürdig vorkam. Aber wir konnten uns die Sache nicht erklären. Ich beschloss, Bibi Gol zu fragen.

»Warum bewegen Sie sich nicht von der Stelle? Warum sitzen Sie die ganze Zeit so da? Wenn Sie nicht antworten, werde ich von Ihrem seltsamen Verhalten Mitteilung machen ... Wenn irgendetwas faul ist, vergessen Sie nicht, dass wir in einem Boot sitzen – ich habe den Militärs erzählt, dass Sie meine Halbschwester sind!«

Bibi Gol schaute mir fest in die Augen und gab zur Antwort: »Ich sitze auf dem Opium, das *du* über die Grenze schmuggeln wolltest!« Sie betonte das Du, damit mir auch ganz klar wurde, welche Geschichte sie den Iranern auftischen wollte. Weiterer Einzelheiten bedurfte es nicht. Ich begriff, dass es für mich den sicheren Tod bedeutete, wenn dieses Opium entdeckt wurde. Ich zitterte vor Zorn. Ich hätte schreien mögen! Aber wir mussten dieses Gespräch flüsternd weiterführen. Ich fragte: »Wieviel?«

»Zwei Kilo. Wenn man mich erwischt, werde ich sagen, dass es dir gehört. Die Polizisten werden mir glauben, weil ich die ältere bin und weil ich den Schleier trage, wie es sich gehört.«

Ich antwortete: »Wir müssen dieses Päckchen irgendwie loswerden.«

»Dann musst du es mir bezahlen, wenn wir wieder draußen sind!«

Wenn ich gekonnt hätte – ich hätte sie zu Pulver zermahlen ... Suita und ich machten uns auf die Suche nach einem Versteck, wo wir das Päckchen verschwinden lassen konnten. Neben dem Gefängnisraum gab es einen kleinen Hof mit hohen Mauern, in dem man ein wenig spazieren gehen konnte. Aber diese Mauern waren vollkommen glatt, nicht einmal eine Ameise hätte sich dort verstecken können. Als ich meiner Mutter vom Ergebnis meiner Nachforschungen erzählte, begann sie zu weinen. Ich dachte schon daran, das Opium bei dem Offizier abzugeben und ihm zu sagen, dass es von mir sei und die anderen nichts davon gewusst hätten. So würde ich die ganze Gefahr auf mich nehmen, aber meine Familie und Suita würden verschont bleiben. Wir überlegten, wie wir das belastende Päckchen loswerden konnten. Zwei Kilo! Man durfte gar nicht darüber nachdenken, dass unter den Gefangenen eine Frau war, die für zwei Gramm desselben Stoffes zum Tode verurteilt worden war. Rein rechnerisch hätten dafür tausend Menschen ihr Leben lassen müssen ...

Ich hatte eine Idee. Wir mussten das Opium irgendwie in der Toilette verschwinden lassen. Aber ich wusste nicht, wie das Produkt, das Bibi Gol behütete, beschaffen war: War es hart, weich, klebrig? Ich musste mich des Päckchens bemächtigen, um es genau untersuchen und meinen Plan durchführen zu können. Also ging ich zu der »heiligen Blume« Bibi Gol und befahl ihr, es mir zu geben, wenn alle schliefen. Doch die alte Hexe wollte ihr Gut nicht hergeben: »Es ist immer noch Zeit genug, wenn man uns durchsuchen sollte – vielleicht werden wir ja gar nicht durchsucht.«

Offensichtlich hatte sie immer noch die Absicht zu erzählen, dass das Opium von mir sei. Ich drohte ihr nochmals damit, sie zu denunzieren. Sie hielt es daraufhin doch für besser, es vor den Wachen nicht zu einer Kraftprobe kommen zu lassen und gab mir den schwarzen Plastikbeutel. Im Badezimmer untersuchte ich den Inhalt. In dem Beutel war eine gelbe Milchpulverschachtel. Das Opium in dieser Schachtel roch sehr stark und sah aus wie eine hellbraune, sehr dickflüssige Creme. Ich beschloss, dass jede von uns einen Teil der Masse im WC verschwinden lassen würde, wenn sie duschen ging. Man musste kleine Kugeln formen und diese mit der Hand so weit wie möglich in den Siphon stecken. Ich hatte Angst, dass der typische Geruch uns verraten könnte.

Zunächst mussten wir die Erlaubnis erhalten, nochmals zu duschen. Eine warme Dusche gab es nur ein Mal pro Woche, und wir hatte gerade geduscht. Wir erklärten, dass wir gern auch kalt duschen würden. Das täte uns sogar gut vor dem Schlafengehen. Niemand wunderte sich über die hygienischen Gewohnheiten dieser Ausländerinnen – zumindest nicht nach außen hin. Ich ging zuerst, um mir ein Bild von den Schwierigkeiten zu machen, die mit der Durchführung des Plans verbunden waren. Ich ließ das Wasser in der Dusche laufen, um keinen Verdacht zu erregen und begann – über das Klobecken gebeugt – mit der Arbeit. Das Opium klebte an meinen Händen, was die Sache erschwerte. Ich brauchte fünfundzwanzig Minuten, um meinen Teil verschwinden zu lassen. Suita, meine Mutter und meine Schwester machten es genauso. Wir versuchten, jeweils nicht zu lange zu bleiben, damit die Wachen nicht misstrauisch wurden. Als wir fertig waren, war noch etwas Opium übrig. Wir gaben es Bib Gol. Für sie war es eine gute Gelegenheit, einmal ein Bad von innen zu sehen – einen Ort, den sie wohl nicht sehr häufig aufsuchte.

Als Bibi Gol aus der Dusche kam, teilte sie uns mit, dass alles verschwunden sei. Während die Wache mit dem Rücken zu uns stand, wusch ich die Schachtel aus. Wir fühlten uns etwas erleichtert. Aber ich fürchtete immer noch, dass das Opium vielleicht weiter unten im Rohr zusammenklumpen und die Kanalisation verstopfen könnte. Die Wachen würden dann einen Klempner kommen lassen und alles würde auffliegen ... Wir waren zuletzt angekommen – das Opium konnte nur mit uns ins Gefängnis gelangt sein. Ich fand keine Ruhe, ich sah immer das Gesicht der Frau vor mir, die für ihre zwei Gramm zum Tode verurteilt worden war.

Am nächsten Morgen rief mich ein Offizier ans Gitter. Ganz in meine Sorgen versunken, war ich überzeugt, dass man den Stoff gefunden hatte. Aber es ging um etwas anderes. Der Offizier zeigte mir ein Foto: »Kennen Sie diese Person?«

Obwohl es ein sehr altes Foto war, erkannte ich Essi sofort. »Ja, das ist mein zukünftiger Schwager.«

Im selben Moment fragte ich mich, wie unsere Kerkermeister an dieses Bild gekommen waren. Ich verstand sehr schnell. Der Offizier winkte einen Mann heran. Es war Essi. Ich weinte vor Scham, dass er uns hier als Gefangene sah. Es war dumm, aber ich konnte nichts dagegen tun – obwohl mein Vater so lange im Gefängnis gewesen war, trotz der Festnahme meines Mannes assoziierte ich einen Gefangenen immer noch mit einem Verbrecher. Am liebsten hätte ich Essi schnell erklärt, dass wir vollkommen unschuldig waren.

Er fragte mich: »Wo ist Mutter? Wo ist Sabah?« Ich war erstaunt, dass er die Situation so schnell begriffen hatte. Er spielte die Rolle des zukünftigen Schwiegersohnes, der sich zunächst nach seiner Schwiegermutter erkundigt und dann erst nach seiner Verlobten, einfach perfekt. Ich wandte mich wieder der Dunkelheit des Gefängnisses zu. Man konnte kaum die Umrisse meiner Mutter und meiner Schwester erkennen. Genau wie ich schämten sie sich der Situation, kauerten auf dem Boden, den Kopf auf den Knien und in ihre schwarzen Tücher gehüllt, vor dem schwärzesten Teil der Wand. Die zukünftige Schwiegermutter und die Braut wollten nicht, dass man sie im Gefängnis sah. Ich blickte wieder zu Essi hinüber. Ich hatte ihn noch gar nicht richtig angeschaut. Seine Kleidung und seine ganze Haltung hätten nicht angemessener sein können. Der Bart war nach islamischer Mode geschnitten, er trug einen dunklen Anzug, der bis oben hin zugeknöpft war. Er hatte ein religiöses Buch unter dem Arm.

Erneut sprach er mich an: »Der Leiter des Gefängnisses hat mich angerufen. Ich habe das erste Flugzeug genommen. Ich werde für euch bürgen und euch hier herausholen.« Dann wandte er sich den Schreibtischen zu. Ich ging wieder zu meiner Mutter. Nach einer halben Stunde kamen der Leiter des Gefängnisses, Essi und drei Soldaten ans Gitter. Das Tor wurde geöffnet und man forderte uns auf, herauszukommen. Unser Glück war jedoch nur von kurzer Dauer. Die Wachen stießen Suita zurück und schlossen das Tor wieder.

»Sie kommt nicht frei!«

Ich konnte mich noch nicht einmal von ihr verabschieden. Ich schämte mich dermaßen, dass ich frei kam, sie jedoch nicht, dass ich nicht wagte, mich umzudrehen und sie anzuschauen. Ich hätte ihren Blick nicht ertragen. Weinend begab ich mich zu den Schreibtischen, um mich durchsuchen zu lassen. Nur das Gepäck wurde durchsucht, offenbar ersparte man uns dieses Mal die Leibesvisitation. Ich weinte so heftig, dass der Leiter des Gefängnisses bemerkte: »Ich habe noch nie jemanden, der aus dem Gefängnis befreit wird, so sehr weinen sehen.«

Ich konnte nicht mehr. Ich setzte alles auf eine Karte. »Suita gehört zu uns. Wenn wir freigelassen werden, muss sie auch frei sein. Sonst stecken Sie mich ebenfalls wieder ins Gefängnis!«

Meine Mutter, die sich bisher zurückgehalten hatte, warnte mich mit gedämpfter Stimme. »Beharre nicht darauf, dass sie dich wieder in dieses Loch stecken! Wenn du frei bist, kannst du etwas für sie tun. Aber wenn du wieder hinter diesem Gitter sitzt, kannst du nichts mehr machen!«

Ich hörte nicht auf sie, sondern kämpfte weiter für meine Freundin. »Sie ist unschuldig, Suita ist unschuldig, bitte lassen Sie sie frei!«

Der Leiter sah mich einen Augenblick an. Dann griff er zum Telefonhörer. Ich wusste, dass er versuchte, seine Vorgesetzten umzustimmen. Ich fuhr fort:

»Selbst wenn sie keine Afghanin ist, lassen Sie sie gehen! Was haben Sie von ihr?« Ich konnte kaum noch atmen, während ich auf die Antwort wartete.

Als der Direktor auflegte, sagte er lächelnd zu mir: »Holen Sie sie selbst, hier haben Sie den Schlüssel!« Es gelang mir, das Vorhängeschloss zu öffnen. Ich betrat das Gefängnis. Suita sah mich nicht. Ganz erschöpft saß sie in unserer Ecke und lehnte den Kopf an die Wand. Sie hatte gar nicht gehört, dass ich hereingekommen war. Ich rief: »Suita!«

Sie dachte, ich riefe von draußen durch die Gitterstäbe, um mich von ihr zu verabschieden. Schließlich drehte sie sich um. Sie sah mein lachendes Gesicht, aber sie verstand noch nicht, was los war, und sagte: »Viel Glück. Geh nur, mach dir um mich keine Sorgen.«

Es brach mir das Herz. Wie konnte sie denken, dass ich lachen konnte, wenn sie im Gefängnis hätte bleiben müssen, ja dass ich überhaupt in der Lage gewesen wäre, sie dort zurückzulassen? Ich schämte mich, dass sie ein solches Bild von mir hatte. Ich versuchte, ihr möglichst schnell klarzumachen, wie sich die Sache in Wirklichkeit verhielt: »Komm, du bist frei!« Aber wir redeten beide gleichzeitig. Sie wollte mich überzeugen, dass ich schnell gehen solle, um diesen schrecklichen Abschied nicht noch schlimmer zu machen.

Sie schob mich zur Tür. Und ich rief: »Nimm deine Sachen und komm mit uns, du bist frei!« Sie verstand noch immer nicht. Sie begleitete mich sanft zum Ausgang, indem sie meinen Arm fasste wie bei einem Gast, den man nach einem gemeinsamen Abend zur Tür bringt. Da nahm ich mit einer Hand ihre Tasche und mit der anderen zog ich sie nach draußen, nachdem ich mich von den anderen Frauen verabschiedet und ihnen nochmals gedankt hatte. Im Gang war Suita immer noch wie vor den Kopf geschlagen. Sie begriff die Situation erst, als das Gitter wieder verschlossen wurde. Offenbar hatte sie sich so angestrengt, sich mit dem Gedanken vertraut zu machen, dass sie nicht freigelassen wurde, dass sie so schnell nicht umschalten konnte. Als ihr klar wurde, dass sie frei war, ging es wieder los mit Umarmungen, Tränen und Glückwünschen.

Der Leiter wandte sich an die Soldaten: »Führen Sie sie zur Leibesvisitation, bevor Sie sie freilassen!« Es war alles zu schön, die Leibesvisitation hatten wir vergessen.

Jetzt wandte sich Bibi Gol, die »heilige« Frau mit dem weißen Haar und dem vorschriftsmäßigen Schleier, an mich und flüsterte mir ins Ohr: »Als ich dran war, habe ich das Opium nicht weggeschmissen. Ich habe es noch bei mir.« Ich war außer mir vor Zorn. Die Wachen stießen uns in die Räume, wo wir durchsucht werden sollten. Dabei wurden Bibi

Gol und ich getrennt. Zum Glück für sie, denn ich konnte mich nicht mehr beherrschen. Ich glaube, ich hätte sie auf der Stelle erwürgt. Doch welch wunderbare göttliche Fügung: Die Frau, die normalerweise die Leibesvisitationen der weiblichen Gefangenen durchführte, war nicht da. Und ein Mann durfte diese Aufgabe nicht übernehmen.

Endlich frei! Wir trafen uns draußen vor dem Gefängnis wieder. Bibi Gol verlor keine Zeit und fing gleich an, mich zu beleidigen: »Da siehst du, dass wir nicht durchsucht wurden! Wenn du das Opium nicht weggeschmissen hättest, wäre ich jetzt reich! Du schuldest mir 10 000 Afghanis, so viel hätte ich für die zwei Kilo Opium bekommen.« Seltsamerweise hatte ich nun, vor dem Gefängnis, nicht mehr den Drang, sie zu töten. Ich hatte ihn überwunden. Ich wünschte sie nur ganz weit weg von mir, sie sollte verschwinden, und ich wollte nie mehr ihre Stimme hören.

Wir nahmen mit Essi den Bus nach Teheran. Während der ganzen Reise sprach ich kein Wort mit Bibi Gol. In Teheran bat sie mich um etwas Geld, um zu ihrer Familie fahren zu können, die in einer anderen Stadt wohnte. Ich gab ihr wortlos 100 Toman*, damit ich sie los war. Später haben ihre Kinder versucht, mit mir Kontakt aufzunehmen. Was wollten sie von mir? Ich habe mich immer geweigert, sie zu treffen.

Bei Essi wartete Mariam auf mich. Welch eine Freude nach vierundzwanzig Tagen der Trennung und der Abenteuer.

---

* Iranische Währung. 100 Toman entsprachen damals rund 30 DM (15 Euro). (A.d.Ü.)

Hochzeit im Krieg

Wir stellten schnell fest, dass wir nicht alle bei Essi wohnen konnten. Er lebte mit seiner Mutter in einem winzigen Haus. Zu sechst »fielen wir dort ein«. Ein weiteres Problem war die Lebensmittelrationierung wegen des Krieges. Ich sah, dass Essi und seine Mutter von den Lebensmittelkarten lebten, für uns aber zu horrenden Preisen auf dem Schwarzmarkt einkauften. Mit unserem halbillegalen Status, der uns erlaubte, zum Zwecke einer Eheschließung vorübergehend im Iran zu bleiben, hatten wir keinen Anspruch auf Lebensmittelkarten. Wir konnten uns auch nicht jeden Tag Nahrungsmittel kaufen, weil wir nur noch wenig Geld hatten. Es musste also bald etwas geschehen: Entweder reisten wir sofort aus, nach Frankreich oder woandershin, oder wir suchten uns eine Arbeit im Iran.

Meine Schwester Narges lebte zwar im Iran, aber in einer kleinen Stadt, die mehrere Autostunden von Teheran entfernt lag. Dort hatte ich vor Jahren als Krankenschwester gearbeitet. Sicherlich konnten wir jederzeit zu ihr fahren, aber dann konnten wir uns nicht um ein Visum für Frankreich oder ein anderes Land kümmern, falls Frankreich uns kein politisches Asyl gewähren sollte.

Suita konnte schnell nach Paris reisen. Ihr Visum war schon nach einem Monat ausgestellt. Sie hatte sich bereits in Kabul darum bemüht, noch ehe ich ihr die Flucht vorgeschlagen hatte. Sie hatte einen Freund, der nach Pakistan gereist war, gebeten, ihren Antrag auf politisches Asyl bei der diplomatischen Vertretung Frankreichs in Pakistan einzureichen.

Der Leiter des Gefängnisses in Birjand hatte uns nicht vergessen. Er rief bei Essi an, um sich zu erkundigen, ob wir gut angekommen seien. Er fragte auch, wann die Hochzeit sei ... Vielleicht hatte er uns aus Sympathie freigelassen, aber zweifellos trieben ihn seine berufliche Pflichterfüllung und seine

Vorgesetzten dazu, uns zu verfolgen, bis er wirklich die Gewissheit hatte, dass wir keine Spione waren. Wenn er nun auch noch von Suitas wahrer Nationalität erfahren hätte, hätte ihm dies schweres Kopfzerbrechen bereitet ... Er verfolgte uns eine ganze Weile. Er verhielt sich stets korrekt, aber ein oder zwei Mal pro Woche wollte er doch neue Einzelheiten wissen.

Essi bat uns zu bleiben. »Wenn ihr das Haus verlasst, werde ich noch mehr überwacht.« Dann stellte er die entscheidende Frage – wie es mit der Hochzeit sei. »So haben wir es doch im Gefängnis besprochen. Das ist schließlich offiziell der Grund, warum ihr im Iran seid. Ich muss eure Anwesenheit auch den Nachbarn erklären. Die ganzen Probleme sind auf einen Schlag gelöst, wenn ich Sabah heirate!« Ich fragte meine Schwester.

»Willst du mit uns nach Frankreich kommen?«

»Nein, ich möchte lieber hier bleiben.«

Ich wusste nicht recht, was ich denken sollte, und ich glaube, meiner Schwester ging es genauso. Sie hatte Essi sehr gern, aber sie hatte noch keine Zeit gehabt, ihn richtig kennen zu lernen. Ich wartete einen Zeitpunkt ab, wo ich mit meiner Mutter und Sabah allein war, ehe ich erneut auf das Problem zu sprechen kam. Langsam fand ich die Rolle des Familienoberhauptes, die mir mein Vater übertragen hatte, doch sehr belastend. Jeder erwartete jetzt ganz selbstverständlich von mir, dass ich die Entscheidung über die Heirat meiner Schwester fällte. Diesmal hätte ich das gern einem Mann überlassen. Wenn Sabah sich klar geäußert hätte, wäre der Fall nicht so kompliziert gewesen. Aber sie wollte unsere Meinung wissen, und sie selbst drückte sich nicht sehr direkt aus. Ich überlegte, wie ich ihr die Frage indirekt stellen konnte, so dass sie ihre Wahl kundtun könnte, ohne sich vor uns schämen zu müssen. Schließlich wählte ich einen Umweg: »Wenn du im Iran bleiben möchtest, ist es das Beste, wenn du Essi heiratest. Möchtest du im Iran bleiben?«

»Ja.«

Ich gab mich mit diesem Ja zufrieden als indirekte Zustimmung und schloss den Familienrat, wie es mir zukam, mit der Entscheidung, dass diese Heirat stattfinden würde. Essi sorgte dafür, dass es auch bei diesem Beschluss blieb, indem er umgehend eine Einladungskarte zur Hochzeit an den Leiter des Gefängnisses in Birjand schickte. Das Datum der Eheschließung wurde so weniger als eine Woche nach unserer Ankunft in Teheran festgelegt; weniger als zehn Tage nach dem Moment, als ich diese glorreiche Idee gehabt hatte, um uns aus dem Gefängnis zu befreien. Wenn man sein Haus und seine Heimat verlassen hat, wenn man begonnen hat, wichtige Entscheidungen zu fällen, gewöhnt man sich schnell daran, die Dinge in die Hand zu nehmen.

Diese Heirat entpuppte sich allerdings als überaus komplexes Unterfangen. Essis Mutter war gegen die Verbindung. Das konnte man verstehen: Bisher hatte sie mit ihrem Sohn ein ruhiges Leben geführt. Plötzlich war ihr Haus von einer Gruppe Ausländerinnen belagert. Dann entschloss sich eine dieser Ausländerinnen, ihren Sohn zu heiraten – und das alles in wenigen Tagen. Für sie sah die Sache folgendermaßen aus: Sie würde noch eine gute Weile ihre Zeit damit zubringen müssen, für diese ganze Gesellschaft zu kochen, einzukaufen und den Haushalt zu führen. Sie legte überhaupt keinen Wert auf eine Schwiegertochter, die ihr dann womöglich noch die Herrschaft in ihrem eigenen Haus streitig machen würde. Diese Reaktion war nur allzu klassisch und leicht zu durchschauen.

Andere Gründe sozialer und kultureller Art machten die Heirat schwierig und die Verhandlungen zäh. Unglücklicherweise sind die Bräuche der Iraner und der Afghanen sehr unterschiedlich. Im Iran bringt die Braut die Mitgift in die Ehe ein. Die Familie der Frau muss öffentlich der gesamten geladenen Gesellschaft zeigen, was die Eheleute ihr Leben lang begleiten wird: möglichst ein Auto, das Bett, der Kleiderschrank und alle Möbel, die ganze Ausstattung für den Haushalt, der Fernseher, die Teppiche, Kochtöpfe (ein vollständiger Satz) – kurz, alles, was ein junges Paar zum Leben und für die Wohnung braucht. Die Reichtümer, die zu diesem Anlass ausgebreitet werden, gelten einerseits als Zeichen dafür, wie mächtig diese Familie ist, andererseits wird daran die Zuneigung gemessen, die die Eltern ihrer eigenen Tochter entgegenbringen, die von nun an mit einem Fremden zusammenleben wird. Zu dieser Liste an Gegenständen kommt noch eine recht hohe Geldsumme. Mit anderen Worten: Die Familie der Frau zahlt praktisch immens viel Geld dafür, dass die Tochter einen Mann bekommt.

In Afghanistan ist es genau umgekehrt. Hier zahlt die Familie des Mannes für die Frau. Aber das ist ebenso teuer. Bei einer bürgerlichen Hochzeit muss der Mann der Hochzeitsgesellschaft ein Collier mit Diamanten oder Rubinen zeigen. Einen Diamantring, Goldarmbänder, Kleider, Unterwäsche, einen Morgenmantel, Schuhe, eine Handtasche, ein komplettes Sortiment an Schönheitsprodukten und was weiß ich nicht alles. In diesen Ländern kauft man nicht oft. Aber bei einer Hochzeit verschuldet man sich für sein ganzes Leben und räumt die Geschäfte leer. Zur Hochzeit muss der Mann in Afghanistan der Frau alles kaufen, was ihr gefällt. Doch dann ist er der Meister. Er kann seine Frau schlagen, wenn er Lust dazu hat, ohne dass seine Schwiegereltern etwas dagegen sagen dürfen. Er hat auch das Recht, ihr bis zu seinem Tod überhaupt nichts mehr zu kaufen, und einige machen davon auch Gebrauch. Daher wird den afghanischen Mädchen beigebracht, dass sie bei ihrer Hochzeit so viel wie möglich fordern sollen. Das ist ihre materielle Reserve für schlechte Zeiten. Oft bekommen sie später nie mehr Schmuck, manchmal auch keine Kleidung.

Da ich in beiden Ländern gelebt habe, kenne ich beide Traditionen und rechnete schon mit erbitterten Auseinandersetzungen. Ich für meinen Teil wäre mit einer *nikah*, einer religiösen Segnung, zufrieden gewesen. Mit Rücksicht auf unsere Gastgeber hätte ich auch ohne weiteres einen schiitischen Mullah an Stelle eines sunnitischen Imams akzeptiert.

Der Allmächtige ist überall derselbe, und es spielt keine Rolle, wie man beim Gebet die Hände faltet. Innerlich bereits auf all diese Dinge gefasst, begab ich mich in die Verhandlungen mit Essis Mutter. Sie sprach als Erste – was ganz selbstverständlich war, da sie die ältere war und wir als Gäste bei ihr wohnten. »Ich würde mich schämen«, sagte sie, »wenn ich meinen Sohn nicht so verheiraten würde, wie es im Iran Brauch ist. Unsere Familie ist sehr angesehen und hat einen guten Ruf; eine Hochzeitsfeier unter zweihundert Gästen kommt für mich nicht in Frage. Und ich bestehe auch auf der traditionellen Präsentation der Mitgift, die die Familie der Frau meines Sohnes mitgibt. Sie müssen alles mitbringen, was für einen ordentlichen Haushalt erforderlich ist.«

Damit hatte ich gerechnet. Mir war klar, dass sie das Unmögliche verlangen würde, um an allen Fronten zu siegen. Wenn diese Immigrantenfamilie nicht zahlen konnte – was sehr wahrscheinlich war –, konnte diese Hochzeit eben nicht stattfinden. Ihr kam dies nicht ungelegen. Und falls diese Flüchtlinge es doch irgendwie schaffen sollten, diese beträchtliche Summe aufzubringen, war es ihr auch recht. Ich hätte mit den außergewöhnlichen Umständen argumentieren und sagen können, dass eine Hochzeit in Kriegszeiten mehr Diskretion verlange. Aber ich entschied mich für eine andere Strategie. Zu ihrer großen Verblüffung protestierte ich nicht gegen ihre Bedingungen. »Sehen Sie, wir stammen aus einer Familie, die in Kabul sehr bekannt und sehr angesehen ist. Daher wäre es mir ausgesprochen peinlich, wenn ich meine Schwester nicht nach afghanischer Tradition verheiraten würde. Wir haben also eine iranische Familie und eine afghanische Familie, keiner soll gezwungen werden, seine Tradition aufzugeben und sein Gesicht zu verlieren. Feiern wir doch eine Hochzeit, die halb iranisch und halb afghanisch ist! Ich biete gern von der Seite meiner Familie aus alles Notwendige für den Haushalt, so wie es im Iran Brauch ist. Aber Essi schenkt meiner Schwester den Schmuck, das Collier und den Ring sowie die ganze Brautausstattung, wie es die Afghanen machen. So ist die neue Familie zweifach abgesichert und bestens für ihr Leben ausgerüstet.«

Was sollte sie darauf antworten? Wir legten nur die Daten fest, wann für die Frau und wann für den Mann eingekauft werden sollte. Essi und seine Mutter fragten sich natürlich, wie ich das alles bezahlen wollte, ob sie es womöglich mit einer gefährlichen Pokerspielerin zu tun hatten. Ich war ziemlich ruhig, denn ich hatte eine Möglichkeit gefunden, wie ich die Ausgaben bestreiten konnte. Ich hatte mehrere Jahre im Iran gearbeitet, und ich besaß immer noch Geld auf meinem iranischen Konto. Ich wollte aber genug davon behalten, um die Flugtickets nach Frankreich bezahlen und die erste Zeit dort überbrücken zu können. Doch als ich im August 1978 überstürzt aus dem Iran abgereist war, hatte ich mein Auto auf dem Parkplatz des Krankenhauses stehen gelassen, wo ich zu diesem Zeitpunkt arbeitete. Später hatte ich Essi von Kabul aus in einem Brief gebeten, er möge doch das Auto verkaufen. Das Geld solle er so lange aufbewahren, bis ich es eines Tages nötig hätte. Es ging damals nicht anders, weil es unmöglich war, Geld ins Ausland zu überweisen. Ich hatte von dieser alten Schuld nicht wieder gesprochen und wollte auch zuerst nicht darauf zurückkommen, weil Essi uns wirklich sehr geholfen hatte. Doch weil seine Mutter so taktlos war, von Flüchtlingen Geld zu verlangen, gab es keinen Grund mehr, sie zu schonen.

Als Geschenk hatte ich Essi bereits einen Anzug samt passenden Schuhen und Krawatte gekauft. Man sollte nicht sagen können, dass die Afghanen nicht wissen, was sich gehört. Am festgesetzten Termin für die Einkäufe, die die Familie der Frau bezahlen musste – in diesem Falle also ich – ließ ich Essi auswählen: das Bett, den Fernseher, die Stereoanlage, den Schrank, den Bettüberzug, das Bügeleisen, etwas Geschirr. Dies alles würde lange Zeit in den Wandschränken bleiben, weil Essi bereits sehr gut eingerichtet war. Es spielte aber keine Rolle, ob die Sachen gebraucht wurden oder nicht – es ging hier um ein Kräftemessen. Essi und seine

Mutter waren unruhig. Sie fragten sich, ob ich nicht gleich den Händler bitten würde, alles wieder ins Regal zu stellen. Sie waren überzeugt, dass ich nicht zahlen konnte. Meine Mutter und meine Schwester hatte ich informiert, als sie mich gefragt hatten.

Als der Augenblick kam, da gezahlt werden musste, zögerte ich die Sache ein wenig hinaus, um meinen Sieg so richtig auszukosten. Schließlich sagte ich ganz ruhig: »Essi, stellst du bitte einen Scheck über die ganze Summe aus?«

Er war verdutzt, er hatte noch nicht verstanden. »Aber du musst das doch alles zahlen ...«, protestierte er.

»Natürlich, aber jetzt brauche ich eben den Verkaufserlös von meinem Auto.« Er wurde kreidebleich, sagte aber nichts. Ich wusste, dass Essi mein Auto für 28 000 Toman verkauft hatte. Das hatte er mir geschrieben. Die Kosten für die Einkäufe betrugen nur 20 000 Toman. Ich fragte also: »Bist du sicher, Essi, dass das, was wir gekauft haben, auch ausreichend ist?« Seine Mutter verlangte jetzt, dass nichts mehr gekauft wurde. Es blieb Essi nichts anderes übrig, als sein Scheckbuch zu zücken. Aber er war sehr verärgert. Der kalte Krieg zwischen uns hat ziemlich lange gedauert.

Als Vorsichtsmaßnahme handelte ich eine hohe Brautausstattung für Sabah aus. Dieses Geld soll die Unabhängigkeit der Frau sichern für den Fall, dass sie verstoßen wird oder dass es zu einer Scheidung kommt. Ich hatte mich erkundigt: Eine Frau, die keine Ausbildung hatte, war zwanzig Goldstücke mit dem Bildnis des Schahs wert. Diese waren damals schwer zu bekommen. Meine Schwester mit ihrer Ausbildung war aber sehr viel mehr wert. Da ich mir nicht sicher war, wie Essi reagieren würde, wartete ich die religiöse Segnung ab, ehe ich meine Absichten bekanntgab.

Als der Mullah die Frage stellte »Wie hoch haben Sie die Ausstattung der Braut angesetzt?« antwortete ich: »Auf hundert Goldstücke mit dem Bildnis des Schahs.« Meine Schwester hatte ein Diplom für Französisch. Ich hatte ziemlich willkürlich geschätzt, dass sie dadurch fünfmal so viel wert war wie eine Bäuerin. So würde ihr dieses Zeugnis wenigstens etwas bringen, wenn sie schon nicht unterrichten konnte.

Selbst in Gegenwart des Mullahs versuchten Essi und seine Mutter zu handeln. Sie argumentierten mit den Steuern, die sie für diese Brautausstattung an den Staat zahlen mussten. Ich gab mich absolut unerbittlich. »Das ist der Preis, den ich für meine Schwester verlange. Dabei bleibt es.« Sie mussten sich fügen. Ich blieb so hart, weil ich Angst hatte, dass sie unsere Situation als Flüchtlinge ausnutzen könnten. Und ich wollte, dass diese Hochzeit unter den Bedingungen der gegenseitigen Achtung und Gleichheit vollzogen wurde, wie es unter normalen Umständen der Fall gewesen wäre, in Friedenszeiten also.

Blieben noch die Kosten für das Fest zu klären. Nach afghanischer Tradition zahlt der Mann die erforderliche Summe. Daher erklärte ich, dass dieses Problem uns nichts anginge. Wir konnten niemanden einladen. Unter diesen Umständen hatte ich nichts dagegen, wenn Essis Mutter zweihundert Personen einlud, falls sie das wünschte. Ich lieh ein Kleid für Sabah aus und schmückte das Haus mit frischen Rosen. Durch die Einschränkungen, die der Krieg uns auferlegte, und das System der Lebensmittelkarten war es unmöglich, Essen für zweihundert Personen auf dem Markt oder in den Geschäften einzukaufen. Daher musste es im Restaurant bestellt werden.

Am Tag der Hochzeit zwängten sich etwa hundert Frauen in Essis Haus; dieselbe Anzahl Männer hielt sich im Nachbarhaus auf, das man für diesen Anlass gemietet hatte.

Gewalt im Namen der Revolution

Es ging nun darum, dem jungen Paar eine Privatsphäre zu schaffen und außerdem Konflikte mit Essis Mutter möglichst zu vermeiden. Meine ältere Schwester, Narges, holte ihren Sohn Hamid ab und nahm auch unsere Mutter für eine Weile zu sich. Mariam und ich mussten ebenfalls eine Möglichkeit suchen, etwas Abstand zu gewinnen.

Ich fand ohne große Probleme eine Anstellung in einem Krankenhaus in Teheran; viele Nächte verbrachte ich in der Klinik, wobei ich meine Tochter mitbringen durfte. Als Krankenschwester hat man den Vorteil, dass man nie arbeitslos ist. In allen Ländern, in denen ich gelebt habe, fand ich immer innerhalb eines Tages eine Stelle. Natürlich nur in jenen Ländern, in denen mein Examen anerkannt wurde. Wenn ich frei hatte, suchte ich verschiedene Botschaften auf, und beantragte politisches Asyl sowie eine Einreisegenehmigung.

Die Arbeit im Krankenhaus war äußerst anstrengend. Der Dienstplan war so eingeteilt, dass ich von sieben Uhr morgens bis um sieben Uhr abends am darauffolgenden Tag arbeiten musste. Mariam und ich waren schon glücklich, wenn wir uns nachts einmal an irgendeinem verborgenen Platz im Gang für ein, zwei Stunden auf einer Bank ausruhen konnten, ohne dass uns jemand störte. Wenn wir das Krankenhaus um sieben Uhr am Abend verlassen durften, verbrachten wir die Nacht bei Sabah und Essi. Um sieben Uhr am nächsten Morgen brachen wir dann zu einem neuen sechsunddreißigstündigen Arbeitstag auf.

In dieser Zeit des Krieges und der Revolution herrschte in den iranischen Krankenhäusern ein extremer Mangel an geschultem Personal. Innerhalb von vierzehn Tagen wurden Hilfskräfte notdürftig ausgebildet und sofort mit Aufgaben betraut, die eigentlich nur in die Hände qualifizierter Krankenschwestern gehörten. Ich war als einzige examinierte

Krankenschwester für eine beträchtliche Zahl von Patienten zuständig. Auf meinem Stockwerk befanden sich sieben oder acht Zimmer mit jeweils zehn bis zwölf Betten. Ich hatte also die Verantwortung für etwa achtzig Patienten. Schnell hatte ich Mariam, die damals dreizehn Jahre alt war, in leichte Tätigkeiten eingearbeitet, die sie mir abnehmen konnte: Spritzen setzen und Medikamente verteilen. Sie half Kranken, die nicht mehr selbständig essen konnten, bei den Mahlzeiten und begleitete Sterbende. Sie ging in die Zimmer, wenn geklingelt wurde, tröstete die Patienten, führte die üblichen Pflegemaßnahmen durch und holte mich in schweren Fällen zu Hilfe. So konnte ich mich den Kranken und Verletzten widmen, die es am nötigsten hatten.

Mariam lehnte sich nicht gegen ihr Schicksal auf, sie wusste, dass es nur eine Übergangsphase war. Die Perspektive, nach Europa zu reisen, gab ihr die Kraft, ruhig zu bleiben und Arbeiten zu verrichten, die für ihr Alter eigentlich viel zu schwer waren. Jedes Zimmer war einem bestimmten medizinischen Bereich zugeordnet, für den ein Facharzt zuständig war, der morgens dort die Visite machte. Es gab ein Zimmer für chirurgische Patienten und jeweils ein anderes für Patienten mit Krankheitsbildern aus der inneren Medizin, aus dem Bereich der Hals-, Nasen- oder Ohrenerkrankungen, aus der orthopädischen Medizin usw. Ich machte alles: Ich pflegte die Verwundeten, Menschen mit schweren Verbrennungen und vor allem viele Opfer der Bombenanschläge.

Die Schiiten hatten die Partie damals noch nicht ganz gewonnen. Die Widerstandsbewegung erreichte ihren Höhepunkt, als Staatspräsident Bani Sadr gestürzt wurde, also Ende 1981. Die Volksmudschaheddin, die Anhänger der kleinen, weniger bekannten marxistischen Organisationen und die kurdischen Nationalisten, die durch die Wächter der Revolution, die Polizei sowie die Armee verfolgt wurden, versuchten, die Macht der Ayatollahs durch eine Reihe von Mordanschlägen zu schwächen. Die Opfer dieser Attentate wurden meist in das Krankenhaus gebracht, in dem wir arbeiteten. Der Leiter war ein direktes Familienmitglied Khomeinis. Vom Personal wurde daher absolute Verschwiegenheit verlangt. Die Anhänger Khomeinis wollten nicht, dass diese terroristischen Aktivitäten bekannt wurden.

Ich erinnere mich vor allem an einen Mordanschlag, der am 28. Juni 1981 gegen den Sitz der Islamischen Revolutionären Partei verübt wurde. Es gab vierundsiebzig Opfer, darunter vier Minister, zwanzig Abgeordnete und zahlreiche religiöse Führer. Wahrscheinlich handelte es sich um eine Aktion der Volksmudschaheddin, obwohl man die Verantwortlichen nie mit Sicherheit hat feststellen können. Siebzig Schwerverletzte wurden mit einem Schlag in Abteilungen gebracht, die sowieso schon überlastet waren. Die Korridore waren überfüllt mit Pritschen, auf denen Sterbende lagen und Verletzte, die ihr Blut in Strömen verloren.

Durch die politische Situation wurde die Ausübung ihrer Tätigkeit für eine Krankenschwester zu einem gefährlichen Unterfangen. Ich musste einen Minister versorgen, der bei einem Attentat auf ihn persönlich eine Schussverletzung erlitten hatte. Ich erinnere mich, dass ich ihm nachts in seinem Einzelzimmer eine Spritze geben musste. Die Korridore waren kaum beleuchtet. Mit dem Tablett in der Hand, auf der die Spritze lag, ging ich auf Zehenspitzen. Ich wollte die Leibwachen nicht wecken, die vor der Tür saßen. Vergebliche Liebesmüh. Einer von ihnen richtete seinen Revolver auf mich. Er ging mit mir ins Zimmer des Ministers und bedrohte mich die ganze Zeit mit seiner Waffe, während ich die Spritze verabreichte. Bis zum Morgen ließ er mich nicht aus den Augen. Er hatte mich im Verdacht, dass ich dem Minister ein tödliches Mittel gespritzt hatte und wollte mich unter Kontrolle haben für den Fall, dass der Politiker starb. Mir blieb nichts anderes übrig als zu beten, dass sich der Zustand des Ministers besserte, was dann Gott sei Dank der Fall war.

Die Krankenschwestern und das medizinische Hilfspersonal wurden sorgfältig nach politischen Gesichtspunkten ausgewählt. Als Afghanin hatte ich einen neutralen Status und war so ziemlich die Einzige, die sich überall im Krankenhaus frei bewegen konnte, ohne Misstrauen zu erregen. Ich verrichtete meine Arbeit, das heißt: Ich versuchte, den Schmerz der Notleidenden zu lindern und sie zu pflegen, ohne Rücksicht auf ihre Zugehörigkeit zu einer Partei oder zu einem bestimmten Land. Einige Male habe ich sehr darauf geachtet, Distanz zu bewahren. So zum Beispiel, als eines Tages um vier Uhr nachmittags eine Bombendrohung bei uns einging. Ich hatte seit sechsunddreißig Stunden nicht geschlafen. Als die Polizei ins Krankenhaus kam und den Befehl erteilte, die Kranken zu evakuieren, habe ich einfach erklärt: »Diese Geschichten gehen mich nichts an. Ich bin aus Afghanistan geflüchtet, um zu überleben, und nicht, um in Kämpfen zu sterben, mit denen ich nichts zu tun habe.« Nach diesen Worten rief ich Mariam und verließ mit ihr eine Stunde vor Dienstschluss das Krankenhaus. Ohne jede Scham. Ich fühlte mich einfach vollkommen unbeteiligt. Wenn die Iraner sich unbedingt gegenseitig in die Luft jagen wollten – was konnte ich dagegen tun?

Es gab Szenen, die mich erschauern ließen und in denen ich Mühe hatte, meine Ruhe zu bewahren. Die *pasdarans*, die Revolutionären Garden, brachten eines Tages mehrere Verletzte ins Krankenhaus. Männer, die auf ihrer Seite gekämpft hatten, aber auch Gegner. Ich wusste nie, welcher Partei die Unglücklichen angehörten, die als »Gegner der Revolution« bezeichnet wurden. Einer der Gefangenen war auf dem Transport gestorben und lag provisorisch auf einer Pritsche. Es war ein sehr schöner junger Mann, etwa zwanzig oder fünfundzwanzig Jahre alt. Die Kugel hatte seine Schläfe durchbohrt, aber das Gesicht war unversehrt. Es sah aus, als schliefe er ganz friedlich. Die feurigsten Anhänger Khomeinis kamen ins Krankenhaus gelaufen. Ihnen fiel nichts Intelligenteres ein, als auf den noch warmen Körper des jungen Mannes zu spucken und zu brüllen: »So kommen die Ungläubigen um!« Es war widerlich. Ich konnte ein solch menschenverachtendes Verhalten nicht ertragen. Ich fühlte mich in meinem muslimischen Glauben verletzt. Eine solche Barbarei im Namen der Religion konnte ich nicht zulassen. Ich hätte schreien mögen, aber mir war klar, dass ich damit mein Leben aufs Spiel gesetzt hätte. So zuckte ich unter meinem Gewand nur mit den Schultern.

In Kabul wurden die Moslems von den Kommunisten wegen ihres Glaubens gefoltert. Daher hatte ich mich deutlich dazu bekannt, Muslimin zu sein, als die Russen kamen – aus Protest, aus Stolz und Solidarität mit den Schwächsten. Aber was taten diese Islamisten, wenn sie an der Macht waren, wie im Iran? Sie wandten genau die gleichen Methoden an. Meine Überlegungen führten dazu, dass ich mich innerlich stark distanzierte, politische Theorien weit von mir wies und mich stattdessen den Leidenden, gleich welcher Herkunft, zuwandte. Hätte ich als Mitglied der Widerstandsbewegung nach einem Kampf auf den Leichnam eines Russen gespuckt, auch wenn die Auseinandersetzung noch so brutal gewesen wäre? Sicher nicht.

Ich hatte in wenigen Monaten zwei »Revolutionen« kennen gelernt, die im Namen von Ideologien geführt wurden, welche einander diametral entgegengesetzt sind. Doch ich war überrascht, wie sehr sie einander ähnelten. Die überall verbreitete Spionage und Denunziation, die Unterdrückung, das Elend, die Ungerechtigkeit, die Ausgrenzung von Minderheiten bei der Regierung: All das war absolut vergleichbar. Man hätte Menschen aus einer Hauptstadt wie durch Zauberhand in die andere versetzen können – sie wären sich nicht fremd vorgekommen. Sie hätten sofort alles verstanden und alles auf die gleiche Weise gedeutet, ohne jede Eingewöhnungszeit. Es war genau das gleiche, nur die offiziellen Reden waren anders. Die Lautsprecher überall in den Straßen, die Spruchbänder, die Schilder ähnelten sich. Überall war die Propaganda präsent, wenn auch die Slogans unterschiedlich waren. Doch was nutzten die Sprüche, wenn sie zu den gleichen Handlungen führten?

In ganz Teheran herrschte Bürgerkrieg. Im Krankenhaus und draußen in der Stadt. Im Krankenhaus nahm man die Verletzten auf. Draußen musste man, wie in Kabul, die Ausgangssperre beachten. Und tagsüber wurde an den Straßenkreuzungen geschossen. Ich habe vier Menschen gesehen, die auf diese Weise ums Leben kamen. »Drogenabhängige«, sagten die iranischen »Revolutionswächter«, die *pasdarans*. In Wirklichkeit waren es Leute, die etwas Rauschgift dabei hatten – vielleicht warf man ihnen dies aber auch nur vor und es stimmte gar nicht. Ich habe gesehen, wie Frauen in aller Öffentlichkeit brutal ausgepeitscht wurden, weil man sie des Ehebruchs bezichtigte. Hatten sie wirklich Ehebruch begangen, oder vermutete man das nur? Das spielte keine Rolle. Wer hatte sie denunziert? Ihre Ehemänner? Der Gedanke verursachte mir Übelkeit.

Ich hatte nur noch eine Sorge, wenn ich vom Haus meines Schwagers zum Krankenhaus fuhr und wieder zurück: meiner Tochter den Anblick dieser Gräuel zu ersparen. Ich war sensibel geworden für die geringsten Anzeichen von Unruhe in der Menge und spürte, welche Straßen ich meiden musste. Sobald ich sah, dass die Leute mit einem unheilvollen Leuchten in den Augen auf einen bestimmten Punkt hin strömten, schlug ich sofort die entgegengesetzte Richtung ein. Mariam musste im Krankenhaus schon genug Elend verkraften. Am Bett eines Sterbenden zu sitzen oder die Wunde eines Amputierten anzuschauen hat einen Sinn, wenn man dadurch einem Menschen Erleichterung verschaffen kann. Ich hielt es für richtig, dass meine Tochter diese Erfahrung machte. Aber ich hasste die Leute, die ganz wild darauf waren zu sehen, wie jemand erschossen oder zu Tode geprügelt wurde.

Eines Tages hatten wir uns mit einem Mann verabredet, den Suita kannte und den sie beauftragt hatte, ein persisch-französisches Wörterbuch für sie zu suchen. Wir sollten es bei ihm abholen und nach Paris schicken. Kaum hatten wir die Person am vereinbarten Treffpunkt ausfindig gemacht, als wir mitten in eine Schießerei gerieten. Der Mann fasste uns an der Hand, und wir suchten so schnell wie möglich Deckung. Man riskierte also schon bei den einfachsten Besorgungen, die man in der Stadt machen wollte, sein Leben. Was sich tagtäglich auf den Straßen abspielte wurde einfach unerträglich. Anscheinend hatte die Barbarei in Kabul noch nicht ihren Höhepunkt erreicht. In Kabul wurden Menschen hinter den Gefängnismauern gefoltert und hingerichtet, aber man war noch nicht auf die Idee gekommen, dies in aller Öffentlichkeit zu tun, zur Erbauung der Menge und zur Erziehung der Kinder.

Die Arbeit einer Krankenschwester in einem fundamentalistischen Krankenhaus ist nicht gerade leicht. Den ganzen Tag muss eine Frau dort ihr Gesicht verschleiern. Das geht ja noch. Aber die Arbeitskleidung entspricht nicht ganz den Regeln der Hygiene. Was ich besonders verwünschte, war der große Mantel mit langen Ärmeln. Man kann einfach nicht verhindern, dass der Stoff unten mit den Wunden in Berührung kommt. Ständig hatte ich Angst, dass ich auf diese Weise die Keime aus der einen Wunde auf die nächste übertrug. Wenn ich aber, um dies zu verhindern, die Ärmel am Handgelenk umkrempelte, war ich in meiner Bewegungsfreiheit behindert und konnte nicht mehr korrekt arbeiten. Unter diesem schweren Mantel trug ich eine weite Hose und lange Strümpfe. Zum Glück reichte dieser Mantel bis zum Boden und war so weit, dass darunter die herrlich bequemen, westlichen Turnschuhe nicht auffielen. Diese Schuhe sind so praktisch, wenn man im Dienst den ganzen Tag laufen muss.

Bestimmte Pflegemaßnahmen, die man woanders ganz selbstverständlich durchgeführt hätte, erwiesen sich aufgrund der fundamentalistischen Prüderie als äußerst kompliziert. Zum Beispiel durfte ich als Frau keine Patienten versorgen, die an der Prostata oder einem Leistenbruch operiert worden waren, ich durfte bei Männern keine Katheter legen oder Wunden im Genitalbereich versorgen. Leider gab es unter dem examinierten Pflegepersonal keine Männer. Also war ich gezwungen, den Hilfskräften, die nur einen »Schnellkurs«

absolviert hatten, die entsprechenden Maßnahmen mündlich zu erklären. So zeichnete ich in surrealistischen Zusammenkünften mit der Hand einen Penis in die Luft und beschrieb, wie man eine Sonde in den Harnleiter einführt.

Eines Tages musste bei einem Patienten, der gerade an der Prostata operiert worden war, ein Katheter gelegt werden. Das ist recht schwierig, selbst für eine erfahrene Krankenschwester – es sei denn, sie hat sehr lange in der Urologie gearbeitet. Die Hilfskraft quälte den Patienten, den ich hinter der Türe schreien hörte, ohne eingreifen zu dürfen. Schließlich kam der Helfer mit einer Sonde heraus, die voller Blut war, und verlangte von mir eine neue. Ich erklärte ihm nochmals die technischen Handgriffe und vertraute ihm eine neue Sonde an. Das Szenario wiederholte sich, genauso wie beim ersten Mal. Wieder schmerzerfüllte Schreie, wieder kam der Helfer mit der blutigen Sonde heraus. Ich bin in das Zimmer gegangen und habe den Patienten, einen älteren Mann, gefragt, ob ich bleiben könne, um den Helfer zu beraten. Er war einverstanden. Ich leitete den Helfer also genau an, wie er vorzugehen hatten, und endlich gelang es ihm, den Katheter einzuführen. Wie viel Schmerz hätte man dem Patienten ohne diese falsche Scham ersparen können!

Die Verletzten und Operierten teilten allerdings die Vorurteile der Krankenhausleitung, die den Frauen untersagte, männliche Patienten zu versorgen. Aus eigener Überzeugung oder weil sie sich aus Vorsicht dieser Meinung anschlossen. Der Chirurg, der die Kranken an der Prostata operierte, war dagegen überhaupt nicht einverstanden, dass seine Patienten derart misshandelt wurden. Jeden Tag begleitete ich ihn bei der Visite der Operierten. Er sah sehr wohl, dass diese Menschen weitaus mehr litten, als notwendig gewesen wäre. Er verstand aus meinen Blicken und ein paar unvorsichtigen Bemerkungen, dass ich alles machen konnte, es aber nicht tat, weil die Vorschriften der Direktion es mir untersagten. Schließlich nahm er mich auf die Seite: »Etwas können Sie doch für sie tun. Nutzen Sie die Zeit nach der Operation, wenn die Patienten noch nicht bei Bewusstsein sind. Schließen Sie die Tür ab und führen Sie heimlich die ersten postoperativen Pflegemaßnahmen durch. Dann ist wenigstens das korrekt erledigt.« Ich dankte ihm und folgte seinen Anweisungen. Aber es war schrecklich für mich, dass ich mich verstecken und einschließen musste, um meine berufliche Pflicht tun zu können, als wenn es sich dabei um etwas Verwerfliches handeln würde.

Meine Beziehungen zu den Chirurgen und den anderen Ärzten waren ausgezeichnet. Sie waren alle sehr kompetent, tolerant und menschlich. Wirkliche Ärzte. Keiner von ihnen gab mir je das Gefühl, dass ich auf einer Männerstation nicht am richtigen Platz sei. Sie schenkten mir sehr schnell ihr Vertrauen und erkannten mich als Oberschwester an. Entscheidungen, die schnell zwischen zwei Visiten zu treffen waren, überließen sie mir. Doch der Leiter des Krankenhauses brachte mir nicht das gleiche Vertrauen entgegen. Diese hohe Persönlichkeit, wie gesagt ein Mitglied der Familie Khomeinis, trug den großen schwarzen Mantel und den schwarzen Turban, die Kennzeichen der Nachfahren des Propheten. Eines Tages ließ er mich kommen. Er sprach mit mir und blickte dabei auf den Boden, ohne mich anzuschauen. »Meine Schwester, Sie sind nicht vorschriftsmäßig bedeckt. Ihre Kleidung ist unziemlich.«

Ich überlegte einen Augenblick. Die Kleidung, die ich im Krankenhaus trug, konnte er nicht meinen: den weißen Mantel, der bis auf die Erde reichte und dessen Ärmel so unpraktisch waren. Im Krankenhaus war ich so verschleiert, dass kein Haar hervorlugte, mein Kragen war streng zugeknöpft, so hoch es nur ging. Es handelte sich also um die Kleidung, die ich auf dem Weg vom Krankenhaus zu Essis Haus und zurück trug. Es ging insbesondere um ein schwarzes Kleid mit kleinen violetten Blumen, das ich immer anzog, wenn ich in die Stadt ging. Es war recht lang und verdeckte so meine Turnschuhe. Den Schleier konnte er nicht meinen: In der Stadt trug ich ihn ganz konsequent, aus Respekt vor der neuen Sitte meines Gastlandes. Außerdem wollte ich keine Probleme mit den *pasdarans* haben, die nicht die kleinste Haarsträhne tolerierten. Aber ich hatte dieses lange Kleid gewählt, das mir lieber war als die unförmige Pluderhose, die als Einheitskleidung empfohlen wurde, im übrigen unter dem Tschador aber fast ganz verdeckt war. Bald sollte diese Hose Vorschrift sein.

Das Objekt des Anstoßes für diese ehrwürdige Persönlichkeit, dieses Kleid also, war aus einem Stoff, den man überall auf der Welt für Kleider und Schürzen älterer Frauen verwendet. Einem Stoff, den Frauen nirgendwo sonst – außer im Iran – mit unter sechzig Jahren tragen. Das war zuviel für diesen Mann. Er fühlte sich »provoziert«. Nach meinem Empfinden aber war ich vollkommen im Recht. Meiner Meinung nach war ich mindestens ebenso eine gute Muslimin wie er ein vorbildlicher Moslem. Ich fand, dass ich bereits sehr viel getan hatte, um die Sitten dieses Landes zu respektieren, das nicht meines war, mir aber Gastrecht gewährte. Ich antwortete ihm unter Tränen, die ich nicht zurückhalten konnte – so schwach waren meine Nerven durch die permanente Überarbeitung: »Sind die Männer hier so schwach, dass sie sich von solchen Kleinigkeiten beunruhigen lassen? An welchem Punkt sind Sie angelangt, dass diese kleinen violetten Blumen Sie provozieren?«

Da er schwieg, wagte ich noch einen weiteren Schritt von der Moral hin zur Theologie. »Sie sind gläubig, wie ich. Denken Sie, dass Gott in seiner Schöpfung einen Fehler gemacht hat, indem er die Frau schuf?« Da er nicht antwortete, überließ ich ihn seinen Meditationen. Er wies mich nie mehr zurecht. Ich achtete darauf, dass ich stets verschleiert war – wie ich es bis dahin auch getan hatte –, aber ich erniedrigte mich nicht so weit, dass ich das Kleid mit den violetten Blumen nicht mehr getragen hätte.

Ich hatte den Iran kennen gelernt, als der Schah noch an der Macht war. Da ich zwei ganze Jahre dort gearbeitet hatte, kannte ich die soziale Ungleichheit, die Ungerechtigkeiten.

Den Schah habe ich nicht mehr vermisst als den König von Afghanistan oder die Regierung Daouds. Die einen wie die anderen haben Zeugnis abgelegt von solcher Blindheit, solcher Arroganz und Verachtung, dass man über das Schicksal dieser Regierungen wirklich keine Träne vergießen muss. Aber in einer Beziehung schien mir die Islamische Republik Iran absolut rückständig und unvergleichlich viel unmoralischer als das vorangegangene Regime: Ich spreche von der Situation der Frauen. Unter dem Schah-Regime konnten sich die Frauen in Teheran so kleiden wie Europäerinnen. Aber ich habe in dieser Zeit niemals unpassende Bemerkungen gehört und musste auch keine irrtümlichen oder sogar aggressiven Gesten abwehren.

Es war, als hätte die Lüsternheit der Männer im selben Verhältnis zugenommen, wie die Frauen ihre Freiheit verloren hatten. In den Bussen der islamischen Revolution waren die Frauen verschleiert, aber was mussten sie nicht alles aushalten! Die Männer versuchten pausenlos, die Frauen zu betatschen, zu streicheln, zu zwicken, sich an ihnen zu reiben, ihnen alles Mögliche ins Ohr zu flüstern. Selbst wenn Männer und Frauen im Bus getrennte Abteilungen hatten, nutzten sie jede Möglichkeit eines flüchtigen Kontaktes beim Ein- und Aussteigen. Wenn ich die Situation vor und nach der islamischen Revolution verglich, hatte ich den Eindruck, dass der Schleier die Frau überhaupt nicht schützte, sondern sie als Beute kennzeichnete, indem er ihre Unterlegenheit bestätigte. Wie war es möglich, dass die Geistlichen, die so um die Moral besorgt waren, nicht begriffen, dass es ihre eigene Besessenheit war, die genau zu den Problemen führte, die sie durch ihre Maßnahmen zu lösen versuchten. Stattdessen nahm die Diskriminierung der Frauen immer mehr zu.

Hatte die Bevölkerung von Teheran ihr Gedächtnis verloren? Merkte sie nicht, dass das Verhalten sexuell Besessener und Perverser genau seit dem Zeitpunkt schlimmer geworden war, als man die ersten Maßnahmen ergriff, die die Frau angeblich schützen sollten?

Mit dem Bus konnte eine Frau einfach nicht mehr fahren, selbst wenn sie verschleiert war. Und wenn sie ein Taxi nahm, so stellte sie fest, dass die Taxifahrer von derselben Krankheit befallen waren. Es gab nur wenige Ausnahmen. Sie nutzten das Elend aus und schlugen oft vor, »in Naturalien« zu bezahlen. In all diesen Situationen versuchte ich, die Ruhe zu bewahren. So wollten Mariam und ich einmal an einem freien Tag ein kleines Radiogerät reparieren lassen. Der Fahrer des Sammeltaxis behauptete, genau in das Stadtviertel zu fahren, in das wir auch wollten und forderte uns auf einzusteigen. Es stellte sich schnell heraus, dass der Fahrer sich irgendwie merkwürdig verhielt. Er ließ sonst niemanden mehr einsteigen. Er fuhr in die entlegensten Viertel und uns fiel auf, dass der einzige Fahrgast außer uns einer seiner Freunde war. Dieser »falsche« Fahrgast stieg nie aus. Wir hatten das Gefühl, in einer Falle zu sitzen. Ich flüsterte Mariam zu, dass sie nicht in Panik ausbrechen solle. Ich selbst versuchte, absolut ruhig zu wirken.

Der Fahrer hielt in einem Vorort, der sehr weit vom Zentrum entfernt lag – und sehr weit von dem Ort, zu dem wir eigentlich wollten. Er tat so, als wolle er das Radio von einem seiner Freunde reparieren lassen – der genau an diesem Tag nicht zu Hause war ... Er bestand darauf, uns zum Essen einzuladen und bestellte Fleischspieße. Ich versuchte, mich so zu verhalten, als hätte ich nicht die leiseste Ahnung von seinen wahren Absichten und unterhielt mich lebhaft. Nach dem Essen schlug der Mann vor, dass wir uns doch alle zusammen während der Mittagshitze in einem angenehm kühlen Privathaus etwas entspannen sollten, ehe wir in die Stadt zurückfuhren. Lachend dankte ich ihm vielmals für diese Einladung, die bei dieser Hitze ja so natürlich war. Aber ich erklärte ihm, dass ich vorher kurz nach Hause fahren wolle, um mich zu duschen und meiner Mutter Bescheid zu sagen, die sich sicher schon Sorgen mache. Die beiden Komplizen betonten mehrmals, dass ich aber auch meine Tochter mitbringen solle.

Damit sie mir glaubten, machte ich während der Rückfahrt in unser Viertel einen Treffpunkt und eine genaue Zeit mit ihnen aus. Mehrfach wiederholte ich im Auto alle Einzelheiten. Natürlich verriet ich nicht, wo wir wohnten, sondern ließ den Fahrer in ausreichender Entfernung von Essis Haus halten. Inzwischen hatte ich das volle Vertrauen des Fahrers und das seines Freundes gewonnen. Ich war so überzeugend, dass selbst Mariam sich fragte, was ich denn vorhätte. Einen Moment lang hat sie geglaubt, ich wollte mich tatsächlich mit diesen Typen treffen.

Die Händler verhielten sich genauso wie der Taxifahrer, sobald man mit ihnen allein im Geschäft war. »Ich überlasse Ihnen dies oder jenes völlig kostenlos, wenn ...« Man hätte meinen können, dass ein Großteil der männlichen Bevölkerung von einem sexuellem Wahn befallen war und gleichzeitig von religiöser Heuchelei. Frauen, die absolut naiv waren, bemerkten die Veränderungen und lobten die fundamentalistischen Maßnahmen, die sie angeblich »schützen« sollten. Und zu alldem hieß es auch noch, das ganze Theater käme nur daher, dass manche Frauen sich »provozierend« benähmen, selbst wenn sie vollständig verschleiert waren. Diese Frauen, deren Körperform man noch nicht einmal erkennen konnte, von denen nicht *ein* Stück Haut zu sehen war!

Meiner Meinung nach ist dies nicht der Islam. Im Koran heißt es in Sure 49, Vers 13: »O ihr Menschen! Wir erschufen euch aus einem Mann und einer Frau und machten euch zu Völkern und Stämmen, damit ihr einander kennen lernt.« Das bedeutet für mich, dass Männer und Frauen gleichwertige Geschöpfe sind, die dazu geschaffen wurden, ihre Unterschiede miteinander zu teilen. Aber mehr will ich zur Theologie nicht sagen. Da ich nicht die Möglichkeit hatte, den Koran in meiner Muttersprache zu studieren, gibt es bestimmt vieles, was ich nicht verstehe. Trotzdem habe ich die Absicht, auf dem zu beharren, was ich verstehe.

Hoffnung Westen

Der Iran war für mich nur eine Zwischenstation. Die Iraner nahmen sowieso keine politischen Flüchtlinge auf. Sie tolerierten, dass Afghanen einreisten und im Iran arbeiteten, wenn sie das Glück hatten, eine Stelle zu finden. Aber sie stellten keine offizielle Aufenthaltsgenehmigung aus, weder eine auf einen Zeitraum begrenzte noch eine unbefristete. Sie hatten schon genug Schwierigkeiten aufgrund des Krieges gegen den Irak und ihrer wirtschaftlichen Probleme, die zum Teil dadurch bedingt waren, dass viele höhere Angestellte das Land verlassen hatten.

Außerhalb des Krankenhauses konnten wir kaum an Lebensmittel kommen, weil wir ja keine Lebensmittelkarten erhielten. Wir hatten das Gefühl, dass wir zwar toleriert, aber nicht akzeptiert wurden. Die kleinste Änderung der politischen Verhältnisse konnte dazu führen, dass fremdenfeindliche Bewegungen die Behörden veranlassten, die Afghanen wieder über die Grenze zu schicken. Zwar hatte ich zwei Schwestern, die mit Iranern verheiratet waren. Ich hatte einen Arbeitsplatz. Aber diese Trümpfe, die mich von der großen Masse der anderen afghanischen Flüchtlinge, die sehr viel schlimmer dran waren als ich, unterschieden, reichten nicht aus.

Ich beantragte Asyl in den Ländern, deren Sprache ich beherrschte. Ich ging zur französischen, zur deutschen und sogar zur australischen Botschaft. Australien hat Einwanderer oft sehr großzügig aufgenommen, und zahlreiche Afghanen sind dorthin geflüchtet. Eigentlich ging ich in die australische Botschaft nur hinein, füllte aber gar keinen Antrag ausgefüllt. Es erschien mir einfach zu abwegig, um eine Aufenthaltsgenehmigung in einem Land zu bitten, von dem ich überhaupt nichts wusste. Ich glaube, wenn man mich gefragt hätte, was ich über Australien sagen könnte, hätte ich geantwortet, dass es dort Kängurus gibt. Das schien mir ein bisschen wenig für einen Asylantrag. Meine Erfahrungen in der französischen Botschaft ließen mich hoffen: Schon bei der ersten Begegnung mit dem Konsul spürte ich, dass Mariam und ich auf ihn zählen konnten. Schon ehe wir sein Büro betreten hatten, war mir im Vorzimmer aufgefallen, dass er die unterschiedlichen Bittsteller mit Menschlichkeit und Respekt behandelte. Trotzdem war ich, als wir an der Reihe waren, wie gelähmt und brachte keinen Ton heraus. Nicht der Konsul schüchterte mich ein, sondern der iranische Übersetzer. Ein großer Mann mit Krawatte und einem ziemlich protzigen Anzug. Ich hatte sofort den Verdacht, dass er zur Staatspolizei gehörte.

Ich wusste, dass iranische Soldaten oft außerhalb der Botschaften dafür sorgten, dass kein Kontakt mit Europäern aufgenommen wurde. Daher dachte ich, dass der große, allzu elegant gekleidete Iraner auch Teil dieser Politik war. Die iranischen Behörden mussten die Angestellten, die für die Franzosen arbeiteten, besonders sorgfältig aussuchen. Der Konsul muss meine Unruhe und meine Zurückhaltung bemerkt haben: »Benötigen Sie einen Übersetzer?«

»Nein.«

Zu meiner großen Erleichterung verließ der beleibte Mann im Sonntagsanzug den Raum. Ich wusste nicht, wo ich mit meiner Geschichte anfangen sollte. Ich stotterte, es fiel mir schwer, mich an mein Französisch zu erinnern: »Monsieur, ich bin Afghanin. Ich möchte nach Frankreich ausreisen. Ich bin illegal in den Iran gekommen.«

Diese drei Sätze waren nicht gerade viel. Aber wie schwer war es, sie herauszubringen! Glücklicherweise kam mir der Konsul zu Hilfe, indem er eine freundschaftliche Unterhaltung einleitete. Langsam kam mein französischer Wortschatz zurück. Der Diplomat bat mich, bestimmte Dinge aus meiner Vergangenheit etwas genauer zu erzählen. Er wollte wissen, wo ich Französisch gelernt hatte und wie ich in den Iran gekommen war. Sorgfältig notierte er meine Antworten. Er gab uns ein Formular, das wir ausfüllen sollten, dann mussten wir noch Passfotos abgeben. Als er uns auf den Fotos ohne Schleier sah, brach er in schallendes Gelächter aus: »Sie können Ihre Schleier abnehmen. Hier sind Sie in Sicherheit. Entspannen Sie sich!« Wir unterhielten uns freundschaftlich, länger als dies amtlich vorgesehen ist.

Ich musste Kontakt mit Freunden in Frankreich aufnehmen, damit sie mir eine offizielle Einladung schickten. Sie mussten dafür bürgen, dass sie in jedem Falle finanziell für uns aufkommen würden. Das war kein Problem. Der Konsul versicherte uns, dass wir normalerweise ein Visum bekommen müssten. Da ich Französisch sprach und Krankenschwester war, würde ich leicht eine Arbeitsstelle finden. Außerdem hatte ich bereits mehrere Jahre in Frankreich gelebt und hatte zahlreiche französische Freunde. Es gab nur eine Schwierigkeit, noch dazu eine relativ große: Wir hatten kein staatliches Dokument. Keinen Pass, keinen Personalausweis. Was sollten wir tun? Ich schlug dem Konsul vor – wie man es mir bei meiner Abreise aus Afghanistan geraten hatte –, Kontakt mit der französischen Botschaft in Kabul aufzunehmen. Dort lag eine Akte über mich vor, denn ich hatte doch an der französischen Fakultät als Sekretärin gearbeitet.

Wir mussten noch einige Male kommen, bis alle Papiere vollständig ausgefüllt waren. Ich schrieb an Philippe, der mir die nötige Einladung zusandte. Er bürgte auch für meinen gesamten Aufenthalt in Frankreich für mich, wie lange er auch dauern würde. Außerdem versicherte er mir am Telefon, dass Régine und er uns helfen würden, unabhängig davon, welche Schwierigkeiten auftauchen sollten. Die Informationen aus meiner Akte in Kabul wurden an die Botschaft in Teheran gesandt. Sie reichten aus, um mir einen Ausweis auszustellen.

Alles ging gut. Nur die politischen Bedingungen für eine Ausreise nach Frankreich waren nicht günstig. Am 29. Juli musste Staatspräsident Bani Sadr den Iran verlassen. Die Tatsache, dass er sich als verschleierte Frau tarnte, machte ihn mir fast sympathisch. Unter einem Tschador reiste er nach

Frankreich, während Khomeini von dort in den Iran kam. Khomeini, der selbst die französische Gastfreundschaft genossen hatte, wollte sie anderen versagen. Er forderte von Frankreich die Auslieferung Bani Sadrs. Frankreich berief sich auf seine Tradition und die Gerechtigkeit und weigerte sich. Khomeini brach daher die diplomatischen Beziehungen zu Frankreich ab. Kurz darauf wurde bekannt gegeben, dass alle Franzosen innerhalb von achtundvierzig Stunden den Iran verlassen müssten.

Diese Nachricht deprimierte mich sehr. Ich beschloss, mich selbst über die Tatsachen zu informieren und ging zur französischen Botschaft – das Gebäude war von Soldaten umzingelt. Man durfte noch nicht einmal die Straße betreten, in der das Botschaftsgebäude stand. Auch telefonisch war niemand zu erreichen: Ein Anrufbeantworter erklärte auf Persisch, dass die Botschaft geschlossen sei. Meine Depression nahm ernste Ausmaße an. Ich entwickelte schwere psychosomatische Symptome, die mich bei meiner Arbeit behinderten – Arme und Beine versagten plötzlich ihren Dienst. Ich ließ meine Unterlagen fallen, wenn ich die Ärzte auf der Visite begleitete. Oder Instrumente fielen mir aus der Hand. Ich hatte keine Kontrolle mehr über meine Gliedmaßen. Minutenlang konnte ich meine Bewegungen nicht mehr koordinieren. Dann wieder bewegten sich Arme und Beine vollkommen ruckartig, wie mechanisch. Ich war zu deprimiert, zu sehr erschöpft, um aufzuhören und mich zu pflegen. So gut es eben ging, arbeitete ich weiter. Die täglichen Attentate und der Krieg gegen den Irak dauerten an. Die Situation verschärfte sich zunehmend.

Als mir klar wurde, dass wir vielleicht nicht nach Frankreich reisen konnten, machte ich mir Sorgen um meine Tochter. Ausländer wurden in den iranischen Schulen nicht zugelassen. Natürlich fehlte es Mariam nicht an Beschäftigung: Sie war mir im Krankenhaus eine große Hilfe. Aber es wäre mir doch lieber gewesen, sie hätte ihre Ausbildung fortsetzen können.

Drei Monate, nachdem die Botschaft für die Öffentlichkeit geschlossen worden war, befand ich mich in einer erbärmlichen nervlichen Verfassung und hatte noch immer nicht die Kraft, etwas dagegen zu unternehmen. Eines Tages, um elf Uhr vormittags – ich war vollkommen verzweifelt und ordnete gerade die Akten der Kranken und Verletzten –, rief mich Sabah an, um mir zu erzählen, dass die französische Botschaft versucht habe, über sie mit mir Kontakt aufzunehmen. Über meinen Asylantrag war positiv entschieden worden! Ich sollte so schnell wie möglich vorbeikommen und mein Visum abholen. Außer mir vor Freude umarmte ich jeden, der gerade in Reichweite war. Eine nach der anderen umarmte ich jede der Helferinnen, die im Korridor auf ihren Stühlen saßen. Ich schrie und sprang vor Freude in die Luft. Das war im Iran ein vollkommen ungewöhnliches Verhalten und absolut fehl am Platz. Mir wurde bewusst, dass ich diese Frauen umarmte, weil ich trunken vor Glück war, sie verlassen zu dürfen. Daher war ihre Reaktion auch eher gedämpft.

Am nächsten Tag stand ich vor den Absperrungen der iranischen Militärs, die die französische Botschaft bewachten. Ich konnte sie davon überzeugen, mich durchzulassen. Mir fiel auf, dass die französischen Wachen, die vor einigen Monaten noch vor dem Eingang gestanden hatten, verschwunden waren. Es gab auch keine französischen Sekretärinnen mehr in den Korridoren, sondern ganze Schwärme von iranischen. Ich wartete darauf, dass man mich einließ. Ich war nicht die einzige, die etwas von Frankreich wollte. Der Wartesaal war voll mit iranischen Staatsbürgerinnen. Durch einen Türspalt hindurch sah ich den Konsul, der mir freundschaftlich zuzwinkerte, als der iranische Türhüter ihm meinen Namen nannte. Da ich nicht wusste, wie ich meine Dankbarkeit ihm gegenüber zum Ausdruck bringen sollte, zwinkerte ich zurück.

Ein Sekretär brachte mir mein Visum. Später erfuhr ich in Paris, dass dies das letzte Dokument war, das der Konsul in Teheran unterschrieben hatte. Er war am darauffolgenden

Tag nach Frankreich abgereist, und die Botschaft war geschlossen worden. Das war am 6. Oktober 1981. Wieder einmal hatte ich Glück gehabt.

Ich glaubte, dass ich in wenigen Tagen in Frankreich sein würde. Doch so weit war es noch nicht. Ich hatte vergessen, dass ich nicht nur ein Visum brauchte, sondern auch eine Ausreisegenehmigung für das iranische Staatsgebiet. Sie zu erhalten war gar nicht leicht: Ich war illegal eingereist, wie sollte ich jetzt eine legale Ausreiseerlaubnis bekommen? Ich hatte keine Lust, noch einmal auf illegalem Wege ein Land zu verlassen, das sich im Kriegszustand befand. Ich beschloss, der iranischen Polizei meine Angelegenheit zu erklären. Da ich ein Visum für Frankreich hatte, war nicht einzusehen, warum die Iraner etwas gegen meine Ausreise haben sollten. Sie legten ja keinen großen Wert auf Afghanen.

Ich wollte mich also bei der nächsten Polizeistation selbst als illegale Einwanderin zu erkennen geben. Doch der Weg dorthin fiel mir sehr schwer. Iraner hatten mir geraten, Mariam nicht als meine Tochter auszugeben, sondern als jemanden aus meiner näheren Verwandtschaft. Nach islamischem Recht sind die Väter verantwortlich für die Kinder: Die Mutter darf nicht allein darüber entscheiden, ob ein Kind reisen oder ob sie selbst es mit ins Ausland nehmen darf ... Wenn ich Mariam als meine Tochter ausgab, würde man vielleicht Nachforschungen über Sharif anstellen. Oder sie würde allein an die afghanische Grenze zurückgeschickt und dort den Behörden übergeben, mit dem Auftrag, sie zu ihrem Vater zu bringen. Ich wollte also erklären, dass ich Mariams Vormund und sie meine Nichte sei. Ihre Eltern seien verschwunden.

Die iranischen Polizisten waren sehr neugierig. Sie wollten unbedingt wissen, auf welchem Weg ich in den Iran gekommen war und welcher Schlepper mir geholfen hatte. Obwohl ich der »heiligen Blume« nicht besonders viel Achtung entgegenbrachte, antwortete ich so vage wie möglich. Ich bin keine Denunziantin. Ich erklärte, dass ich überhaupt keine Ahnung hätte, welchen Weg wir genommen hatten und wer dabei gewesen sei. Nach dieser Befragung wurden wir aufgefordert, am nächsten Tag vor Gericht zu erscheinen, was wir auch taten.

Am folgenden Tag stiegen wir also in den blauen Wagen, der uns zum Gericht brachte. Auf der Fahrt hatte ich Zeit, die Blicke zu analysieren, mit denen die Passanten das Fahrzeug und seine Insassen betrachteten. Der gleiche schwermütige, traurige und hilflose Blick, den ich damals vor dem Gefängnis in Birjand missverstanden hatte. Das war kein gutes Zeichen. Als wir vor dem Gerichtsgebäude ankamen, trennte man uns. Der Richter wollte mit Mariam allein sprechen. Ich fragte den diensthabenden Polizisten nach dem Grund, er antwortete: »Da Ihre Nichte minderjährig ist, müssen wir gewisse Vorkehrungen treffen. Der Richter will sich vergewissern und aus ihrem eigenen Mund hören, dass Sie sie nicht gegen ihren Willen mitnehmen wollen. Es könnte sich um eine Kindesentführung im Rahmen einer Scheidungs- oder Trennungsgeschichte handeln. Sollte der Richter nicht damit einverstanden sein, dass Sie Ihre Nichte mit nach Frankreich nehmen, wird er sie an die afghanische Grenze zurückschicken.« Gütigerweise fügte der Polizist hinzu: »Der Richter wird übrigens auch über Ihren Fall entscheiden. Es kann sein, dass er Sie wegen illegaler Einreise verurteilt und Sie so lange ins Gefängnis kommen, bis man Sie wieder zur afghanischen Grenze bringt.« Ich dankte dem Polizisten, der ungewöhnlich redselig war.

Nach all dem sollten wir nun so enden? Am Abend zuvor hatte ich über sämtliche Eventualitäten nachgedacht und meinen Koffer für drei sehr verschiedene Möglichkeiten vorbereitet: Frankreich, Gefängnis in Afghanistan, Gefängnis im Iran. Ich war entschlossen, Mariam auf keinen Fall allein zu lassen. Lieber würde ich mit ihr in ein afghanisches Gefängnis gehen, als nach Frankreich zu reisen und zu wissen, dass man sie an die afghanische Grenze bringt.

Mariam war in den Gerichtssaal geführt worden. Was ich von ihr verlangte, oder besser gesagt: was die Umstände von ihr verlangten, war unmenschlich. Sie musste praktisch ihre Mutter verleugnen und sagen, dass sie die Tochter meines Bruders und ich ihr Vormund sei. Als die Tür sich etwas öffnete, weil ein Polizist oder ein Sekretär herauskam, sah ich einen großen Raum, an dessen Ende der Richter ganz allein auf einem Podium saß. Meine Tochter stand unterhalb, auch allein, in diesem riesigen Saal, mit dem Gesicht zum Richter. Es kam mir vor, als hätte ich dieses Bild schon tausend Mal gesehen, in amerikanischen Filmen oder im Traum. Ich nahm mich zusammen, konzentrierte mich und sammelte all meine Kräfte, um mich den Polizisten zu Füßen zu werfen und sie anzuflehen, mich zusammen mit Mariam zur Grenze zu bringen, falls der Richter diese Entscheidung treffen sollte. Diese wenigen Minuten waren sehr schwer auszuhalten.

Endlich öffnete sich die Tür. Der Gerichtsdiener forderte mich auf, hereinzukommen. Jetzt saßen drei Personen auf dem Podium, nicht nur eine. Ich setzte mich neben Mariam. Der Richter, der in der Mitte saß, stellte mir einige Fragen, dann verkündete er sein Urteil: »Sie sind frei. Sie können reisen.« Er hatte seine Entscheidung in einem Schreiben an die Ausländerbehörde notiert, damit uns dort eine Ausreisegenehmigung ausgestellt wurde. Vor den Richtern umarmte ich meine Tochter, dann dankte ich den Beamten. Wir gingen zu Fuß zurück, glücklich, nicht mehr in dem blauen Polizeiwagen fahren zu müssen.

Am nächsten Tag holte ich mein Ausreisevisum, das mir versprochen worden war. Dabei gab es keine Schwierigkeiten. Aber als ich ins Reisebüro ging, um die Flugtickets zu kaufen, sagte man mir, dass der Flughafen von einer Gruppe Terroristen angegriffen worden war und für sechs Monate geschlossen sei. Weinend kehrte ich zu Essi zurück. Sechs Monate später würde mein Visum abgelaufen sein, die Einladung nach Frankreich wäre wertlos, die politische Situation im Iran würde sich vielleicht wieder ändern, vielleicht würde es nie wieder ein Flugzeug nach Europa geben ... Ich packte meinen Koffer wieder aus.

Meine Mutter war nach Teheran gekommen, um sich von mir zu verabschieden. Sie hatte damit gerechnet, dass ich überglücklich mit den Tickets in der Hand aus dem Reisebüro kommen würde. Es fiel mir überaus schwer, ihr gegenüber meine Verzweiflung zu verbergen. Ich hatte im Krankenhaus gekündigt. »Dr. M.« hatte mir mehr als korrekt alles ausbezahlen lassen, was ich verdient hatte und mir auch ein wertvolles Arbeitszeugnis ausgestellt, in dem stand, welch großen Dienst ich dem Iran und der Islamischen Republik erwiesen hätte, obwohl ich Ausländerin bin. Da ich nicht wieder ins Krankenhaus zurück konnte, war ich zum ersten Mal in meinem Leben zur vollkommenen Bewegungslosigkeit gezwungen. Mariam war verzweifelt. Ich schlief ein, glühend vor Fieber und Gebete auf den Lippen.

Am nächsten Tag weckte mich meine Mutter: »Beeil dich! Der Flughafen ist wieder geöffnet!« Man hatte die Schäden, die durch das Attentat angerichtet worden waren, bei weitem überschätzt. In kurzer Zeit hatte man die wichtigsten Dinge reparieren können.

Ich beeilte mich, die Flugtickets zu kaufen. Es gab zwei freie Plätze in der Air France am Ende der Woche. Ich konnte zwischen der Air France und der Iran Air wählen: Ich entschied mich für Air France, weil ich so das Gefühl hatte, dass wir mit dem Besteigen des Flugzeugs bereits in Frankreich waren. Ich versuchte, Geld in Francs umzutauschen. Natürlich auf dem Schwarzmarkt. Ansonsten kam man kaum an Devisen, weil man zahllose Papiere vorweisen musste und das Ganze sehr lange dauerte. Ich fand nur Deutsche Mark. Aber das war auch nicht schlecht, denn die deutschen Scheine ließen sich besser verstecken als die französischen. Es war streng verboten, mehr als einen Betrag im Wert von fünfzig Dollar in Devisen aus dem Iran auszuführen.

Ich war sehr glücklich, dass ich reisen durfte. Aber ich dachte auch daran, dass ich meine Familie vielleicht nie wiedersehen würde. Ich hatte keine genaue Vorstellung vom Status eines politischen Flüchtlings in Frankreich. Ich dachte, dass man als Flüchtling keine Reisen außerhalb der französischen Grenzen unternehmen dürfte.

Am Abreisetag war die ganze Familie um sieben Uhr morgens am Flughafen, um uns zu verabschieden. Auch viele Angestellte aus dem Krankenhaus waren da, um uns Bonbons und kleine Geschenke zu bringen. Aus Angst hatte ich meinen Arbeitskollegen nur erzählt, dass wir in Urlaub fuhren. Aber jedem war vollkommen klar, dass wir den Iran endgültig verließen. Die Durchsuchung der Passagiere und der Gepäckstücke nahm mehr als zwei Stunden in Anspruch. Ich hatte immer noch Angst. Jedes Mal, wenn ein Geräusch aus dem Lautsprecher irgendeine harmlose Ansage ankündigte, hörte ich meinen Namen: Ich glaubte, dass man uns in letzter Sekunde noch zurückhalten würde.

Endlich betraten wir die Fußgängerbrücke. Auf der kleinen Plattform direkt vor dem Einstieg ins Flugzeug prüfte ein iranischer Polizist ein letztes Mal unsere Papiere. Statt eines Passes händigte ich ihm unsere Visa aus, zusammen mit der Bestätigung, dass wir das iranische Territorium verlassen durften. Der Polizist befahl uns, neben ihm zu warten. Ich fand es unerträglich, dass man so mit unseren Nerven spielte. Wenn man uns zurückhalten wollte, warum nicht schon vorher an der Fußgängerbrücke oder in der Flughafenhalle vor der Durchsuchung? Als die anderen Passagiere bereits im Flugzeug saßen, kamen die Stewardessen auf ein Zeichen des Polizisten und wiesen uns feierlich zwei Plätze in der ersten Klasse an. Diese Behandlung wurde uns aufgrund unserer Visa zuteil, die von der französischen Botschaft ausgestellt worden waren. Vielleicht konnte der Polizist kein Französisch und hielt uns für Ehrengäste?

Jetzt genossen wir erst einmal in vollen Zügen die französische Gastfreundschaft und ließen uns so richtig verwöhnen. Die herzliche Aufnahme, das Essen, der Komfort, die zuvorkommende Behandlung eines Personals, das daran gewöhnt ist, die Bedürfnisse einer Luxusklientel zu befriedigen – all das war für mich völlig überraschend und versetzte mich in einen etwas infantilen Zustand, wie es eben in den äußerst seltenen Augenblicken des Lebens der Fall ist, wenn man sich rundum versorgt fühlt. Der Unterschied zwischen dieser Reise und den vorangegangenen hätte größer nicht sein können, ich konnte es noch gar nicht fassen. Ich profitierte nur zum Teil von diesen neuen Bedingungen. Solange das Flugzeug noch iranisches Territorium überflog, spürte ich nach wie vor meine Angst. Als der Pilot bekannt gab, dass wir den iranischen Luftraum verlassen hatten, sank Mariam in ihren Sitz und schlief ein, den Kopf an meine Schulter gelehnt. An ihren ruhigen Gesichtszügen erkannte ich, dass sie wirklich entspannt war. Ich war darüber so glücklich, dass ich meinen Nachbarn, einen Schweizer, bat, ein Foto von meiner Tochter zu machen, damit ich eine Erinnerung an diesen Augenblick hatte.

Vom Moment unserer Ankunft in Orly an fühlte ich mich frei. Die Pranke der Angst, die so lange meinen Hals umklammert hatte, war endlich verschwunden. Ich spürte, wie Luft in meine Lungen strömte. Die Freiheit ist vor allem eine körperliche Empfindung – das Gefühl, nach Herzenslust atmen zu können. Der Eindruck, dass die Luft, die in den Körper eindringt, nichts Fremdes ist, dass sie einen Geschmack hat. Mir wurde bewusst, dass ich dieses Gefühl mehrere Jahre lang nicht mehr empfunden hatte – sich einfach gut fühlen, wenn man atmet.

Als wir aus dem Flugzeug ausgestiegen waren, umarmten wir uns, noch bevor wir unser Gepäck abholten, erst einmal innig und weinten vor Freude. Jetzt hatten wir das, was im Leben am wichtigsten ist: Glück und Freiheit. Ansonsten standen wir so ziemlich ohne einen Pfennig da. Unser Visum war acht Tage gültig, und wenn wir unser deutsches Geld in Francs umgetauscht hatten, belief sich unser Vermögen auf etwa 1500 Francs. Aber dies spielte keine Rolle, wir waren überglücklich, so glücklich, dass wir Hand in Hand laut singend durch die Ankunftshalle liefen.

Nach einigen Formalitäten verließen wir den Flughafen. Die Grenzpolizei musste im Außenministerium anrufen, um unser Visum zu überprüfen. Doch das war schnell erledigt. An diesem 14. Oktober empfing uns in Paris ein kalter Regentag. Aber uns erschien einfach alles herrlich. Die Züge, die Busse, die Kleidung der Menschen, die Schaufenster – wir sahen alles an, als ob es neu wäre, als ob Frankreich gerade eben zu unserer Freude geschaffen worden wäre. Wir staunten über alles.

Ankommen in einem neuen Leben

In Paris gingen wir in ein Hotel, das ich gut kannte, um uns auszuruhen. Es lag in der Nähe des *Jardin du Luxembourg*. Als ich noch in Lyon arbeitete und in Paris regelmäßig Zwischenstation machte, habe ich hier immer übernachtet. Nur von diesem Hotel aus konnte ich mich in Paris orientieren. Nach drei Jahren Krieg und Angst, nach so vielen Nächten, die ich als Krankenschwester durchgearbeitet hatte, fand ich hier endlich Schlaf, weil es ein vertrauter Ort war. Ich rief alle französischen Freunde an, die ich aus Kabul kannte. Vor allem Philippe und Régine, die für uns gebürgt hatten. Sie schlugen uns vor, bei ihnen in Marseille zu wohnen. Dann besuchten wir Suita, die in Paris lebte.

Ein kleines Ereignis machte mir klar, dass ich wahrscheinlich noch lange brauchen würde, bis ich die Angst und das Misstrauen wieder ablegen konnte, die ich in den letzten Jahren erworben hatte. Mariam und ich verließen lachend Hand in Hand das Hotel und gingen in Richtung Metro. Als wir sahen, dass der vordere Teil eines Wagens nicht besetzt war, nahmen wir dort Platz. Daraufhin kamen zwei Angestellte der Pariser Verkehrsbetriebe auf uns zu, die ich für Polizisten hielt – wir hatten so viele Uniformen gesehen! Sie wollten unsere Fahrscheine kontollieren. Ohne zu begreifen, zeigten wir ihnen unser Visum und erklärten ihnen, dass wir erst am Abend zuvor angekommen waren. Sie sagten uns nur, dass wir in der ersten Klasse säßen und beim nächsten Halt in die zweite Klasse umsteigen sollten. Und ich hatte geglaubt, dass sie mich als illegale Einwanderin festnehmen wollten.

Suita war drei Monate vor uns nach Paris gekommen. Sie wohnte in einem Dienstbotenzimmer und putzte den Boden eines Blumengeschäftes.

Drei Tage nach unserer Ankunft fuhren wir nach Marseille zu Philippe und Régine. Nach der Euphorie, die wir bei der

Ankunft empfunden hatten und der erholsamen Nacht, die ich im Hotel verbracht hatte, wurde mir schnell klar, dass das Leben sehr hart werden würde. Vielleicht schwieriger, als ich es mir vorgestellt hatte. Als Erstes mussten wir zur Polizeistation. Unsere Visa galten nur für eine Woche. Wir mussten uns anmelden, um eine provisorische Aufenthaltsgenehmigung zu bekommen. Régine begleitete uns zum »Bischofspalast« – so nennt man in Marseille das Hauptkommissariat, das gleich neben der Kathedrale liegt. Bei der Befragung geriet ich vollkommen in Panik. Zunächst trennte man uns. Mariam wurde in ein Nebenzimmer geführt, Régine begleitete sie, um zu übersetzen. Als der Polizist nach meinem Namen fragte, ließ mich mein Gedächtnis vollkommen im Stich. Ich hatte meinen Familiennamen vergessen! Der Beamte erzählte gutmütig von diesem und jenem, schließlich fiel mir der Name wieder ein.

Was dann kam, war auch nicht besonders glorreich: Wie gewohnt, gab ich mein Geburtsdatum nach dem islamischen Kalender an. Der Beamte runzelte also erneut die Stirn, als ich erklärte, ich sei 1300 geboren ... Es gab keine Möglichkeit, das Datum auf den christlichen Kalender zu übertragen. Die Passfotos, die von vorn und von der Seite gemacht wurden, im Licht großer Scheinwerfer, mit einer Aufschrift und einer Kennnummer unter dem Hals, dazu Fingerabdrücke von allen fünf Fingern der rechten Hand – all dies schien mir der Auftakt zu einem längeren Gefängnisaufenthalt zu sein. Daher fragte ich den Beamten anschließend vorsichtig: »Monsieur, nehmen Sie mich fest?«

Der fing an zu lachen. »Warum sollte ich Sie festnehmen?« Er war so verständnisvoll, dass er uns noch ein paar Minuten da behielt, sich locker mit uns unterhielt und mit mir zusammen über meine Furcht lachte. Aber ich dachte wieder an die Episode im Iran: Der Unteroffizier, der uns ins Gefängnis von Birjand gebracht hatte, war auch so freundlich zu uns gewesen.

Zum Glück half uns Régine bei den ganzen Behördengängen. Ich verstand überhaupt nichts davon. Ich komme aus einem Land, wo Worte mehr zählen als Papier. Alle Beziehungen beruhen auf Vertrauen, das man entweder gibt oder verweigert. Ich begriff schnell, dass in Frankreich alles völlig anders funktionierte: Ohne Papiere kann man überhaupt nichts machen. Da können der Mut und der Arbeitseifer noch so groß sein. Als ich Studentin im Krankenhaus war und später Krankenschwester in Lyon, hatte ich immer einen bestimmten Status. Die Verwaltung kümmerte sich um meine Angelegenheiten. Diesmal musste ich einen Hindernislauf besonderer Art bewältigen, den alle Einwanderer in Frankreich kennen: Zunächst braucht man eine Bescheinigung darüber, dass man politischer Flüchtling ist, erst damit erhält man eine Arbeitserlaubnis und kann schließlich politisches Asyl beantragen. Ich brauchte fünf Monate, um alles zu erledigen. Fünf lange Monate, in denen wir vollkommen auf unsere Freunde angewiesen waren, die uns außerdem auch noch überallhin begleiten mussten, um uns zu helfen.

Régine hatte uns ein Zimmer zur Verfügung gestellt. Wir teilten die Wohnung, wir aßen zusammen wie in einer Familie. Ich wollte so schnell wie möglich arbeiten und eine eigene Wohnung suchen. In meiner Vorstellung war das eine Sache von wenigen Wochen. Doch wie oft war ich entmutigt! Nach und nach entdeckte ich die außerordentliche Komplexität der Behörden, und die Hindernisse schienen mir unüberwindbar. Das französische Schulsystem war dagegen sehr effektiv. Drei Tage nach unserer Ankunft konnte Mariam bereits die Schule besuchen. Der Direktor hat sie gleich in die Klassenstufe eingeschrieben, die ihrem Alter entsprach, obwohl sie noch gar kein Französisch beherrschte. Und ohne dass ich ihm irgendeinen Ausweis präsentieren konnte. Diese Wette hatten wir gewonnen, wenn sie auch ziemlich verrückt war. Mariams Klassenkameraden halfen ihr.

Am ersten Tag stellte der Direktor sie der Klasse vor und erklärte, dass sie noch kein Französisch spreche und Hilfe bräuchte. Jeder wollte neben ihr sitzen! Drei Monate lang hatte Mariam recht große Schwierigkeiten, aber ihre Freunde und Lehrer kümmerten sich mit großem Taktgefühl um sie. Ganz besonders ein junges Mädchen, das meistens neben Mariam saß – Caroline. Sie lud meine Tochter oft zu sich ein. Mariam war schnell integriert. Dies konnte man daran erkennen, dass sie häufig zu Geburtstagsfeiern und anderen Anlässen eingeladen wurde. Diese Freundschaftsbeweise gaben ihr den Mut, weiter zu arbeiten. In der Schule hatte sie, trotz der enormen Schwierigkeiten, die sie bewältigen musste, ein Ziel. Sie war beschäftigt und ihre Umgebung flößte ihr Vertrauen ein. Bei der ersten Elternversammlung äußerten die Lehrer sich so zufrieden über ihre Leistungen und ihr Bemühen, dass ich vor Freude in Tränen ausbrach. Die Lehrer für Geschichte und Geographie, die Gutes über sie sagten, fingen auch an zu weinen.

Von Marseille aus versuchte ich sofort, Kontakt mit Djahed aufzunehmen. Vom Iran aus hatte ich ihm nicht geschrieben, aus Angst, ihn damit vielleicht in Schwierigkeiten zu bringen. Außerdem hatte ich Angst davor, dass die iranischen Behörden Nachforschungen anstellen könnten. Aus Frankreich schrieb ich viele Briefe, ohne jemals eine Antwort zu erhalten. Nach sechs Monaten bekamen wir endlich eine Nachricht: Djahed schilderte ein paar Einzelheiten aus seinem Leben und erzählte von seiner Ausbildung. Er lebte nicht mehr in Minsk, sondern war in eine andere Stadt gebracht worden, wo er eine Schule für Maschinenbau besuchte. Er musste sehr viel arbeiten – seine Klassenkameraden, die schlechte Noten hatten, waren an die Front geschickt worden. Sie kämpften in Afghanistan gegen die Mudschaheddin. Von den siebzehn Jungen, die nach Minsk geschickt worden waren, um Russisch zu lernen, waren nur noch drei übrig. Die Verbindung war wieder hergestellt, auch wenn die Sorge, dass man zu viel verraten könnte, unseren Austausch sehr einschränkte.

Mariam war in der Schule so erfolgreich, dass sie zum Jahresende in die nächste Klasse vorrückte. Dabei waren wir erst Ende Oktober angekommen, und sie hatte kein Wort Französisch gesprochen. Die ersten Monate, als sie gleichzeitig Französisch und den Inhalt der Lektionen lernen musste, lernte sie einfach alles auswendig. Als sie das erste Mal an die Reihe kam, fragte sie der Lehrer, ob sie den ersten Satz der Lektion lesen könne – doch Mariam konnte bereits sehr viel mehr. Sie rezitierte die ganze Seite auswendig. Philippe erklärte ihr Mathematik, wenn er zu Hause war, aber die Sprache war noch ein zu großes Hindernis. Sie verstand nicht viel mehr als aus dem Buch.

Es gab herrliche Tage, aber auch Tage der Traurigkeit. Mariam blieb lange stumm; sie sprach mit niemandem, auch nicht mit mir. Wenigstens nicht, wenn andere dabei waren. Wir hatten ihr verboten, Persisch zu sprechen, damit sie sich ganz in die neue Sprache einlebte und schneller Fortschritte machte. Im Nachhinein scheint mir dieses Verbot nicht mehr gerechtfertigt, heute denke ich, es war übertrieben. Abends vor dem Einschlafen tauschten wir ein paar Worte in Persisch aus, aber das war viel zu wenig in einem Alter, wo der Dialog so wichtig ist.

Die Arbeit in der Schule war für Mariam gar nicht die größte Schwierigkeit. Das war sehr viel leichter als das, was sie während des Krieges hatte aushalten müssen. Manchmal lernte sie zwanzig Stunden hintereinander. Für sie war das nichts Besonderes; diesen Rhythmus war sie vom Krankenhaus in Teheran her gewöhnt. Aber sie litt sehr unter der fehlenden Kommunikation, die sich zum Teil auch zwischen uns einstellte. Außerdem war es für sie sehr schmerzhaft, dass sie zu mir nicht »Mama« sagen durfte. Ich hielt es noch für zu gefährlich, weil sie ja als meine Nichte in Frankreich eingereist war. Es war absolut irrational, aber ich stellte mir vor, dass wir Frankreich würden verlassen müssen, wenn diese Lüge herauskam. Mariam konnte mich auch nicht mit meinem Vornamen anreden, weil ich ihre Mutter bin und »man das eben nicht macht«.

Eine Zeit lang sprach sie mich überhaupt nicht direkt an, dann nannte sie mich ganz leise »Tante« und sprach auch von mir als »meine Tante«. Es verletzte sie, und mich auch. Ich hatte den Eindruck, dass in diesen Worten eine Distanz zum Ausdruck kam, die tatsächlich existierte, dass wir getrennt waren. Wenn man mich fragte, ob ich Kinder hätte, antwortete ich »Nein«. Ich sagte es sehr leise und blickte dabei zu Boden, weil ich mich schämte – vor allem, wenn meine Tochter dabei war. Abends erklärte ich ihr dann, dass ich so handeln musste, damit kein Widerspruch zu unseren Papieren entstand. Ich hatte große Angst, dass meine Tochter denken könnte, ich wollte sie verleugnen.

Umgekehrt musste meine Tochter, wenn man sie nach ihren Eltern fragte, sagen, dass sie verschwunden seien. Die Leute hielten sie vielleicht für tot – und ich stand vor ihnen ... Deshalb war ich froh, als die Flüchtlingsbehörde ein Urteil über die Vormundschaft verlangte, um Mariam den Status eines politischen Flüchtlings ausstellen zu können. Wir erschienen mit vier Zeugen – Familienmitgliedern von Philippe und Régine – vor Gericht. Sie bestätigten, dass ich Mariam erziehen konnte und dass ich bis zu ihrer Volljährigkeit für sie verantwortlich war. Die Vormundschaftsrichterin erklärte mich offiziell zum Vormund für meine eigene Tochter, die sie in gutem Glauben und aufgrund der Papiere für meine Nichte hielt.

Ich hatte den Eindruck, dass ich mich damit am Gericht in Teheran gerächt hatte, das uns gezwungen hatte, uns als Tante und Nichte auszugeben. Es kam mir vor, als sei etwas wieder zusammengefügt und hergestellt worden. Vor allem weil ich, in Unkenntnis der französischen Gesetzgebung, davon ausging, dass es sich um eine Adoption und nicht um eine Vormundschaft handelte. Ich war glücklich, dass mir das Gericht meine Tochter wiedergegeben hatte.

Während ich vorher das Gespräch immer abgebrochen hatte, wenn Régines Gäste von ihren Kindern erzählten, konnte ich nun wieder mitreden. Für Mariam vollzog sich die Entwicklung sehr viel langsamer. Sie brauchte einige Zeit, bis sie mich wieder »Mama« nennen konnte.

Durch die Behördengänge in Zusammenhang mit meinem Status als Flüchtling war ich zwar sehr beschäftigt, aber ich hatte nur wenige Perspektiven und kaum Beziehungen, weil ich kein Arbeitsumfeld hatte. Ich machte mich im Haushalt nützlich und kaufte ein, um meinen Freunden zu helfen und sie ein wenig für all das, was sie für mich taten, zu entschädigen. Aber mein Leben war leer.

Die Wohnung war nicht sehr groß. Im Laufe der Monate wurde das gemeinsame Leben schwieriger, obwohl alle einen guten Willen hatten. Keiner hätte damit gerechnet, dass die Situation sich so lange hinziehen würde. Régine hatte eine elfjährige Tochter, die sich natürlich durch diese beiden Ausländerinnen, die plötzlich ohne Ankündigung in ihr Leben hineingeplatzt waren, gestört fühlte.

Mir ging es nicht sehr gut. Panik überkam mich wieder, zum Beispiel, wenn das Telefon läutete oder wenn jemand an die Tür klopfte. Das Donnern eines Gewitters löste bei mir die gleichen Reaktionen aus wie ein Bombenangriff. Philippe war die meiste Zeit in Pakistan. Von Peschawar aus organisierte er jetzt seine Arbeit, zusammen mit verschiedenen Hilfsorganisationen: »Ärzte ohne Grenzen« und andere Nichtregierungs-Organisationen, die weniger bekannt sind.

Ich drehte mich im Kreis. Ich bin eine aktive Frau und war es immer gewohnt, über mein Leben zu entscheiden, selbst in Kleinigkeiten. Für mich ist es furchtbar, wenn ich keine Initiative ergreifen kann – selbst wenn es Freunde sind, die den Ton angeben ... Das Geld, das ich vor meiner ersten Flucht von Kabul aus geschickt hatte, war schnell aufgebraucht. Ich war finanziell abhängig, was für mich absolut unerträglich ist. Ich versuchte, allein auszugehen, wenn Mariam in der Schule war. Während ich am Meer oder auf den Hügeln von Marseille spazieren ging, dachte ich nach. Ich fühlte mich fehl am Platz. Die Situation war so quälend für mich, dass ich mich immer öfter in mein Zimmer zurückzog, wenn ich nicht allein oder mit Mariam spazieren ging.

Die gemeinsamen Mahlzeiten waren mir sehr unangenehm: Ich wollte mich nicht aufdrängen.

Manchmal nahm ich ein paar Francs von der kümmerlichen Summe, die mir noch geblieben war und knabberte mit Mariam zwei oder drei Kekse im Park, auf einer Bank, um unseren Freunden zwei Mahlzeiten zu ersparen. Mariam machte ihre Hausaufgaben auf den Knien, und ich sah den Tauben zu. Wir erzählten dann zu Hause, dass wir an diesen Abenden eingeladen waren – aber wer hätte uns schon einladen sollen? Diese erste Zeit war für mich sehr schwierig. Ich kannte Marseille nicht. Und auch nicht die sehr verschiedenartigen Menschen, die dort leben. Ich kannte die Preise nicht. Wenn ich etwas kaufen oder über mein Gehalt diskutieren wollte, stellte ich noch komplizierte Umrechnungen von Francs in Afghanis oder iranische Tomans an. So kam ich halbwegs zurecht.

Ich vermisste den Orient. Die Sprache, die Musik, das Licht, die Düfte, das Leben – alles ... Nichts glich hier meinem Land. Nie zuvor hatte ich bei meinen Reisen dieses Gefühl gehabt. Wenn ich Heimweh gehabt hätte, hätte ich nach Hause fahren können. Doch jetzt kam es mir vor, als sei eine Rückkehr unmöglich. Marseille war eine Sackgasse.

Trotz allem suchte ich eine Arbeit. In einem Einkaufszentrum hatte ich eine Boutique entdeckt, in der wunderschöne Wollpullover für achthundert Francs verkauft wurden. Ich hielt mich für fähig, ebenso schöne zu stricken und rechnete mir aus, dass ich dafür mindestens die Hälfte, also vierhundert Francs bekommen müsste. Zu meiner großen Enttäuschung erklärten mir die Geschäftsleute, dass sie zwei Francs pro Knäuel zahlen würden, das sind weniger als zwei Francs in der Stunde. Ich kannte mich vielleicht noch nicht so gut mit den Preisen in Frankreich aus, aber ich wusste, was Ausbeutung ist – also lehnte ich ab.

Im Frühling, es muss etwa April oder Mai 1982 gewesen sein, traf ich einen Mann, den ich hier Dadou nennen möchte. An einem Mittwochnachmittag passte ich auf zwei Mädchen im Schwimmbad auf, er auf seine Kinder. Wir waren beide die Einzigen, die angezogen am Rand des Swimmingpools saßen, in dem die Kinder herumtobten. Diese Situation hat uns näher gebracht, und wir sprachen miteinander. Ich lernte ihn etwas näher kennen. Er war Hindu, französischer Staatsbürger, in Madagaskar geboren. Er war Moslem wie ich. Er war geschieden und lebte bei seinen Eltern. In regelmäßigen Abständen durfte er seine Kinder besuchen.

Ich freute mich, einen Asiaten kennen zu lernen. Am selben Tag noch lud er mich mit seinen Kindern zum Kaffee ein. Er schlug vor, mir bei meinen Behördengängen behilflich zu sein. Ich bat ihn um Hilfe bei der Arbeitssuche. Ich wollte nicht noch mehr von Régine verlangen. Dadou fuhr mich also von einer Klinik zur nächsten. Er übernahm praktisch die Stafette von Philippe und Régine. Da ich nicht wusste, wie ich ihm meine Dankbarkeit zeigen sollte und kein Geld hatte, um ihm etwas zu bezahlen, half ich seiner Mutter beim Bügeln und bei der Hausarbeit. So kam ich ein wenig nach draußen, und es tat mir gut, in der Lebensart dieser Hindufamilie gewisse orientalische und islamische Züge wiederzufinden. Diese Art der Solidarität im Unglück verlief allerdings nicht ohne Missverständnisse.

Keine Sekunde hatte ich an Liebe gedacht. Ich dachte an meine Tochter, an ihre Schwierigkeiten. Ich dachte an meinen Sohn, der in der Sowjetunion gefangen gehalten wurde. Aus Vorsicht sprach ich mit niemandem über ihn. Ich hatte immer noch Angst vor Spionen. Erst nach und nach begriff ich, dass es in Frankreich nur wenige Spione gibt ... Mein Sohn war in meinen Gedanken immer gegenwärtig, jeden Augenblick. Wenn ich an mich dachte, dann um mir zu sagen, dass ich unbedingt Arbeit finden musste. Ich dachte an mein gequältes Land, an meine Familie, die ich zurückgelassen hatte, an meine Mutter. Menschen aus dem Westen finden das vielleicht ungewöhnlich. Es gibt Leute, die behaupten, dass Männer und Frauen nur an die Liebe denken. Möglicherweise vergessen sie dabei den Teil unseres Planeten, wo

Männer und Frauen zuerst daran denken, wie sie etwas zu essen finden oder wo sie sich und ihre Familie vor den Bomben in Sicherheit bringen können. Ich hatte zu viele Probleme.

Dadou sah die Dinge ganz anders. Ich musste mich deutlich distanzieren, häufig sogar ziemlich hart ihm gegenüber sein. Das war der Beginn einer Reihe von Szenen, die manchmal auch gewalttätig waren und auf die ich überhaupt nicht vorbereitet war. Diese unangenehme Situation dauerte gut zehn Jahre. Ich wusste, was Dadou alles für mich tat, indem er sich um die ganzen Behördengänge kümmerte und mich auf dem schwierigen Weg der Integration in die französische Gesellschaft begleitete. Er half mir, eine Arbeit zu suchen und eine Wohnung. Ich war ihm dafür unendlich dankbar, aber ich konnte ihn nicht lieben. Und ich fand keine Möglichkeit, dafür zu sorgen, dass er sich von mir löste.

Im März fand ich mit Dadous Hilfe endlich eine Arbeitsstelle in einer Klinik im Süden von Marseille. Bei dem Versuch, irgendwo als Krankenschwester angestellt zu werden, stellte sich zu meiner Überraschung heraus, dass mein Examenszeugnis in Frankreich nicht mehr anerkannt wurde. Ich wusste nicht, dass die Reform der Schwesternausbildung und die Verlängerungszeit der Ausbildung auf drei Jahre die anderen Zeugnisse und ausländischen Diplome wertlos gemacht hatte. So wurde ich zunächst als pflegerische Hilfskraft angestellt und verdiente 3165 Francs im Monat. In Wirklichkeit übte ich die Tätigkeiten einer Krankenschwester aus und war für eine ganze Abteilung verantwortlich. Über diese Klinik möchte ich nichts sagen: Einige Kliniken in Marseille sind nicht empfehlenswert. Ich machte die Erfahrung, dass manche Franzosen sich gegenüber Ausländern sehr menschlich und großzügig verhielten, andere es aber perfekt verstanden, sie auszubeuten.

Der geringe Lohn war gar nichts im Vergleich zu den permanenten rassistischen Demütigungen, die ich täglich erlebte. Ich fand es zum Beispiel absolut unerträglich, von gewissen Angestellten automatisch verächtlich geduzt zu werden. Ich lernte, mich sehr höflich zur Wehr zu setzen: »Ich kenne Sie nicht, Monsieur. Warum duzen Sie mich? Ich glaube nicht, dass wir uns schon einmal begegnet sind.« Ein paar Sätze dieser Art brachten die Dinge meist leicht wieder in die richtige Ordnung. Die betreffende Person sah erstaunt auf, als ob sie eine solche (normale) Antwort zum ersten Mal hören würde ...

Als ich die Stelle in der Klinik hatte, suchte ich nach einer Wohnung, um meinen Freunden nicht weiter zur Last zu fallen. Philippe machte mich darauf aufmerksam, dass ich lieber noch drei Monate warten sollte: Man kann keine Wohnung mieten, ohne Kaution zu zahlen, Versicherung usw. Auf all diese Schwierigkeiten war ich nicht vorbereitet. Ich arbeitete drei Monate und sparte. Zu Beginn des Sommers fand ich eine kleine Wohnung in der Nähe des Gefängnisses Baumettes. Philippe hatte Recht gehabt: Nachdem ich die Miete im Voraus bezahlt hatte, die Kaution, die Maklergebühren und die Versicherung, hatte ich kein Geld mehr, um die beiden Räume einzurichten. Ich kaufte zwei große Keramiktassen zu drei Francs pro Stück, die wir sowohl als Essgeschirr wie auch als Trinkgefäß benutzten. Mit einer Matratze und Bettlaken, die Régine uns geliehen hatte, war dies unser ganzer Haushalt. In mancher Beziehung ist Armut auch eine Erleichterung: Eines Morgens nahmen wir unsere Koffer und unsere beiden Tassen, stellten die Dinge in unserer Wohnung ab und verließen das Haus wieder – ich ging in die Klinik und Mariam zur Schule. Wir hatten weder Tisch noch Stühle, Geschirr, Kühlschrank oder Töpfe. Auf einer kleinen Heizplatte konnte ich Wasser für unseren Tee kochen, das war meine ganze Küchenausstattung.

Einige Wochen später hatte ich wieder etwas zusammengespart und konnte für wenig Geld alle Sachen eines Hindu kaufen, den Dadou mir vorgestellt hatte und der von Marseille nach Paris umzog: Tische, Stühle, Herd, Kühlschrank usw.

Langsam hatte ich Erfahrung in diesem Geschäft, ich war ja selbst in der Situation gewesen und musste meinen gesamten Haushalt zu einem Spottpreis hergeben.

Wir waren wieder selbständig geworden. Das Leben war schön ... Wir brachen alle Augenblicke in fröhliches Gelächter aus. Mariam schloss Freundschaften und füllte ihre freie Zeit mit verschiedenen Aktivitäten. Sie konnte sich schon wesentlich besser in Französisch ausdrücken. Natürlich besuchte ich Philippe und Régine nach wie vor, unser Bekanntenkreis erweiterte sich. Ich hatte Freunde aus meiner Zeit in Lyon wiedergetroffen, Jacky und Jocelyne. Manchmal besuchten wir sie am Wochenende. Von einer Integration in die französische Gesellschaft konnte noch keine Rede sein, aber das Leben wurde einfach normal.

Aus Djaheds Briefen erfuhren wir mehr über seine Ausbildung. Er war weit entfernt, aber er war nicht in Gefahr. Und wir wussten, was er machte – damit musste ich zufrieden sein. Er arbeitete ebenso viel wie wir, das brachte uns einander nahe. Je besser ich die französische Gesellschaft kennen lernte, desto klarer wurde mir, wie sehr ich in der Klinik ausgebeutet wurde. Ich machte mir eine genaueres Bild von den Fähigkeiten und Qualifikationen der einzelnen Mitarbeiter. Außerdem fiel es mir immer schwerer, zu arbeiten und dabei verachtet zu werden, während ich überzeugt war, dass ich viel besser war als diejenigen, die mir Anweisungen gaben. Ich beschloss, meine Diplome anerkennen zu lassen. Ich stellte alle Unterlagen zusammen, die ich durch Freunde in ihrem Diplomatenkoffer von Kabul nach Frankreich geschickt hatte. Auch die Arbeitszeugnisse aus dem Iran fügte ich hinzu. Dann entwarf ich einen schönen Lebenslauf und sandte alles zusammen ans Gesundheitsministerium.

Man antwortete mir, dass mir das erste Ausbildungsjahr als Krankenschwester erlassen werde und dass ich eine Prüfung ablegen müsse, um ins zweite Ausbildungsjahr einzutreten. Da ich Schwierigkeiten hatte, Französisch korrekt zu schreiben, fiel ich bei dieser Aufnahmeprüfung durch. Ich hatte eine sehr gute Note in der praktischen Prüfung, aber mir fehlten 0,65 Punkte, um aufgenommen zu werden. Also musste ich noch einmal eine dreijährige Ausbildung absolvieren. Dabei hatte ich schon sechs Jahre gelernt. Na wenn schon! Wenn dies notwendig war, um meinen Beruf ausüben zu dürfen, würde ich es machen. Selbst wenn ich dazu nachts arbeiten musste, um den Unterhalt für meine Tochter und mich zu verdienen und die Miete zahlen zu können.

Es war nicht leicht für mich, in einer Schwesternschule aufgenommen zu werden. Theoretisch hatte ich das Recht dazu, aber ich kam nach den Aufnahmeprüfungen – die Plätze waren bereits alle vergeben. Nur durch eine Mutprobe kam ich doch noch ans Ziel. Dadou, der sich im Süden von Marseille für eine politische Partei einsetzte, besorgte mir eine Visitenkarte von Charles Emile Loo, einem alten Freund des damaligen französischen Innenministers Gaston Deferre. Ich hatte keine Ahnung von französischer Politik und war auch nicht in die Geheimnisse des Lebens in Marseille eingeweiht. Aber Dadou hatte mir versichert, dass diese Karte mir bei meinen Behördengängen sehr hilfreich sein würde.

In Wirklichkeit konnte ich noch nicht einmal den Namen des Mannes korrekt aussprechen, auf dessen Empfehlung ich angeblich kam. So ging ich zur Direktorin einer Schwesternschule, in der ich aufgenommen werden wollte, hielt ihr die Visitenkarte hin und sagte: »Ich komme auf Empfehlung von *Amilolo*.« Ich dachte, dass man den Namen Emile Loo so ausspricht. Doch *Amilolo* hatte anscheinend so großen Einfluss, dass sein Name selbst dann noch wirkungsvoll war, wenn man ihn falsch aussprach. Die Direktorin nahm mich auf. Nachdem wir uns einige Minuten unterhalten hatten, verabschiedete sie mich mit der Bitte, Emile Loo Grüße von ihr auszurichten. Ich hatte meine Zauberformel bereits vergessen, so sehr freute ich mich über den Ausbildungsplatz.

»Entschuldigen Sie, Madame, wen soll ich bitte von Ihnen grüßen?«

»Na unseren gemeinsamen Freund, *Amilolo*!«

Ich verließ schnell den Raum, während die Direktorin mich eindringlich und zweifelnd ansah.

So kündigte ich also in der Klinik und ging ein weiteres Mal in eine Schwesternschule. Meine Freunde halfen mir, pflegebedürftige alte Menschen zu finden, die ich nachts betreuen konnte, um ihre Familien zu entlasten. Es war, als lebte ich vier Jahre in einem langen Tunnel. (Ich musste wegen meiner mangelnden Sprachkenntnisse im Schriftlichen ein Jahr wiederholen.) Die Zeit war fast ausschließlich mit Arbeit ausgefüllt. All meine Klassenkameraden waren junge Mädchen zwischen achtzehn und zweiundzwanzig Jahren, die gerade ihr Abitur gemacht hatten. Trotz des Altersunterschiedes verstand ich mich gut mit meinen neuen Freundinnen.

Ich hatte in diesen Jahren große Mühe, mir Notizen zu machen. Ich hatte Französisch in Vichy gelernt, aber nach einer ausschließlich audiovisuellen Methode. Im Mündlichen kam ich zurecht, aber im Schriftlichen war ich verloren. Die Direktorin verbot mir sehr bald, mir in Persisch Notizen zu machen, was ich am Anfang versucht hatte. Die Ärzte sprachen aber auch sowieso zu schnell, als dass ich noch Zeit zum Übersetzen gehabt hätte. Ich konnte auch nicht entziffern, was meine Klassenkameradinnen mitgeschrieben hatten, die gern bereit waren, mir ihre Unterlagen zu geben. Das Wenige, was ich mitschreiben konnte, nützte mir nicht viel. Drei Tage später konnte ich es noch nicht einmal mehr lesen.

Ich beschloss, mich mit aller Kraft dahinter zu klemmen. Ich kaufte mir medizinische Bücher und lieh mir welche von Philippe, ich arbeitete an meinen freien Tagen, jeden Tag, jeden Augenblick. Auf der Toilette und im Bad hängte ich Listen mit medizinischen Ausdrücken auf, vor allem anatomische Zeichnungen. Ich verlor nicht *eine* Minute. Meine ganze Zeit widmete ich der Arbeit und dem Studium. Ich traf niemanden – nur meine Klassenkameradinnen, Mariam und die alten Menschen, die ich nachts betreute. Wenn ich von der Schule kam, umarmte ich Mariam, die sich ihrerseits an die Arbeit machte, und büffelte ein paar Stunden. Dann brach ich zu meinem Nachtdienst auf. Die alten Menschen brauchten jemanden, der auf ihr Klingelzeichen kam, der ihnen beim Aufstehen half, der sie tröstete ... In dieser Zeit konnte ich auch viel lesen. Oft arbeitete ich bis zwei oder drei Uhr morgens meine Kurse durch, während meine Patienten schliefen. Ich versuchte, meine Notizen mit Hilfe von Wörterbüchern und medizinischen Büchern zu ergänzen. Manchmal halfen mir die Familienmitglieder der alten Menschen, die ich betreute. Die Tochter einer dieser Kranken war sogar so begeistert, dass sie einen Teil der Nacht mit mir wachte.

Diese Situation isolierte mich leider sehr von Mariam. Jede von uns lebte fast ihr eigenes Leben, wir trafen uns nur für wenige Stunden. Die Armut, die Kurse, bei denen ich nur schwer folgen konnte, die Überarbeitung, die ständige Sorge um meinen Sohn – all das war einfach zu viel, und manchmal dachte ich, dass sich mein Leben niemals verbessern würde. An manchen Abenden war ich so erschöpft und traurig, dass ich ins Bad ging und weinte. Ich ließ das Wasser laufen, damit Mariam mich nicht hörte. Später, als wir uns über diese Zeit unterhielten, erfuhr ich, dass Mariam dieselbe Methode anwandte, damit ich sie nicht weinen hörte. Ich litt darunter, dass ich noch nicht einmal das kleinste Erinnerungsstück an mein Land dabei hatte. Ich fühlte mich besser, wenn ich bei Franzosen eingeladen war, die nach Afghanistan gereist waren. Bei ihnen konnte ich wenigstens einen Teppich oder ein Foto von einer afghanischen Landschaft sehen. Bei Philippe und Régine fühlte ich mich gut, dort war ich von diesen Andenken umgeben. Aber mir fehlten die Stimmen, die Lieder, das Schreien der Händler in den Straßen.

Nachdem ich mich erkundigt hatte, ob ich ausländische Freunde in Frankreich empfangen durfte, schickte ich Djahed eine Einladungskarte für zwei Wochen, die eine Freundin aus der Schwesternschule freundlicherweise unterschrieb. Der russische Konsul in Marseille prüfte die Karte. Die sowjetischen Behörden hatten keine Einwände, wenn die afghanische Botschaft in Moskau einverstanden war. Djahed fuhr also nach

Moskau. Man gab ihm zur Antwort, dass es absolut unmöglich sei, nach Frankreich zu reisen, es sei denn, Präsident Mitterrand persönlich lade ihn ein. Als ich diese Nachricht erhielt, war ich so verzweifelt, dass ich einen Augenblick daran dachte, Kontakt mit Menschen aufzunehmen, die Djaheds Flucht nach Frankreich organisieren könnten. Aber ich hätte sehr viel Geld aufbringen müssen, und ich hatte kein Vertrauen zu diesen Schleppern, die nur Halunken sein konnten.

Ich erhielt einen Brief von meinem Sohn, in dem er schrieb, dass er zehn Tage Urlaub bekommen und versuchen würde, nach Kabul zu fahren. Ich glaubte, ihn so zu verstehen, dass ich diese Gelegenheit nutzen sollte, um irgendetwas zu unternehmen. Ich wusste aber nicht, wie ich ihm aus solcher Entfernung zu Hilfe kommen konnte. Kontakt mit iranischen Freunden aufnehmen, die sich dann mit Leuten in Kabul in Verbindung setzen und vielleicht etwas für ihn tun konnten?

Ich gab ziemlich viel Geld für Telefonate aus, aber all meine Versuche blieben vergeblich. Niemand wollte ein solch unkalkulierbares Risiko eingehen. Die Einzigen, die es sich hätten erlauben können, waren Beamte, die auf Seiten der Regierung standen, und es war mehr als gefährlich, ihnen solche Pläne zu unterbreiten. Ich kam sehr schnell zu dem Schluss, dass es unmöglich war, eine solche Operation von Marseille aus zu organisieren. Selbst James Bond hätte das nicht geschafft. Plötzlich fiel mir bei einem Blick auf den Poststempel auf, dass alles, was ich tat, überhaupt keinen Sinn hatte: Sein Urlaub war schon vorbei, und wenn alles gut gegangen war, befand er sich schon auf der Rückfahrt.

Ich stellte mir das Schlimmste vor. Die Straße von Salang, die die Sowjetunion mit Kabul verband, war eine der Hochburgen der Mudschaheddin. Täglich wurden sowjetische Konvois angegriffen. In dieser Gegend waren die Leute von Kommandant Ahmed Schah Massud, den ich damals sehr bewunderte, äußerst aktiv. Ich hätte gern erfahren, dass sie die Kämpfe für ein paar Tage eingestellt hatten ...

Lange wartete ich auf einen Brief von Djahed. Ich wagte nicht, an seine alte Adresse zu schreiben, aus Angst, dass mir der Brief zurückgeschickt wurde, etwa mit der Bemerkung »Adressat ohne Angabe einer neuen Anschrift verzogen«. Ich weinte viel. Aber ich kam wieder zu Kräften und sagte mir, dass alles gut gegangen sei. Zuerst musste ich jetzt dieses Diplom bekommen. Solange ich nicht mehr verdiente, konnte ich aus der Entfernung gar nichts ausrichten und auch meinen Sohn nicht suchen. Während der Ferien, als die Schwesternschule geschlossen war, machte ich weiter Nachtdienst und fand auch ab und zu einen anderen Job für tagsüber. So stellten mich die Eltern von Caroline, Mariams Freundin, in ihrem Geschäft an. Ich sollte während der Renovierungsarbeiten auf die Waren aufpassen. Die Kleidungsstücke waren mit einer großen Plane überzogen, um sie vor der Farbe zu schützen. Ich musste aufpassen, dass die Maler nichts mitnahmen. Das tat ich, indem ich unter der Plane etwas vor mich hin schlummerte, mitten auf der Baustelle. Diese Lebensweise hatte auch etwas Positives. Dadou wurde auf gehörige Distanz gehalten: Immer, wenn er kam, hielt ich ihm meine Unterlagen unter die Nase und verabschiedete ihn gleich wieder.

Im Schriftlichen hatte ich nach wie vor sehr schlechte Ergebnisse. Aber ich hatte ausgezeichnete Noten in der Praxis, so dass ich insgesamt den nötigen Durchschnitt erreichte, um zu bestehen. Ständig wurde ich zur Direktorin gerufen. Diese Gespräche versetzten mich immer in Panik: Ich schlief noch weniger und arbeitete noch mehr, so machte ich langsam Fortschritte. Die Direktorin hatte mir geraten, Französischstunden zu nehmen. Das war wirklich nötig: Ich hängte einfach ein t, z, x oder s an die Wörter. Und statt zu schreiben »*premièrement*, *deuxièmement*« usw., schrieb ich »*primairement*, *secondairement*, *tartièrement*, *caftièrement*«*, was die

* Eigentlich müsste es »troisèment, quatrièmement« heißen, »drittens, viertens«. »Caftièrement« gibt es im Französischen nicht, es gibt nur »cafetière«, »Kaffeekanne«. (A. d. Ü.)

Hilfslehrerinnen bei der Korrektur sehr zum Lachen brachte. Das »*caftièrement*« war besonders gut gelungen ... Eine Hilfslehrerin, die stellvertretende Direktorin war, bot mir an, jeweils eine halbe Stunde nach dem Unterricht Französisch mit mir zu üben. Eine andere Hilfslehrerin gab mir Unterricht zwischen zwölf und zwei Uhr am Mittag. Beide wollten unbedingt, dass ich es schaffte.

Aber das genügte nicht. Daher verlangte die Direktorin, dass ich bei einem ausgebildeten Französischlehrer Unterricht nahm. Sie wollte auch selbst mit ihm sprechen, um ihm meine Situation zu erklären. Ich erkundigte mich, wie teuer das werden würde: Nachhilfestunden bei einem ausgebildeten Französischlehrer konnte ich mir nicht leisten. Ich sprach mit Philippe darüber, und er bot mir an, mich persönlich zu unterrichten. Also traf er sich mit der Direktorin. Sie war eine sehr elegante, vornehme Dame. Ich wollte, dass Philippe einen guten Eindruck auf sie machte. Daher erklärte ich ihm: »Du musst dich für dieses Gespräch besonders gut anziehen.«

Ich hatte mich an ein Fenster gesetzt, von wo aus ich sehen konnte, wenn er ankam. Als ich sah, dass er eine zu kurze Hose anhatte, verschiedenfarbige Socken und einen lila Schal, der über den Boden schleifte, war ich entsetzt. Ich dachte, man würde ihn abweisen, noch ehe er überhaupt das Büro der Direktorin betreten hatte. Sonst zog er sich immer ganz normal an. Hatte er das extra gemacht, um mir zu beweisen, dass Kleidung nicht so wichtig war? Wie dem auch sei, sein Gespräch mit der Direktorin, das eine Stunde dauerte, verlief jedenfalls positiv. Sie war einverstanden, dass er mir Unterricht gab, wobei er sich auf die medizinischen Begriffe konzentrieren sollte. In Wirklichkeit konnte mir Philippe aber gar keinen Unterricht geben: Entweder war er auf Reisen, oder er hatte Notdienst, der oft bis weit in die Nacht hinein dauerte. Das Problem war also nicht gelöst.

Eine Nachbarin empfahl mir einen Lehrer, der im Haus wohnte. Eigentlich unterrichtete er nicht Französisch, sondern Philosophie. Aber das war egal. Ich ging also ins nächste Stockwerk, um mit ihm zu sprechen. Die erste Kontaktaufnahme war seltsam. Ich klopfte an seine Tür. Ein Mann, den ich auf Anhieb sehr charmant fand, öffnete. Ich fragte ihn: »Sind Sie Monsieur T...?« Das war der Name, den meine hilfsbereite Nachbarin mir genannt hatte.

Er antwortete mit einem Gesichtsausdruck, der deutlich machte, dass er sich gestört fühlte: »In der Tat, das bin ich. So steht es ja auch auf meinem Türschild.«

»Ich bin Ihre Nachbarin. Ich wollte Sie fragen, ob Sie wohl bereit wären, meiner Tochter und mir Französischunterricht zu geben.«

»Verzeihen Sie«, sagte er, »dass ich Sie etwas unhöflich empfangen habe. Aber ich dachte, Sie wären eine von diesen Mormonen oder Zeugen Jehovas, die so oft an meine Tür klopfen.«

Er muss wirklich völlig überrascht gewesen sein, wenn er mich für eine Missionarin der Mormonen gehalten hat. Ich ließ mich nicht entmutigen und erklärte etwas ausführlicher, warum ich gekommen war. Er bat mich herein. Damit er nicht befürchten musste, dass es allzu schwierig würde, erzählte ich ihm, dass ich an der französischen Fakultät in Kabul als Sekretärin gearbeitet hatte und fehlerlos Texte mit der Maschine abschreiben konnte. Schließlich erklärte er sich bereit, uns Unterricht zu geben. Am nächsten Tag wollten wir anfangen.

Nach der Schule ging ich mit einem Stift und einem neuen Schulheft zu ihm hinauf. Um meinen Kenntnisstand festzustellen, diktierte er mir zunächst ein paar Zeilen. Als er das Resultat sah, veränderte sich sein Gesicht, das ich am Vortag freundlicher gefunden hatte. Er war verzweifelt angesichts meiner Produktion oder einfach total verärgert, ich weiß es nicht. Er seufzte, kratzte sich lange am Kopf und saß ratlos da. Offensichtlich wusste er nicht, wie er das Problem lösen sollte. Er machte einige Anmerkungen zu meinen Fehlern und sagte, dass er versuchen werde, eine Methode zu finden.

Er kam mir vor wie ein Arzt, der nicht weiß, wie er seinem Patienten mitteilen soll, dass er Krebs hat.

Ein oder zwei Mal pro Woche gab er mir Grammatikunterricht anhand von Übungen aus dem *Bled*, dem grammatischen Übungsbuch für die französischen Grundschulen. Er schien nicht besonders begeistert zu sein von seiner Schülerin. Mit Mariam arbeitete er auch. Die literarischen Texte, die sie wiederholen musste, schienen ihn mehr zu interessieren als die Angleichung des Partizips oder die Konjugationen, die er mir erklärte. Ich hatte den Eindruck, dass er die Leistungen, die ich vollbrachte, nicht entsprechend anerkannte. Ich gab mir große Mühe mit diesen Übungen, aber es schien ihm überhaupt nicht außergewöhnlich, wenn ich ein Adjektiv mit der richtigen Endung versah. Mich kostete das aber sehr viel Energie und war ein regelrechter Sieg. Nach und nach wurden Michel und ich gute Freunde. Ich erzählte ihm mein Leben, ohne etwas zu verbergen. Ich sprach auch ohne Misstrauen von Djahed, über den ich bis dahin noch mit niemandem geredet hatte, seit ich in Frankreich war.

Michel war sehr beschäftigt: Sein Privatleben war nicht einfach und er hatte zahlreiche Aktivitäten neben seiner Arbeit. Ich lud ihn oft zum Abendessen ein und wir schwatzten manchmal ganze Abende lang, was für mich sehr entspannend war. Ich fühlte mich zwar sehr viel besser als in der Zeit davor, aber meine finanzielle Situation war verheerend. Mit den Nachtdiensten konnte ich kein Vermögen verdienen. Ich sparte, wo ich nur konnte, vor allem an den Transportkosten. Meistens ging ich zu Fuß zur Schwesternschule, und auch zu meinen Nachtdiensten. Ich erlaubte mir noch nicht einmal einen Kaffee mit meinen Klassenkameradinnen. Eines Tages kaufte ich ein gutes Steak für Mariam. Als sie von der Schule kam, tat ich so, als hätte ich schon gegessen. Doch sie ließ sich nichts vormachen und weigerte sich zu essen, wenn ich nicht aß. Jede wollte ihren Dickkopf durchsetzen, und das Steak landete schließlich in der Mülltonne. Wir aßen vorwiegend Reis.

Am Ende dieser vier Jahre hatte ich einige Fortschritte im Französischen gemacht und endlich das staatlich anerkannte Examen als Krankenschwester. Diesen Erfolg verdanke ich einerseits der Strenge der Direktorin und andererseits der Sympathie, die mir die Hilfslehrerinnen entgegenbrachten. Die Direktorin war extrem streng mit mir: Jedesmal, wenn sie mich zu sich rief, forderte sie mich auf, mich noch mehr anzustrengen ... Aus Angst, weggeschickt zu werden, wuchs ich über mich hinaus. Wenn diese Frau nicht so fordernd gewesen wäre, hätte ich vielleicht aufgegeben. Die Hilfslehrerinnen erkannten, dass ich wahnsinnig viel arbeitete. Sie ermutigten mich immer. Jedes Mal, wenn ich im Schriftlichen Fortschritte gemacht hatte, sah ich die Freude in ihren Augen.

Ich war nicht mehr isoliert und hatte das Gefühl, einen großen Sieg errungen zu haben.

Meinen Sohn retten

Wenn ich an meinen Sohn dachte, empfand ich eine tiefe Traurigkeit. Manchmal fürchtete ich, ihn nie wiederzusehen. Ich sagte mir, dass ich nie nach Russland würde reisen können, auch nicht nach Afghanistan, und dass er nie die Sowjetunion würde verlassen können, um nach Frankreich zu kommen. Im Januar oder Februar 1987 erhielt ich einen Brief von ihm, in dem er schrieb, dass er zu Beginn des Sommers in Kabul zur Armee musste. Im Juni musste ich mein Examen machen. Diese Nachricht war für mich eine zusätzliche Motivation.

Im letzten Trimester des Schuljahres verdoppelte ich nochmals meine Anstrengungen und fing an, Pläne zu schmieden. Ich kam schnell zu dem Schluss, dass ich mich selbst auf die Suche nach meinem Sohn machen musste. Die beste Lösung sah ich darin, eine Zeit lang bei einer Hilfsorganisation in Pakistan zu arbeiten, um Widerstandskämpfer kennen zu lernen und die Situation zu analysieren. Dann wollte ich Djahed aus der Armee der afghanischen Kommunisten herausholen – vorausgesetzt, er war damit einverstanden. Er sollte mit mir nach Frankreich kommen. Aber ich war auch bereit, seinen Willen zu akzeptieren, falls die Sowjets ihn davon überzeugt haben sollten, dass es seine Pflicht war, gegen die Mudschaheddin zu kämpfen. Man kann ja nicht wissen, was in einem Kind vorgeht, das in einem völlig anderen Umfeld aufwächst.

Die größte Schwierigkeit bei dem ganzen Unternehmen bestand nicht darin aufzubrechen, sondern darin, dass ich Mariam allein lassen musste. Sie würde fast ohne Geld dastehen, und das gerade zu dem Zeitpunkt, da sie ihr Abitur machen sollte. Einige Leute, mit denen ich über meine Pläne sprach, missbilligten dieses Vorhaben und hielten es für verrückt. Sie kannten Mariam, Djahed kannten sie nicht. Nur Michel war der Meinung, dass ich Recht hatte, und bot mir ganz spontan Geld an. Ich fühlte mich aber verpflichtet, das abzulehnen. Ich war nicht sicher, ob ich zurückkehren würde. Djahed hatte mir einen verzweifelten Brief geschrieben, einen Hilferuf: »Meine Ausbildung ist beendet. Aber ich weiß nicht, wie mein Leben weitergehen wird. Wenn ich euch nur noch ein Mal sehen könnte, wäre ich zufrieden. Doch ich weiß, dass das nie mehr der Fall sein wird.« Dieser Aufschrei der Trauer bestärkte mich in meinem Entschluss. Welche Mutter könnte einen solchen Brief von ihrem Sohn erhalten, ohne etwas zu unternehmen? Die Gefühle waren stärker als die Angst vor den Gefahren. Mein Leben hatte keinen anderen Sinn als den, meinen Kindern zu helfen. Welche Freude hätte ich an einem ruhigen Leben gehabt, in dem Bewusstsein, dass ich meinen Sohn seinem Leid überlassen hatte? Am schönsten und ruhigsten Ort der Welt hätte ich mich fremd gefühlt und wäre unglücklich gewesen. Mir wurde bewusst, dass ich sogar zu Fuß oder per Anhalter nach Afghanistan aufgebrochen wäre, um meinen Sohn zu suchen.

Das wenige Geld, das ich hatte, überließ ich Mariam. Damit konnte sie noch zwei Monate die Miete zahlen, dann müsste sie weitersehen. Sie verstand meine Entscheidung, sie litt auch unter der Trennung von ihrem Bruder. Sie wusste, dass ihr eine schwere Zeit bevorstand, aber ihr war auch klar, dass wir ohne Djahed nicht glücklich sein konnten. Ich versuchte, meinen Schmuck in einem Pfandhaus unterzubringen, aber man bot mir nur einen Spottpreis dafür. Schließlich lieh ich mir von Dadou das Geld für ein Flugticket von Paris über Islamabad nach Peschawar und überließ ihm meinen Schmuck als Garantie. Nachdem ich dann die Fahrkarte für den Zug nach Paris gekauft hatte, blieben mir nur noch achtzig Francs.

Als Dadou mich mit seinem Wagen zum Bahnhof Saint Charles fuhr, sagte Mariam kein Wort. Wir sahen uns traurig an. Auch die Freunde, die uns begleiteten, schwiegen. Die Trennung auf dem Bahnsteig an diesem 25. Juni 1987 war schrecklich. Ich betete in Gedanken zum Allmächtigen.

Mariam wusste, dass ich ihr nicht versprechen konnte, dass ich wiederkomme. Vor der Abfahrt des Zuges nahm ich meine Tochter fest in meine Arme. Ich flüsterte ihr nur ins Ohr: »Sei tapfer, ich komme wieder, so schnell ich kann!« Das war mein innigster Wunsch, aber es war keine Gewissheit. Als ich sah, wie stumme Tränen über ihr Gesicht liefen, musste ich mich sehr zurückhalten, um nicht auch anzufangen zu weinen.

Ich ließ sie allein auf dem Bahnsteig zurück, um acht Uhr am Abend. Sie sagte kein Wort. Sie sah traurig aus, und so elend ... Ich litt darunter, dass ich, ohne es zu wollen, für diese Qual verantwortlich war, aber ich fühlte mich durch eine Kraft getrieben, die stärker war als ich. Im Zug ließ ich meinen Tränen freien Lauf. Dann dachte ich nach. Manchmal wollte ich am liebsten aus dem fahrenden Zug springen.

In der Zugtoilette warf ich einen Blick in den Spiegel und sah eine Frau, die panische Angst hatte. Eine Wahnsinnige, die fähig war, sich von dem einzigen Kind zu trennen, das ihr vielleicht noch geblieben war. Ich ging wieder zurück in die Einsamkeit meines Abteils, um abwechselnd zu weinen und nachzudenken. Ich kam zu einer banalen Schlussfolgerung: Da ich nun einmal im Zug war, musste ich auch dort bleiben – das war mein Schicksal und Gottes Wille. Diese Kraft hatte mich hierher geführt. Ich weiß nicht, wie lange ich geweint habe, in einem Zustand tiefer Stumpfsinnigkeit, ehe ich merkte, dass der Schaffner vor mir stand. Als ich ihn sah, grüßte ich ihn und wischte mir die Augen. Er ging wieder, ohne meinen Fahrschein zu kontrollieren. Da ich immer noch allein im Abteil war, streckte ich mich auf der Bank aus und stöhnte leise, wie ein Kind, das nach einem schlechten Traum einschläft. Mir war mein bedauernswerter Zustand bewusst, aber ich konnte nichts dagegen tun. Ich fühlte mich, als würde Gottes Hand mich qualvoll zusammendrücken.

In diesem Zustand und ohne geschlafen zu haben kam ich am Gare de Lyon an. Mit meinen achtzig Francs in der Tasche wusste ich nicht, wo ich hingehen sollte, das Flugzeug startete erst am nächsten Tag. Ich beschloss, zu Suita zu fahren, die mich im Namen unserer gemeinsamen Abenteuer mit offenen Armen empfing und zwang, zweitausend Francs anzunehmen. Sie lehnte es strikt ab, dass ich ihr das Geld eines Tages zurückgebe.

In Paris nahm ich mir die Zeit, den Vertreter der Widerstandspartei zu besuchen, der mir sehr sympathisch war. Ich hatte ihn über Philippe kennen gelernt, der mir auch einige Adressen von Freunden in Pakistan gegeben und versprochen hatte, mir zu helfen. Er war dabei, eine Impfkampagne für afghanische Kinder durchzuführen. Ich erklärte dem Delegierten der Widerstandsgruppe, was ich vorhatte. Er sicherte mir die Unterstützung seiner Organisation zu, sowohl in Pakistan als auch innerhalb der Grenzen Afghanistans, so weit es möglich war. Dann nahm ich das Flugzeug nach Islamabad.

Bevor wir in Pakistan landeten, musste ich einen Schleier anlegen und mich den Landessitten gemäß kleiden. Während die Stewardessen im Flugzeug die Tabletts abräumten und die Maschine zur Landung in Islamabad ansetzte, überraschte ich mich dabei, wie ich die Reflexe einer Frau analysierte, die sich noch einmal schnell das Haar durchkämmt und schön macht – und sei es nur, um ihren Geist zu beschäftigen.

Wozu soll man die Haare schön kämmen, wenn sie unter dem Schleier verschwinden? Niemand wird sie sehen. Was nützt es, hübsch auszusehen? Warum? Für wen? Wie sah ich aus in meiner orientalischen Kleidung, mit dem Schleier einer Bäuerin und den Turnschuhen? Ich bin schon eine seltsame Mischung. Man musste auf sein Äußeres achten, sich pflegen, auch wenn es im doppelten Sinn nutzlos war: Erstens war ich nicht zu sehen, und zweitens würde niemand da sein, der es zu schätzen wüsste. Es gibt viele Dinge, die man tun muss, selbst wenn es keinen Sinn macht. Einfach weil man sie tun muss. Ich war noch ganz in meine philosophischen Betrachtungen vertieft, als ich die leichte Erschütterung des Flugzeugs spürte, das auf der Landebahn aufsetzte. Wir waren in Islamabad.

Der Kontakt mit dem Boden des Orients gab mir meine Kraft zurück. Seit der Abreise aus Marseille war ich zwischen meinen Kindern wie hin- und hergerissen. Ich liebte das eine so sehr wie das andere. Warum war ich gezwungen, das eine zu verlassen, um das andere zu retten? In Islamabad wusste ich endlich, warum ich gekommen war: Irgendwo hier wartete Djahed auf mich. Obwohl ich nicht wusste, wo er war, spürte ich fast seine Gegenwart. Mein Wille erstarkte in dem Bemühen, meinen Sohn zu finden. Ich war erfüllt von einer neuen Energie.

Um das kleine Flugzeug nach Peschawar zu erreichen, drängelten sich alle unter der sengenden Sonne. Ich hatte Mühe, in dieser Menge meinen Platz zu finden. In einem solchen Fall gibt es im Orient keine festen Regeln. Man stellt sich nicht in einer Schlange auf, Höflichkeit führt zu nichts. Entweder man ist bei den Ersten – sei es durch Kraft oder durch List – oder man passt nicht mehr ins Flugzeug. Ich machte es wie alle. Mein Schleier rutschte alle Augenblicke herunter. Ich hielt ihn mit der einen Hand fest, in der anderen hielt ich meinen Rucksack. Zwei Stunden musste ich kämpfen, um zum Schalter vorzudringen und dieses Anschlussflugzeug zu erreichen.

Ich wollte nicht glauben, dass diese kleine Maschine überhaupt abheben konnte. Es kam mir vor, als säße ich in einem Spielzeug – noch nie hatte ich ein so kleines Flugzeug gesehen. Es gab nur zehn Sitzplätze. Wir wurden in alle Richtungen geschüttelt. Die Luftlöcher riefen seltsame Empfindungen wach. Ich fragte mich, wo ich dies schon einmal erlebt hatte, diesen leichten Schwindel beim Auf- und Absteigen. Plötzlich erinnerte ich mich und musste lächeln – genau dasselbe Gefühl hat man auf dem Rücken eines Kamels. Wir flogen sehr niedrig. Zum ersten Mal in meinem Leben hatte ich Angst im Flugzeug.

In Peschawar drückte die Hitze auf meine Schultern, sobald ich den Flughafen verlassen hatte. Ich musste mich durch die Menge drängen, um hinaus zu kommen. Ich nahm eine Rikscha und fuhr zur Wohnung französischer Freunde.

Ich war nicht mehr an den Orient gewöhnt. Alle Eindrücke wirkten viel stärker auf mich: die Straßen, die mit Karren und Tieren überfüllt waren, das Schauspiel der Essenszubereitung auf den Bürgersteigen. Ich erkannte durch die Abgase hindurch den typischen Geruch von kochendem Öl, von Gebratenem und von Gewürzen. In den Straßen sah ich nur Männer, selten einmal eine verschleierte Frau. Als ich an der Adresse ankam, die man mir angegeben hatte, fand ich Philippes Freunde, die nur noch für drei Tage dort waren: Sie wollten ihren Sommerurlaub in Frankreich verbringen. Ich fühlte mich also bald etwas einsam, so allein in diesem Haus, das ich nur mit dem Dienstboten teilte.

Wie sollte ich nun weiter vorgehen? In der Zwischenzeit gab es in diesem Haus nichts zu lesen. Kein Buch, keine Zeitschrift, keine Tageszeitung. Weder in Persisch noch in Französisch. Die Bibliothek war abgeschlossen; sie gehörte zu den Räumen, die ich nicht betreten konnte. Meine neuen Freunde kannten mich schlecht: Sie wussten nicht, wie unglücklich ich sein kann, wenn ich keine Beschäftigung habe und in einem Haus bin, in dem keine Bücher sind.

Wenn ich draußen durch die Straßen von Peschawar lief, um mich zu beschäftigen, betrachtete ich aufmerksam alle Personen, denen ich begegnete. Ich dachte, dass vielleicht mein Sohn unter ihnen ist, falls er durch ein Wunder hatte desertieren können und jetzt hier in dieser Stadt allein war und keine Beschäftigung hatte. Aber wie sollte ich ihn erkennen? Er war vierzehn, als ich ihn das letzte Mal in Kabul gesehen habe. Jetzt war er zweiundzwanzig. Diese acht Jahre hatten sein Bild in meiner Erinnerung verwischt. Ich wusste nicht, wen ich wiedererkennen sollte, ich glaubte, ihn überall zu sehen, und er konnte doch gar nicht da sein.

Ich musste Vernunft annehmen und nicht einfach mechanisch die Straßen von Peschawar absuchen, das hatte keinen Zweck. Die Stadt erstickte unter der bleiernen Hitze. Sie war voll mit herumirrenden Hunden, die fast verdurstet waren, und mit Menschen, die ihr Ziel verfehlten und deren Suche genauso ungewiss war wie meine. Ich spürte, wie ich langsam verrückt wurde. Diese Ausflüge in die Stadt taten mir nicht gut, sie führten zu nichts und konnten gefährlich sein. Ich war noch nicht lange genug hier, um die Menschen zu kennen, die verschiedenen afghanischen Widerstandsbewegungen, die Einstellung der pakistanischen Behörden gegenüber den einen oder anderen. Ich war nicht genug informiert, um zu wissen, wie ich ihre Fragen beantworten musste.

Durch den Repräsentanten der Widerstandsbewegung, den ich in Paris getroffen hatte, kannte ich die Adresse eines gewissen Haschem und nahm Kontakt mit ihm auf. Er fand schließlich jemanden, der nach Kabul fahren konnte, einen Schlepper, und organisierte bei ihm zu Hause ein erstes Treffen mit diesem Mann, den ich der Einfachheit halber *»Baba«* (Großvater) nennen werde. Bei dieser Begegnung war ich die einzige Frau im Zimmer, neben drei Männern – einer von ihnen war Baba. Aufgrund dieser Zusammensetzung, die für mich nachteilig war, ahnte ich bereits, dass die Diskussion sehr einseitig verlaufen würde. Der Schlepper, dieser Baba, war etwa fünfundfünfzig bis sechzig Jahre alt. Er hatte einen schönen, gepflegten weißen Bart und einen Turban, er war pakistanisch gekleidet.

Ich war so froh, dass ich endlich handeln konnte und einen Vermittler gefunden hatte, der mich zu meinem Sohn führen konnte, dass ich einige Fehler beging. Statt das Gespräch erst einmal über dieses und jenes allmählich in Gang kommen zu lassen, wie es im Orient üblich ist, stellte ich sofort die heikle Frage: »Wie viel werden Sie von mir verlangen, um meinen Sohn von Kabul hierher zu bringen?«

»4000 pakistanische Rupien.«*

* 100 pakistanische Rupien entsprachen zur damaligen Zeit rund 20 DM (10 Euro), 4000 pakistanische Rupien also etwa 800 DM (400 Euro). (A.d.Ü.)

Ich rechnete im Kopf um, aber falsch. Wahrscheinlich wandelte ich in Afghanis um statt in Francs. Ich fand die Summe sehr gering und hielt es für notwendig, den Preis zu steigern, um meine Position zu sichern. Meiner Meinung nach hatten sie den Preis für meinen Sohn zu niedrig angesetzt, was Ausdruck einer gewissen Verachtung war. Wenn ich mehr bot, sah ich meinen Sohn vielleicht schneller wieder.

»Ich biete Ihnen das Doppelte«, sagte ich, aus Stolz und vor Ungeduld.

Sehr schnell erkannte ich meinen Irrtum am Gesichtsausdruck meiner Gesprächspartner und an den Blicken, die sie austauschten. Es war nur allzu deutlich, dass sie Allah dankten, eine Goldmine gefunden zu haben. Aus meinem Verhalten und meiner Art, über Geld zu reden, ohne die üblichen Regeln einzuhalten, schlossen sie, dass ich sehr reich sein müsse, ganz die westliche Lebensweise angenommen hatte und dass sie aus mir ein Maximum herausholen könnten. Im Geiste rechnete ich nochmals nach, diesmal richtig: 4000 Rupien waren sehr viel Geld. Ich hätte den Preis herunter handeln müssen, um mich zu behaupten! Natürlich konnte ich meine Aussage nicht widerrufen. Dies wäre noch schlimmer gewesen: Ich hätte das Gesicht verloren. Ich ließ mir also nichts anmerken, während sie die Einzelheiten festlegten, ausgehend von der Summe, die ich ihnen angeboten hatte. Ich hatte keinen Pfennig und war dabei, mich zur Zahlung einer beträchtlichen Summe zu verpflichten.

Babas Freunde bereiteten sehr sorgfältig meinen Ruin vor. Sie berechneten 200 Rupien für einen Brief in eine Richtung. Ebenfalls 200 Rupien für einen Brief in die andere Richtung. Zusätzlich musste ich die Taxigebühren bezahlen und verschiedene andere Kosten für Transport und Restaurants. Außerdem musste dieser Großvater entschädigt werden, weil der Arme ja in Peschawar nicht weiter seinen Lebensunterhalt verdienen konnte, da er so häufig nach Kabul fahren musste. Ich stimmte der Zahlung zu, ohne zu prüfen, ob er überhaupt in Peschawar arbeitete. Baba sagte mir, dass er zunächst einmal nach Kabul reisen müsse, um Kontakt mit Djahed aufzunehmen. Bei seiner Rückkehr, wenn Djahed sein Einverständnis erklärt hätte, müsse ich die 8000 Rupien im Voraus zahlen. Der Treffpunkt wurde für den nächsten Tag vereinbart. Baba sollte bei mir vorbeikommen, damit ich ihm gewisse Auskünfte erteilte, so dass er meinen Sohn identifizieren konnte.

Ich bereitete einen kurzen Brief vor, für den Fall, dass Baba Djahed auf Anhieb fand: »Ich bin in Dschalalabad (aus Vorsicht gab ich die falsche Stadt an). Entweder komme ich dich für ein paar Tage besuchen (für den Fall, dass er in Kabul bleiben wollte) oder du kommst ein paar Tage zu mir (um ihm mitzuteilen, dass ich gekommen war, um ihn zu holen).« Baba verlangte weitere 50 Rupien von mir als Briefporto, für Taxi- und Restaurantkosten. Erst nach einigen Wochen, als ich mich in Pakistan ein wenig eingelebt hatte, erkannte ich, dass der durchschnittliche Monatslohn bei 200 Rupien lag, Baba mir aber praktisch 500 Rupien pro Woche abknöpfte. Später, nachdem ich Arbeit gefunden hatte, kam Baba auch noch zu mir und deckte sich kostenlos mit Medikamenten für seine ganze Familie ein. Wahrscheinlich hat er die Arzneimittel dann wieder verkauft. Ständig versuchte er, mehr Geld zu verlangen und mich zu erpressen. Ich wusste bereits, dass die Solidarität unter Landsleuten und Glaubensbrüdern bei vielen den Geschäftssinn nicht ausschließt. Ich versprach ihm alles, was er wollte – weil ich nichts hatte, und weil ich unter diesen Bedingungen nicht wusste, welche Grenze ich setzen sollte. Die Hälfte der Summe aufzutreiben erschien mir ebenso schwierig wie die Beschaffung der ganzen Summe – und ich war nicht nach Pakistan gekommen, um Geld zu verdienen.

Im Flüchtlingslager in Peschawar

Ich hoffte, bei einer der zahlreichen Hilfsorganisationen, die damals in den Flüchtlingslagern und – in Verbindung mit der Widerstandsbewegung – auch im Inneren von Afghanistan tätig waren, als Krankenschwester arbeiten zu können. Ich musste nicht lange warten und auch keine langen Behördengänge in Angriff nehmen. Wieder kam mir das Schicksal in Gestalt von Philippe und Régine zu Hilfe. Sie kamen eines Tages in die Wohnung, in der ich mich aufhielt. Von Kabul nach Marseille, von Marseille nach Peschawar liefen wir uns praktisch hinterher. Philippe war es gelungen, eine Organisation zu gründen und ein Budget zu erhalten, und er konnte mich ab Ende Juli einstellen.

Zuerst übersetzte ich Impfkurse aus dem Französischen ins Persische. Dann nahm ich in den Flüchtlingslagern Verbindung zu afghanischen Organisationen auf, um Frauen anzuwerben, die sich für Impfkampagnen ausbilden lassen wollten. Ich wandte mich vor allem an eine Gruppe, die sich »Schule für Frauen« nannte und von einem ehemaligen Lehrer gegründet worden war. Finanziert wurde das Projekt von einer schwedischen Hilfsorganisation. Außerdem traf ich Führer verschiedener Parteien der Widerstandsbewegung, die in Peschawar waren. Ihnen stellte ich Philippes Projekt vor und übersetzte ihnen seine Erklärungen: Er wollte Leute ausbilden, die im Landesinneren von Afghanistan Impfkampagnen durchführen sollten, und zwar in den verschiedenen Gebieten, die von der Widerstandsbewegung kontrolliert wurden. Impfstoffe und das übrige Material würde er ihnen zur Verfügung stellen.

Dann bildeten Philippe und ich fünf freiwillige Frauen im Impfen aus. Das stellte sich als Fehler heraus: Diese Frauen durften sich in Afghanistan ohne ihre Männer und ihre Familie nicht frei bewegen. Eine Afghanin, die allein reist, hat sofort einen schlechten Ruf. Sie wird abgelehnt oder verurteilt. Nach all den Jahren in Frankreich hatte ich diese ganz elementare Tatsache vergessen! Wir mussten also Männer ausbilden. Je mehr Kontakt ich zu den jungen Afghanen hatte, um sie von der Notwendigkeit der Impfkampagne zu überzeugen, desto näher fühlte ich mich meinem Sohn.

Voller Ungeduld wartete ich auf Babas Rückkehr. Würde es ihm gelingen, Djahed bereits auf der ersten Reise zu finden? Per Post blieb ich in Verbindung mit Mariam. Telefonieren konnte ich mir nicht leisten: Ich hatte mein erstes Gehalt noch nicht bekommen. Im Übrigen vergrub ich mich in meiner Arbeit. So konnte ich die Wartezeit überbrücken. Das Schicksal meiner Landsleute berührte mich sehr, nachdem ich so lange von meinem Volk getrennt war. Ich weinte ständig – sei es vor Freude, wenn uns ein Vorhaben gelungen war, sei es vor Kummer, weil uns alles über den Kopf wuchs.

Gemeinsam mit Régine mietete ich ein Haus, das wir als Sitz unserer Organisation einrichteten. Wir fuhren mit der Rikscha zum Bazar, transportieren die Sachen so gut es eben ging – wir ließen unseren Traum Wirklichkeit werden. Andere Franzosen kamen, um uns zu helfen. Ein junger Techniker organisierte eine Kühlkette, um die Impfstoffe zu konservieren. Er hatte wenig Lebenserfahrung und verhielt sich recht arrogant gegenüber den Afghanen. Martine dagegen war mir gleich sympathisch. Sie war Fachärztin für Tropenmedizin und nicht zum ersten Mal in einer Hilfsorganisation tätig. Sie hatte bereits Erfahrungen in Afrika gesammelt. Ich schätzte ihre Fachkenntnis, ihre effiziente Arbeitsweise, ihr ausgeprägtes Taktgefühl und den absoluten Respekt, den sie den islamischen Traditionen entgegenbrachte. Sie besaß einen angeborenen Sinn für das, was man tat und was man nicht tat, was man sagte und was man nicht sagte. Sie genoss schnell die allgemeine Anerkennung, sowohl im Flüchtlingslager als auch im Inneren Afghanistans.

Ich begleitete Martine oft in die Lager, wo wir unser zukünftiges Impfpersonal auswählten. Bis September hatten wir vierundzwanzig junge Widerstandskämpfer überzeugt. Wir hatten sie nach ihrem Herkunftsort und ihren Fähigkeiten ausgewählt. Wir gaben den Regionen den Vorzug, in denen die Widerstandsbewegung fest im Sattel saß, um nicht zu viel Material in Kämpfen zu verlieren. In Gegenden, die allzu schwer zugänglich waren, wollten wir auch keine Impfungen durchführen. Wir wollten, dass jede Impfung, die aus Frankreich kam, auch wirklich einem kleinen Afghanen nützte. Daher durfte die Kühlkette nicht unterbrochen werden, weder in unseren großen Kühlschränken, noch in den kleinen Isolierboxen, die das Impfpersonal auf Eseln oder auf dem Rücken transportierte.

Philippe verausgabte sich total. Er war bald in Europa, um Geld aufzutreiben, bald in Peschawar, um die Verantwortlichen der Widerstandsbewegung von der Notwendigkeit zu überzeugen, die Kinder in den Gebieten zu impfen, die sie unter ihrer Kontrolle hatten.

Im September 1987 konnten wir endlich unsere erste Klasse in der Impfschule eröffnen. Ich erinnere mich noch an den ersten Tag, als ich mit Martine den Raum betrat, um diese vierundzwanzig Bärtigen zwischen neunzehn und vierundzwanzig Jahren zu unterrichten. Ihre Haut war gegerbt von der Landarbeit, und ihre Gesichtszüge waren unter dem Bart und dem *pacol*-Barrett kaum zu erkennen. Ich betrachtete ihre Gesichter ganz genau, eines nach dem anderen, um zu sehen, ob vielleicht mein Sohn unter ihnen war. Natürlich war das verrückt. Aber wie sie dasaßen, waren sie alle für mich identisch mit Djahed. Ich war für sie da, wie ich für ihn da war. Von dem Augenblick an, als ich die Klasse betrat, wusste ich, dass alles gut gehen würde. Ich wusste, warum ich da war, und sie wussten es auch. Die Schüler waren mit uns zufrieden, und wir mit ihnen. Es gelang uns, uns gegenseitig zu respektieren, ohne die kühle Distanz, die sonst die Unterrichtssituation in den asiatischen Ländern prägt.

Baba fand Djahed schließlich. Mein Sohn war Soldat in Kabul und abwechselnd an der Front, im Kampf gegen die

Widerstandsgruppen, und im Trainingslager. Wenn er frei hatte, war er in unserem ehemaligen Haus, das jetzt von Leuten besetzt war, die die Regierung dort untergebracht hatte. Baba brachte mir ein Schwarzweiß-Foto von meinem Sohn. Er sah elend aus: Er war abgemagert und hatte eine Narbe am Kinn. Es beunruhigte mich, dass es ihm so schlecht ging.

Es war äußerst gefährlich für Djahed, den Versuch zu unternehmen zu desertieren. Ich musste die Situation genau analysieren und mich von verschiedenen Führern der Widerstandsbewegung beraten lassen. Keiner von ihnen konnte mir versprechen, ihn lebend nach Peschawar zu bringen. Ich beschloss, eine günstige Gelegenheit abzuwarten und währenddessen weiter für die neue Organisation zu arbeiten. Aber es verging kein Tag, an dem ich nicht Pläne schmiedete. Baba fuhr ständig hin und her, um Briefe zu transportieren.

Manchmal übersetzte ich Martines Unterricht, manchmal unterrichtete ich selbst. Wir hatten beschlossen, gründlich zu arbeiten und uns nicht von der Not unter Druck setzen zu lassen. Wir hatten ein nahezu vollständiges Unterrichtsprogramm zusammengestellt: Hygiene, Asepsis, Grundbegriffe der Physiologie, Beschreibung der wesentlichen Epidemien, die die jungen Leute vor Ort bekämpfen sollten, Theorie und Praxis der Impfung usw. Wir mussten oft ganz elementare Dinge wiederholen, wie etwa die berühmten drei Regeln, die man bei der Dosierung beachten muss. Wir wollten nichts halbherzig tun, nicht das Risiko eingehen, auch nur einen Einzigen loszuschicken, der seine Sache nicht verstand. Andererseits wollten wir in den Männern auch nicht die Illusion wecken, dass wir in wenigen Wochen Ärzte aus ihnen machen konnten.

Nach dieser dreimonatigen theoretischen Ausbildung absolvierten die Schüler ein Praktikum in den pakistanischen Flüchtlingslagern unter unserer Aufsicht. Dann wurden sie unter der Kontrolle einer Aufsichtsperson, die uns über ihre Tätigkeit berichtete, nach Afghanistan geschickt. Erst nach diesem Einsatz erhielten sie ihr Zertifikat. Mündliche Prüfung, praktische Prüfung, Einsatzbericht. Auch wenn wir uns im Krieg befanden, wollten wir eine qualitativ einwandfreie Ausbildung bieten.

Man kann sich kein ausgefüllteres Leben vorstellen als das, welches Martine und ich in jener Zeit führten. Wir standen um fünf Uhr auf, um die Ladung der Lieferwagen zu überprüfen, die die Isolierboxen für die nahe gelegenen Flüchtlingslager transportierten. Dann gingen wir durch die Lager, um die Praktikanten zu begleiten, zu prüfen und anzuleiten. Am Nachmittag erteilten wir Unterricht in unserer Schule. Oft kamen westliche Journalisten vorbei, denen wir Interviews geben oder für die wir übersetzen mussten. Da ich Persisch spreche, außerdem ziemlich gut Paschto und Französisch, wurde ich von allen internationalen Organisationen angefordert, die Kontakt mit Afghanen aufnehmen wollten. Unsere Organisation hatte bald einen sehr guten Ruf: Die anderen Hilfsorganisationen in Peschawar wollten, dass wir ihre Schüler ebenfalls im Impfen ausbildeten. Abends hatte ich immer Arbeitstreffen. Oft luden die verschiedenen Hilfsorganisationen zum Abendessen ein, um Kontakt aufzunehmen. Spät am Abend bereitete ich meine Kurse vor, korrigierte die schriftlichen Arbeiten der Schüler oder las Berichte über die sanitäre Situation in dieser oder jener Zone.

Wir hatten besonders viel Arbeit, da Philippe nach Frankreich zurückgekehrt war, um Geld zu organisieren und sowohl die staatlichen als auch die Nichtregierung-Organisationen davon zu überzeugen, uns zu helfen. Unsere Initiative entsprach einem solch großen Bedarf, dass unsere Organisation von Tag zu Tag größer wurde. Es ging sogar viel zu schnell: Wir konnten die Löhne für das Impfpersonal nicht bezahlen, ganz zu schweigen von unserem eigenen Gehalt. Bald würden wir kein Impfmaterial mehr haben. Wir lebten praktisch auf Kredit von dem Geld, das Philippe erst noch beschaffen musste.

Die Führer der Widerstandsgruppen waren nach wie vor sehr zurückhaltend, was Djaheds Flucht anging. Jeder, der über die Situation in Kabul informiert war, betonte, wie schwierig es sein würde. Aber wir konnten nicht endlos warten. So reifte in mir allmählich der Entschluss, meinen Sohn selbst aus Kabul herauszuholen, mit Hilfe der Widerstandskämpfer, zu denen ich am meisten Vertrauen hatte. Ich wollte selbst in den gefährlichen Augenblicken dabei sein, damit ich nie in die Lage kam, nicht Bescheid zu wissen. Ich arbeitete an meinem Plan und in der Zwischenzeit korrespondierte ich mit Djahed. Und ich sprach mit Baba über ihn.

Die neue Organisation nannte sich »Avicen« (*Afghanistan Vaccination and Immunisation Center*, Afghanisches Zentrum für Impfschutz), »Avicenne« oder auch »Ibn Sinâ«. Der Name dieses berühmten philosophischen Arztes symbolisierte die Verbindung zwischen den islamischen und den westlichen Kulturen. Philippe hatte diese junge Organisation zu Recht unter seinen Schutz gestellt: Sie entwickelte sich hervorragend. Ich lernte das Umfeld der internationalen Hilfe besser kennen. Die Menschen leisteten großartige Arbeit, aber es gab auch sehr viel Chaos und Missbrauch, das konnte ich jeden Tag feststellen.

Ich war äußerst sensibel für unangemessene Verhaltensweisen. Bestimmte Leute brachten mich einfach zur Weißglut: Ich nenne sie die »humanitären Abenteurer«. Es mangelt ihnen an jeglicher Kompetenz oder Qualifikation, aber sie meinen, dass ihre Dienste für die »Unterentwickelten«, denen sie gnädigerweise zu Hilfe kommen, immer noch gut genug sind. Früher war es in Europa anscheinend üblich, die Nichtsnutze in die Kolonien zu schicken. Ein unfähiger Weißer war per definitionem immer noch mehr wert als ein Eingeborener. Diese Sitte ist noch nicht ausgestorben. Es gibt in den Nichtregierungs-Organisationen sehr viele tüchtige und selbstlose Menschen, die eine ungeheuer große Hilfe sind. Durch sie ist die humanitäre Hilfe in zahlreichen Regionen der Welt zu einem Überlebensfaktor geworden. Aber es gibt auch eine nicht zu vernachlässigende Zahl von unfähigen Leuten, die in einem europäischen Krankenhaus noch nicht einmal den Fußboden kehren oder den Heizungskeller reinigen dürften, hier aber als Ärzte, Krankenschwestern und medizinisches Hilfspersonal arbeiten.

Zur damaligen Zeit war dies für viele eine gute Möglichkeit, einmal einen kleinen Abstecher nach Afghanistan zu machen. Einige Europäer und Amerikaner waren tatsächlich verkappte Touristen. Studenten kamen, um ihre Doktorarbeit oder ein Referat zu Ende zu schreiben, ließen sich von Widerstandskämpfern, die dabei jede Sekunde ihr Leben aufs Spiel setzten, ins Landesinnere begleiten und schrieben auf die Schnelle ein paar Berichte, die nur dazu dienten, ein Diplom zu erwerben. Andere kamen aus purer Sensationslust, suchten den Nervenkitzel oder wollten in ihrer Heimat als Helden gefeiert werden.

In Kabul standen die Afghanen unter der militärischen Kontrolle der Russen, aber in Peschawar wurden sie von diesen Abenteurern massiv ausgenutzt. Sie waren einfach nicht misstrauisch genug. Wie sollten sie auch? Wie hätten sie auf Anhieb einen echten Arzt von einem durchgefallenen Medizinstudenten unterscheiden können? Wie hätten sie den romantischen oder zynischen Abenteurer erkennen sollen, den verkappten Fotografen, der verlangt, dass zwanzig Männer im Kampf unkalkulierbare Risiken auf sich nehmen, nur damit er seine Fotos an Sensationsblättchen verkaufen kann?

Wenn ich hätte entscheiden können, hätte ich ein Drittel dieser angeblichen Freunde des afghanischen Volkes wieder in ihr Land zurückgeschickt. Aber die Führer der Widerstandsbewegungen akzeptierten und unterstützten alle: die Psychopathen, die Unglücklichen mit den gebrochenen Herzen, die Abenteurer, die Schurken, die Drogenabhängigen. Es war, als hätten sie einen Minderwertigkeitskomplex aus der Kolonialzeit zurückbehalten – als seien alle Menschen aus Europa und Amerika ihnen an sich schon überlegen und verdienten daher ihren Respekt. Die Afghanen verschwendeten ihre Gastfreundschaft. Sie gingen von ihrem Prinzip aus, dass man unter Freunden großzügig sein muss. Sie dachten, wenn man zu einer mächtigen Familie gehört, darf man nicht darauf hinweisen, dass der Cousin Alkoholiker ist oder der Onkel geistesgestört. In ihrem Inneren wussten sie es. Doch sie waren gezwungen, weiterhin zu allen freundlich zu sein, weil man nicht wissen konnte, wer einmal nützlich sein konnte.

Ich geriet außer mir vor Wut, wenn die Anführer der Widerstandsbewegungen gegnerische Männer töten ließen, um ein paar Schlaumeier zufrieden zu stellen, die man in Frankreich nicht drei Tage an einer Arbeitsstelle behalten hätte. Sie organisierten Operationen aus dem Hinterhalt, um die Launen einiger Fantasten zu befriedigen, die sich für große Strategen hielten. Wer sorgte hier für wen? Versorgten diese Heimatvertriebenen die Wunden der Afghanen oder musste man vielmehr annehmen, dass die Afghanen – die ausgeglichener waren, weil sie die harte Realität des Lebens besser kannten – die Psyche zahlreicher Europäer wieder aufbauten? Wenn man die Dinge von diesem Blickwinkel aus betrachtete, erschien der Austausch zwischen reichen und armen Ländern sehr viel ausgeglichener.

In den internationalen Hilfsorganisationen gab es auch regelrechte Halunken. Einige Organisationen boten Kurse an, um Geld zu verdienen. Eine amerikanische Gruppe warb zum Beispiel damit, in achtzehn Monaten Chirurgen auszubilden, die Kugeln herausoperieren konnten, Feldärzte und Orthopäden. Diese Chirurgen konnten dann sicher eine Kugel mit der Pinzette entfernen, aber sie hatten keine Ahnung von Physiologie oder der Funktion der Organe, mit denen sie in Berührung kamen. Sollte doch drauflos operieren, wer wollte – und überleben, wer konnte!

Diese »Ausbildungszentren« wurden von naiven Sponsoren finanziert, die möglichst viele diplomierte Ärzte ausbilden wollten – aus diesem Grund wurden am laufenden Band Diplome fabriziert. Ich sah in diesen Organisationen eine extreme Gefahr für die Zeit nach dem Krieg und den Wiederaufbau des Gesundheitssystems in Afghanistan. Diese Leute würden nach dem Krieg ihre Arztdiplome bestimmt nicht in Stücke reißen. Falls der Krieg in Afghanistan überhaupt eines Tages beendet sein sollte. Manchmal denke ich an einige Chirurgen, die ich kenne. An zwei oder drei, die auch unter den schlimmsten Bedingungen in Kabul geblieben sind und die wir in den Nachrichten immer bei ihrer Arbeit sehen – nach fünfzehn Kriegsjahren, während derer sie Tag und Nacht operierten, unter den schlimmsten Bedingungen ...

Bei meiner Ankunft hatte ich großen Respekt vor den Menschen, die sich in den Hilfsorganisationen engagierten. Ich fragte mich, warum so viele Männer und Frauen, die friedlich in einem angenehmen Land leben konnten, ihre Heimat verließen. Mir wurde schnell klar, dass das Leben in Peschawar für sie nicht so schwierig war: Sie hatten zahlreiche Hausangestellte, abends fanden Tanzveranstaltungen statt oder es gab Billardparties im Hotel Intercontinental. Das fehlte ihnen zu Hause, denn dort hätten sie sich all dies nicht leisten können.

Gewiss, im Sommer ist es sehr heiß in Peschawar, aber die Europäer hatten Klimaanlagen, die Tag und Nacht funktionierten, in jedem Zimmer, und den nötigen Komfort, um sie für die klimatischen Verhältnisse zu entschädigen: kalte Getränke, Duschen, Swimmingpools, gepflegte Gärten. Die gemeinsamen Abendessen dauerten meist bis tief in die Nacht, manchmal spielten traditionelle afghanische oder pakistanische Orchester. Dieser Luxus störte mich sehr. Ich wollte, dass der größte Teil des Geldes den Afghanen zugute kam, und nur ein Minimum den Ausländern.

Auf der anderen Seite muss ich sagen, dass einige Ausländer enorm viel und sehr effizient arbeiteten. Gerechterweise muss ich auch hinzufügen, dass sehr viel Geld auf der afghanischen Seite verloren gegangen ist. Es gab Anführer von Widerstandsgruppen, die keine Skrupel hatten, Bevölkerungsgruppen, die von den Russen gar nicht bedroht und noch weit entfernt von den Kampfgebieten waren, mal eben in der pakistanischen Wüste unterzubringen – nur um Geld von einer internationalen Hilfsorganisation zu erhalten. Frauen, Kinder und alte Menschen lebten an diesen verlorenen Orten, ohne Wasser, ohne Bäume, unter überhitzten Zelten bei fünfzig Grad im Schatten. Und die Anführer behielten so viel sie nur konnten von der internationalen Hilfe und ließen sich in der Stadt nieder, mit einer kleinen Gruppe von Privilegierten, Hausangestellten, Chauffeuren und Leibwächtern.

In diesen Wüstengebieten war es unmöglich, sich zu erfrischen. Das Wasser, das man woanders holte, war zu warm, wenn es ankam, als dass die Kinder es hätten trinken können. Die Jugendlichen gingen nicht zur Schule. Solange sie noch keine Waffen bedienen konnten, verbrachten sie ihre Zeit damit, im Staub hinter einer Kugel aus Lumpen herzulaufen, die ihnen als Ball diente. Was sollte aus ihnen werden? Was kann unter diesen Bedingungen aus einem Land werden? In den Lagern, die wir besuchten, um Impfungen durchzuführen, sahen wir menschliches Elend, wie es schlimmer nicht sein kann. Die Sterblichkeitsrate unter den Kindern war so hoch, dass die Eltern ihre toten Kinder gar nicht mehr beweinten. Ich habe Mütter gesehen, die den Leichnam ihres Kindes in den Armen hatten und ihr totes Kind ansahen, ohne jegliche Reaktion, ohne eine Träne, mit verschlossenem Gesicht. Sie hielten es den medizinischen Helfern hin wie einen stummen Vorwurf.

Im Haus von *Avicen* bedienten die pakistanischen Hausangestellten am Tisch, rasch und lautlos, die reinsten Schatten, wie in den Romanen von Rudyard Kipling. Sie machten die Betten und räumten die Zimmer auf, wuschen die Wäsche und legten sie zusammen. Sie hätten sich nie erlaubt, ein Wort zu sagen. Aber ich wusste, was sie unter sich über die Sitten und das Benehmen der Europäer sagten. Die Afghanen, die ich in den Lagern traf oder in der Stadt, wollten, dass ich bei ihnen wohnte: Sie fragten sich, wie eine Muslimin mit Europäern zusammen wohnen konnte. Die Afghanen und die Pakistani konnten nicht verstehen, dass Menschen unter demselben Dach leben können, Männer und Frauen, wenn sie nicht zur selben Familie gehörten. Zwei Welten trafen aufeinander, ohne sich zu verstehen, wobei es allerdings auf beiden Seiten außergewöhnliche Persönlichkeiten gab, die durchaus in der Lage waren, die Mentalität der anderen zu begreifen.

Ich gehörte beiden Welten an. Ich litt mit den Afghanen unter der oft noch kolonialen Mentalität der Europäer, und es war mir manchmal peinlich, wie sich manche von ihnen benahmen. Ich neigte immer dazu, diejenigen zu verteidigen, bei denen ich gerade nicht war. In den Lagern versuchte ich, die dort vorherrschenden Bilder etwas ins rechte Licht zu rücken: Nicht alle Europäer führten ein ausschweifendes Leben, nicht alle europäischen Frauen waren Nymphomaninnen, und nein, es stimmte nicht, dass sich abends in den Häusern der Europäer Orgien abspielten, sobald die Türen geschlossen waren ...

Im Zentrum verhielt ich mich oft sehr aggressiv am Tisch mit dem ausländischen medizinischen Personal. Ich versuchte, ihnen zu zeigen, wie das Bild entstand, das die Afghanen und Pakistani von ihnen hatten. Ich erklärte zum Beispiel, dass es in einem islamischen Land absolut unvorstellbar ist, dass eine Frau sich nackt in die Sonne legt, bei offenem Fenster, im Erdgeschoss, dass sofort alle pakistanischen Gärtner darüber informiert sind, selbst wenn sie nicht einen einzigen von ihnen gesehen hat. Oft habe ich den Tisch weinend verlassen, um mich in mein Zimmer zu flüchten. Meine Freunde entschuldigten dieses Verhalten dann mit Überarbeitung. Aber es ging um etwas anderes.

Einige Europäer behandelten die Afghanen oft wie Wilde, und sie merkten es nicht einmal. Sie vergaßen, dass sie es mit einem Volk zu tun hatten, das sich im Kriegszustand befand, das alles verloren hatte, auf das Elend in den Lagern angewiesen war, im Chaos lebte. Sie wussten nicht, dass sie auf eine sehr alte Zivilisation trafen, mit uralten Traditionen. Oft sahen sie von diesen Schätzen nichts, bemerkten sie nicht.

Mein Unbehagen erreichte seinen Höhepunkt in der Nacht des 14. Juli, in dem Haus, in dem Martine und ich lebten. Es gab ein riesiges Feuerwerk. Wie viele Mahlzeiten hätten wir mit dem Geld bezahlen können, das für diese Sprengkörper, die man extra aus Frankreich hatte kommen lassen, ausgegeben worden war! Die glühenden Reste des Feuerwerks fielen vor unseren Mauern auf die Zelte der Flüchtlinge. Aus dem Haus hörte man nur Bravorufe, Applaus, fröhliches Gelächter und das Klingen von Sektgläsern. Trotz des Lärms hörte ich seltsame Schreie. Aufheulen. Das waren keine Freudenschreie, da schrien Menschen vor Entsetzen. Es war ein lautes, wortloses Heulen. Ich bin schnell mit Martine nach draußen gegangen, um zu sehen, was los war. Vielleicht hatte ein Feuerwerkskörper, der nicht richtig verlöscht war, die Zelte in Brand gesetzt.

Wir sahen Flüchtlingskinder, mit nackten Füßen, unterernährt, die in den Himmel und auf das Feuerwerk sahen, mit einem Gesichtsausdruck, den ich nie vergessen werde. Sie waren gleichzeitig fasziniert durch die Farben der Raketen und verängstigt durch den Krach der Explosionen, der sie an den Krieg erinnerte. Sie hatten mit diesen Dingen nur eine Erfahrung gemacht: die der Leuchtraketen, die die Russen in ihren nächtlichen Angriffen auf ihre Dörfer geworfen hatten. Ich verstand dies sofort, als ich in ihre Gesichter sah. Diese Raketen erinnerten sie an das Erlebnis, das ihnen ihre Familie genommen hatte, an ihre übereilte Flucht, ihr Exil. War es das, was wir für sie bedeuteten? Menschen, die farbige Raketen erfunden hatten, während die Russen nur weiße hatten? Welches neue Unglück kündigten diese neuen Zeichen an?

Der Kontrast tat mir weh. Nur wenige Meter von hier glaubten die Franzosen, die Menschenrechte zu feiern, in deren Namen sie gekommen waren, voller Großzügigkeit, um in Pakistan für Afghanistan zu arbeiten. Aber die kleinen Afghanen zitterten vor Angst in der Nacht.

Als Nomadin verkleidet nach Kabul

Baba ließ mir sagen, dass die Mittelsmänner, über die er Kontakt mit Djahed hatte – die Leute, die in meinem Haus wohnten –, die Tür vor ihm verschlossen hatten, weil sie sein Kommen und Gehen für zu gefährlich hielten. Er konnte also nichts mehr für uns tun. Ich schloss daraus, dass Djahed getötet worden war und Baba mir dies nicht sagen wollte. Ich hatte nur noch einen Gedanken: Ich wollte selbst an Ort und Stelle, also in Kabul, nachsehen, was los war.

Ich fragte den Kommandanten Amin Wardak um Rat, zu dem ich vollstes Vertrauen hatte. Er schien mir der aufrichtigste von allen, die ich kannte, weil er das Geld, das er erhielt, an seine Kämpfer und an die Bauern aus dem Gebiet verteilte, das unter seinem Kommando stand. Er war einer der ersten Anführer einer Widerstandsgruppe, der das Risiko auf sich nahm, Europäer nach Afghanistan zu bringen. Er zögerte nicht, sein eigenes Leben aufs Spiel zu setzen: Alle drei bis vier Monate ging er nach Afghanistan, während einige seiner Kollegen das ganze Jahr in Peschawar blieben ... Er war für alles offen und traf sich sowohl mit Frauen als auch mit Männern, während viele Anführer Europäer nur sehr zurückhaltend empfingen und Frauen überhaupt nicht, auch wenn sie Afghaninnen waren. Er verlangte auch nichts für seine Dienste. Wardak riet mir davon ab, nach Kabul zu fahren. Es sei zu gefährlich. Er empfahl mir einen seiner Männer, der sehr tüchtig sei und dessen Hauptaufgabe darin bestand, Menschen von Kabul nach Pakistan zu bringen.

Das interessierte mich. Auch wenn die Hin- und Rückreise, wie er mir versicherte, etwa zehn Tage dauerte. Ich ließ mir den Schlepper vorstellen, von dem er gesprochen hatte. Er war schon etwas älter und meinte, dass es nur eine wirkliche Schwierigkeit gäbe: Er könnte nichts machen, wenn Djahed nicht freiwillig mitkommen wolle. Ich schrieb Djahed einen Brief, um ihm diesen Mann zu empfehlen. Ich spielte darin auch auf eine gemeinsame Erinnerung an, die nur in unserer Familie bekannt war: So konnte mein Sohn sicher sein, dass wirklich ich es war, die ihm diesen Mann empfahl. Ich schrieb den Brief auf ein Stück Stoff, den der Schlepper in das Futter seines Kittels einnähte. Damit der Schlepper Djahed erkennen konnte, gab ich ihm ein Foto aus der letzten Zeit mit. Dann zählte ich die Tage.

Am zwölften Tag teilte man mir, während ich gerade Unterricht gab, mit, dass zwei Leute aus dem Umfeld des Kommandanten mich sprechen wollten. Ich dachte, dass es sich um den Schlepper und meinen Sohn handelte. Deshalb eilte ich aus dem Klassenzimmer. Es war tatsächlich der Schlepper, aber er war in Begleitung eines Vertrauensmannes des Kommandanten. Der Schlepper sah traurig aus und wagte nicht, mich anzusehen. Ich hatte große Angst, dass er mir mitteilen würde, mein Sohn sei tot. Nach einigen Minuten des Schweigens lud ich die beiden Männer in mein Büro ein. Ich stellte keine Frage. Der Schlepper sagte: »Ich habe Ihren Sohn gefunden. Ich habe ihm vorgeschlagen, mit nach Pakistan zu kommen, um Sie zu treffen. Er hat sich geweigert.«

»Warum hat er sich geweigert?«

»Er hat mir geantwortet, er habe keine Mutter mehr. Seine Mutter sei schon vor langer Zeit gestorben, er kenne niemanden in Pakistan.«

Ich lebte wieder auf. »Sie haben sich geirrt. Das war nicht mein Sohn. Er hätte niemals gesagt, dass ich tot bin. Das war er nicht.«

Er hatte sich tatsächlich geirrt. Er dachte, er hätte Djahed nach dem Foto erkannt. Der junge Mann, den er gefragt hatte, hatte ihm seinen Namen genannt. Er hieß nicht Djahed. Aber der Schlepper war sich so sicher, dass er annahm, der Junge habe gelogen. Er hatte sich von der Ähnlichkeit täuschen lassen. Ich setzte meinen Unterricht fort und ging dann so schnell wie möglich zum Kommandanten, der so großes Vertrauen in seinen Mann hatte, dass er mir versicherte, dass er sich niemals irre. Ich war jedenfalls sicher, dass er Djahed nicht getroffen hatte. Deshalb bat ich Wardak, dass er umgehend meine eigene Abreise organisieren sollte, trotz seiner Bedenken.

Für »Avicenne« hätte der Moment nicht ungünstiger sein können. Philippe war in Frankreich. Meine Freundin Martine machte für ein paar Wochen Urlaub in Frankreich. Es gab ungeheuer viel zu tun, ich musste große Verantwortung übernehmen und wichtige Entscheidungen treffen. Mehrere Organisationen, wie »Ärzte ohne Grenzen« und UNICEF, nahmen Kontakt zu uns auf, um mit uns gemeinsam Impfpersonal auszubilden. Diese Gespräche führte ich noch neben der täglichen Arbeit. Trotzdem musste ich dringend nach Kabul.

Ein paar Tage später teilten mir die Widerstandskämpfer mit, dass alles bereit sei und ich bei Anbruch der Nacht zu ihnen kommen solle. Ich hatte ein paar Stunden, um mich vorzubereiten. Ich schrieb einen Brief an Mariam, der nur abgeschickt werden würde, falls mir etwas zustoßen sollte. In denselben Umschlag steckte ich für sie ein Foto von Djahed und einige seiner Briefe, damit sie ein Andenken an ihren Bruder hatte. Einen weiteren Brief schrieb ich an meine Freunde von »Avicenne«, um sie über meine Abreise zu informieren. Ich erklärte ihnen meine Handlung. Ich entschuldigte mich, dass ich die Arbeit im Stich ließ. Ich bat sie, das kleine Paket, das ich für Mariam vorbereitet hatte, abzuschicken, wenn ich innerhalb eines Monats nicht zurück sein sollte. Nachdem ich die Briefe geschrieben hatte, räumte ich mein Zimmer auf und machte die Wohnung gründlich sauber. Dann aß ich zu Abend, extra bevor alle kamen, um meine Angst nicht verbergen zu müssen. Ich vermied es, in den Gängen meinen Arbeitskollegen zu begegnen.

Ich beschloss, Mariam anzurufen, ohne ihr etwas von meinen Plänen zu erzählen, damit sie keine Angst hatte. Ich musste ihre Stimme hören. Aber als ich den Hörer nach dem Gespräch auflegte, war ich trauriger als zuvor. Ich setzte mich an meinen Tisch und betrachtete intensiv die Fotos von meinen Kindern, bis es Zeit war aufzubrechen. Ich küsste sie, schloss die Tür, ohne mich noch einmal umzudrehen und verließ schnell das Zentrum, ohne noch irgendjemandem zu begegnen. Ich hatte mich als Nomadin gekleidet, um leichter durch die Kontrollen zu kommen. Die Nomaden sind immer schon in Afghanistan herumgereist, ohne sich um den Staat oder irgendwelche Grenzen und Gesetze zu kümmern. Niemand hat sie noch je zu irgendetwas gezwungen. Selbst als das Land unter dem König zentralisiert werden sollte, schaffte der Staat es nicht, die Nomaden dazu zu bringen, sich Papiere zuzulegen oder den Militärdienst zu leisten. Die weite rote Hose und die farbige Kleidung der Nomadenfrauen erschienen mir für mein Unternehmen am geeignetsten. Wenn ich meine Rolle durchhalten konnte, würde mich niemand – keine Gruppe und keine Armee – auch nur irgendetwas fragen. Die Nomadenfrau ist stolz und frei. Oft reist sie sogar allein und ist bewaffnet. Das kam mir entgegen.

Im Haus der Widerstandskämpfer wartete ich, bis es vier Uhr morgens war. Diese Zeit hatten wir für die Abreise festgelegt. Ich fragte mich, ob es vernünftig sei, so in die Gefahr zu laufen. Die Sätze einiger meiner französischen Freunde fielen mir ein: »Vergiss deinen Sohn! Wenn du dich auf die Suche nach ihm begibst, riskierst du, auch noch deine Tochter zu verlieren.« Der Kommandant kam zu mir, um sich zu vergewissern, ob ich nach wie vor entschlossen war. »Noch können Sie zurück, das wissen Sie! Ich kann Ihnen nichts garantieren, selbst wenn ich bereit bin, alles zu tun, was in meiner Macht steht. Es kann sein, dass man Sie tötet. Oder schlimmer noch: dass man Sie foltert. Sie werden dann gezwungen sein, Ihre Pläne offen zu legen. Damit bringen Sie uns auch in Gefahr. Doch selbst unter diesen Bedingungen sind wir bereit, Ihnen zu helfen, weil wir wissen, was Sie tun.« Ich versicherte ihm, dass ich seinen Namen nicht preisgeben würde, auch nicht den seiner Leute – egal, was geschehen würde.

»Sagen Sie das nicht. Selbst die abgehärtetsten Männer reden, wenn sie gefoltert werden.«

Ich war in diesem Moment sicher, dass ich nie etwas verraten würde, selbst wenn sie mich in kleine Stücke schneiden würden. Ich sagte kurz, dass ich nach wie vor entschlossen sei. Um vier Uhr morgens, nach dem Frühstück, stiegen wir in den Jeep des Kommandanten und fuhren bis zum Busbahnhof von Peschawar. Der Kommandant hatte eine alte Frau als Begleitung für mich ausgesucht, die ich Ama nannte, und einen alten Mann. Wir stiegen alle drei in den Omnibus und fuhren zum berühmten Khyber-Pass an der afghanischen Grenze. Einige Stunden später verließen wir den pakistanischen Bus und stiegen um in einen Lieferwagen. Es gab keine Sitze hinten. Ich musste mich also auf die Ladefläche kauern. Wir fuhren über eine sehr unebene Piste voller Schlaglöcher und Unebenheiten. Ich rutschte von links nach rechts und von vorn nach hinten, ohne mich richtig festhalten zu können.

Diese unbequeme Reise dauerte etwa eine Stunde. Als es Tag wurde, hielten wir in einer Wüste. Aber diese Wüste war ausgesprochen bevölkert: Viele Männer waren damit beschäftigt, Geld umzutauschen. Pakistanische Rupien gegen Afghani oder umgekehrt. Schon vor Tagesanbruch wurde dort eifrig geschachert. Ich musste kein Geld umtauschen. Der Kommandant hatte das an einem diskreteren Ort für mich erledigt. Ama erklärte mir, dass es unter diesen Leuten eine Menge Spione gab, die – unter dem Vorwand, Geld zu wechseln – die Naiven zum Reden brachten und ihnen Auskünfte über ihre Wegstrecke und die Widerstandsbewegung entlockten.

Mir tat alles weh von der Reise, ich war total verspannt, wie gelähmt und übernächtigt. Ich konnte kaum aus dem Lieferwagen steigen. Der Fahrer hielt mir einen Stock hin und rief aus: »Sieh mal an, die Großmama braucht Hilfe!« Ich war keine »Großmama«. Aber ich war doch froh, dass er meine Hand nahm. Zum Spaß ließ ich sie ein bisschen zittern. Ich freute mich, dass meine Verkleidung so erfolgreich war. Gebeugt durch die Verspannungen, die ich mir in dem Lieferwagen zugezogen hatte, konnte ich mich ohne Probleme auf den Stock stützen. Ich war verschleiert, wie es sich gehörte, und damit beschäftigt, auf den Boden zu schauen, so weit der Schleier das zuließ, wie es sich für eine alte Dame geziemt, auch wenn sie Nomadin ist. Wir gingen zu Fuß zur Grenze, die von schwer bewaffneten pakistanischen Soldaten bewacht war.

Ama erklärte der uniformierten Frau, die uns ausfragte, dass ich ihre Schwiegertochter sei. Unglücklicherweise könne ich keine Kinder bekommen, deshalb musste sie mich in eine moderne Klinik in Pakistan bringen. Dort sei ich untersucht und versorgt worden, jetzt wollten wir nach Kabul zurück. Sofort schlüpfte ich in eine andere Rolle. Ich richtete mich etwas auf und gab mich bescheiden, fast beschämt, wie eine junge Frau eben, deren intime Probleme in der Öffentlichkeit angesprochen werden. Fünf Minuten vorher war ich noch eine Alte gewesen, jetzt war ich eine junge, unglückliche Ehefrau. Die Pakistanin fragte nicht weiter. Unfruchtbarkeit ist in diesen Ländern eine solche Schmach, dass ich ihr leid tat. Immer noch auf der pakistanischen Seite untersuchte mich eine kräftige Frau in Uniform. Sie ging davon aus, dass ich Geld hatte und ließ nicht locker. Ich glaube schon, dass sie das Geld gefühlt hat, dass ich in meinen Büstenhalter eingenäht hatte. Die Leibesvisitation zog sich ewig hin und begann immer wieder von vorn. Ama, die Landessitten und übliche Tarife besser kannte als ich, flüsterte mir zu: »Gib ihr einen 500-Rupien-Schein!« Das reichte tatsächlich, um den Diensteifer der Pakistanin zu besänftigen.

Die Grenze war durch eine dicke Kette gekennzeichnet, die die Straße versperrte. Von überall her kamen Hunderte von Menschen, die darauf warteten, passieren zu dürfen. Ich schauderte, als ich die afghanischen Militärs des prosowjetischen Regimes erblickte. Ihre Uniformen erinnerten mich an die Schrecken der letzten Monate, die ich in Kabul verbracht hatte. Ich nahm mich zusammen und dachte daran, dass mein eigener Sohn diese Uniform trug: Viele junge Männer, die dort standen, mussten mehr oder weniger in derselben Situation sein. Sie wurden gezwungen, diesen Dienst zu verrichten.

Ich zögerte, über die Kette zu steigen. Ich blickte auf diese bewaffneten Soldaten. Bruchteile einer Sekunde hielt ich meinen Fuß zurück, ehe ich ihn auf afghanischen Boden setzte. Natürlich war ich durch meinen Schleier und meine Nomadenkleidung geschützt. Trotzdem stellte ich mir vor, dass diese Blicke, die mich unter die Lupe nahmen, mich bis aufs Mark durchbohren und meine geheimsten Absichten entdecken konnten. Ich zitterte wie Espenlaub. Nachdem ich die Kette überwunden hatte, spürte ich Erleichterung und feste Entschlossenheit. Meine Panik war nur von kurzer Dauer, gerade die Zeit, die nötig war, um über die Kette zu steigen. Ich stand jetzt mit beiden Füßen fest auf dem Boden meines Landes und mir war vollkommen klar, warum ich gekommen war.

Auf der afghanischen Seite der Grenze interessierte man sich vor allem für das Gepäck. Das war mir recht, denn ich hatte nur ein kleines Bündel. Ich prüfte die Blicke, untersuchte die Gesichter: Ich sah, dass meine Verkleidung ihren Zweck erfüllte. Niemand hegte auch nur den geringsten Verdacht gegenüber Nomaden, die über die Grenze kamen. Meine Kleidung und meine Haltung waren absolut überzeugend. Wir stiegen in den Bus nach Dschalalabad, der ersten afghanischen Stadt nach der pakistanischen Grenze, etwa zwei Fahrstunden entfernt. Jedenfalls in Friedenszeiten und wenn die Straßen in Ordnung waren. Wir kamen ohne allzu große Verzögerung gegen Mittag an.

Warum nicht gleich weiterfahren? Von Dschalalabad nach Kabul waren es nur eineinhalb Stunden. Man antwortete uns, dass diese Strecke sehr gefährlich war, dass es ab drei Uhr nachmittags regelmäßig Überfälle von Widerstandskämpfern gab. Wir mussten die Nacht also in Dschalalabad verbringen. Für Personen, die ohne Papiere unterwegs waren, war es unmöglich, in ein Hotel zu gehen. Wir blieben also in der Nähe des Busbahnhofs, in einem großen Innenhof, der als Werkstatt für Lastwagen diente. Der alte Mann erhielt für uns die Erlaubnis, einen kleinen Raum ohne Fenster, ohne Wasser und Strom zu benutzen, in dem zwei sehr schmutzige Betten standen. Ama grub mit ihrer Krücke in einer Ecke des Zimmers eine kleine Grube, die wir als Toilette nutzten. Der Alte legte sich freundlicherweise draußen hin, quer vor die Tür.

Was blieb uns anderes übrig, als zu schlafen, damit die Zeit verging? Es war erst drei oder vier Uhr nachmittags, aber mir war absolut nicht danach zumute, Dschalalabad zu besichtigen. Um mir möglichst wenig Sorgen zu machen, schlummerte ich vor mich hin. Es war etwas unvorsichtig, aber ich war das Risiko eingegangen und hatte eine kleine Apotheke in meinem Bündel mitgenommen: Normalerweise führt eine Nomadenfrau keine Tabletten mit sich. Aber ich wusste, dass man bei derartigen Unternehmungen häufig nicht schlafen konnte, und ich brauchte unbedingt meinen klaren Verstand. Schlafmittel und Schleier schützten mich zuverlässig vor dem Lärm, der von außen ins Zimmer drang – und es war weiß Gott laut. Sobald es hell wurde, ertönten die Hämmer der Automechaniker, die die Karosserien der Omnibusse ausbeulten, nur wenige Meter von meinen Ohren entfernt. Zumindest erzählten mir dies meine beiden Alten, denn ich schlief vom Nachmittag an bis um fünf Uhr morgens, als die alte Frau mich weckte, weil wir zum Busbahnhof mussten.

Es handelte sich um ein sehr unebenes Gelände, wo bereits zu so früher Stunde Hunderte von Menschen in der größten Unordnung warteten. Die Busse nach Kabul füllten sich nach und nach im selben Rhythmus, wie sie ankamen. Sie waren vollkommen überladen: Die Reisenden saßen auf dem Dach und in den Gängen und klammerten sich sogar hinten auf den Stoßstangen fest. Der Preis war derselbe, ob man nun einen bequemen Sitz erwischt hatte oder mühsam auf dem Dach bzw. auf den Stoßdämpfern sein Gleichgewicht halten musste. Deshalb gab es solch ein Gedränge. Trotzdem gelang es uns, ins Innere des Busses vorzudringen, wobei uns unser Status als »alte Frauen« zugute kam. Ama hatte viel Gepäck. Sie reiste für die Widerstandsbewegung, aber sie nutzte die Gelegenheit auch, um in Pakistan einzukaufen. In Kabul war nicht mehr viel zu bekommen. Sie vertraute ihre Sachen einfach jemandem an, der auf dem Dach saß. Ich behielt mein Bündel lieber auf den Knien. Um sieben Uhr war der Bus beladen und wir fuhren los.

Nach einigen Kilometern war die Straße durch ein Gefecht blockiert. Stehende Fahrzeuge verstopften die Fahrbahn vor uns. Rechts von uns erkannten wir Mudschaheddin, links die staatlichen Streitkräfte. Sie feuerten über die Fahrzeugkarawane hinweg aufeinander. Die Panzerabwehrraketen und Granatwerfer bildeten über den Bussen ein Gewölbe aus Eisen und Feuer, mit einem lauten Getöse aus Explosionen. Niemand hatte natürlich ein Interesse daran, die Busse zur Zielscheibe zu machen. Man konnte nur hoffen, dass nicht irgendeinem Tölpel ein Fehler unterlief, wenn er seinen Schuss vorbereitete. Unser Fahrer war sehr mutig und beschloss, den Zwischenfall auszunutzen, um vor seinen Konkurrenten in Kabul zu sein. Er schaltete, fuhr rechts von der Straße herunter auf die Seite der Widerstandskämpfer und gab ordentlich Gas. Wir sahen die Mudschaheddin, die tapfer auf die Straße zugingen und sich dem Feuer stellten, während ihre Frauen und Kinder so schnell wie möglich wegliefen. Diese Gruppe musste völlig unvorhergesehen angegriffen worden sein, denn die Mudschaheddin zogen nicht mit ihren Frauen und Kindern in den Kampf.

Bald war von diesem Spektakel nichts mehr zu sehen, denn der Fahrer raste in einem mörderischen Tempo über die Straße, um diese Zone so schnell wie möglich hinter sich zu lassen. Die Fahrgäste, die oben auf dem Dach saßen, fingen an, wie wahnsinnig mit den Füßen zu trampeln und zu schreien. Wir fragten uns, was wohl passiert war. Der Fahrer bemerkte zunächst nichts von diesem Gepolter, weil der

Krach der Explosionen noch recht laut war. Doch nach einigen Minuten hielt der Bus an. Wir erkannten schnell, was geschehen war: Das ganze Gepäck auf dem Dach brannte. Ein Stück einer Rakete oder einer Granate war fatalerweise auf die Gepäckstücke gefallen und hatte sie in Brand gesetzt. Von den Menschen war niemand verletzt, aber um nicht mit dem Gepäck abzubrennen, waren unsere unglücklichen Mitreisenden gezwungen gewesen, alles von Bord zu werfen, was Feuer gefangen hatte.

Ama hatte alles verloren, dabei hatte sie in Pakistan so viel Geld ausgegeben! Jeder stürzte sich auf die Straße, um alles einzusammeln, was noch zu retten war. Aber es gab weder Wasser, noch Sand oder Erde, keine Schaufel und schon gar keinen Feuerlöscher, womit wir die kleinen Brände, die die Straße übersäten, hätten löschen können. Außerdem mussten wir sehen, dass wir aus diesem Kampfgebiet herauskamen. Die Männer versuchten, die Flammen auf den Gepäckstücken mit ihren Schuhen auszutreten, aber sie verbrannten sich nur ihre Hosensäume. Wir mussten erkennen, dass nichts zu machen war und wir am besten so schnell wie möglich zusahen, dass wir nach Kabul kamen.

Diese Strecke, für die man normalerweise weniger als zwei Stunden brauchte, war so unbefahrbar geworden, dass wir bis mittags erst knapp die Hälfte geschafft hatten. Wir waren noch etwa achtzig Kilometer von Kabul entfernt, in Sarowbi. Dort trafen wir auf einen Konvoi russischer Panzerfahrzeuge, die von Russen und Afghanen geführt wurden. So unauffällig wie möglich nahm ich alle Soldaten unter die Lupe, um zu sehen, ob sich vielleicht mein Sohn unter ihnen befand. Ich wusste, dass meine Bemühung nicht sehr erfolgversprechend war, denn meine Erinnerung an die Gesichtszüge meines Sohnes war sehr trügerisch. Außerdem trugen die meisten Soldaten ihren Helm und ihre Brillen. Ich übte mich darin, mir sein Gesicht nach dem Foto ins Gedächtnis zu rufen und nicht nach meiner persönlichen Erinnerung, die mehr als acht Jahre zurücklag.

Wir aßen in einer *memonkhona*, wörtlich übersetzt bedeutet dies so viel wie: »Haus der Gäste«, »Haus der Reisenden«. Ich war glücklich. Ich stellte mir vor, dass ich vielleicht schon in einer Stunde meinen Sohn sehen würde. Aber es dauerte ungeheuer lange, bis wir die Strecke hinter uns gebracht hatten. Es waren Löcher in der Straße, als hätte ein verrückter Bauer sein Feld bearbeitet und kreuz und quer in alle Richtungen gepflügt. Die Asphaltschicht war vollkommen verschwunden. Je mehr wir uns Kabul näherten, desto mehr russische Militärs tauchten auf. Während der letzten Kilometer musste der Bus alle paar Minuten halten, um Panzerkonvois durchzulassen, die die Straße überquerten und sie mit ihren dicken Raupen noch ein wenig mehr zerstörten. Überall mussten wir ausweichen, um die tiefsten Löcher zu umfahren. Die Straße war nicht mehr zu erkennen. Die Strecke war eher ein netzartiges Gewebe, ein Durcheinander von schwer befahrbaren Wegen. Gegen vier Uhr nachmittags kamen wir endlich am Busbahnhof von Kabul an. Nun musste ich noch aus dem Vorort ins Zentrum kommen. Ich verabschiedete mich von Ama und ließ mir ihre Adresse geben, falls ich sie brauchen sollte. Ich prägte mir die Anschrift ein, damit man bei mir keinerlei belastendes Beweismaterial finden konnte.

Anschließend nahm ich ein Taxi, um zu meinem Haus zu fahren, das, wie ich wusste, von Leuten bewohnt war, die die Regierung dort einquartiert hatte. Auf dem Weg in die Stadt erkannte ich die Häuser und Geschäfte wieder. Doch nichts war mehr wie vorher: Die Stadt war staubig, traurig. Ich fuhr durch eine trostlose Stadt. Das Taxi hielt gegenüber von meinem »Zuhause«. Als ich ausstieg, hatte ich das Gefühl, dass die ganze Vergangenheit ein Traum gewesen war und dass ich dieses Haus nie verlassen hatte. Auf der Straße war es ruhig. Der Gemüsehändler, der sein Geschäft im Erdgeschoss hatte, war immer noch da. Er war kaum gealtert. Ich hütete mich, ihn zu begrüßen.

Ein Zwischenfall, der sich ereignete, als ich aus dem Taxi stieg, erinnerte mich daran, dass ich vorsichtig sein musste.

Bevor ich den Fuß auf die Straße setzte, wollte ich natürlich bezahlen.

»Vielen Dank. Wie viel schulde ich Ihnen?«

Der Fahrer drehte sich plötzlich um, war stutzig, misstrauisch. Die Art, wie ich Dari sprach, wie eine Bewohnerin von Kabul, die gewohnt ist, mit dem Taxi zu fahren, passte überhaupt nicht zu meiner Kleidung. Seit wann drückte sich eine Nomadenfrau in kultiviertem Persisch aus? Der Fahrer sah mich merkwürdig an, aber er gab mir mein Wechselgeld, ohne etwas zu sagen. Ich hatte vergessen, dass in allen Ländern der Welt Taxifahrer auch Politik machen und dass zu jener Zeit in Kabul alle mehr oder weniger für die Regierung spionierten. Denn ihr verdankten sie ihre Fahrerlaubnis.

Ich befand mich also vor »meiner« Haustür. Wie sollte ich ins Haus kommen? Baba hatte mir erzählt, dass eine unserer Garagen durch die neuen Bewohner in ein Geschäft umgewandelt worden war. Ich wusste auch, dass Djahed in diesem Geschäft war, wenn er frei hatte. Ich stellte mir vor, dass ich Djahed erblicken würde, sobald ich diesen Laden betrat. Sehr aufgeregt trat ich ein, mit gesenktem Kopf, um nicht zu schnell zu wissen, ob er da war oder nicht. Ich wollte meinem Sohn auch keinen allzu heftigen Schock versetzen. Ich überlegte, wie ich mich ihm vorstellen sollte. Als ich in das Geschäft ging, sah ich also unter meinem Schleier nur Beine und Füße. Gehörten sie meinem Sohn? Ich fragte den Mann, von dem ich nur die Füße sah, wo der Besitzer des Ladens sei. Er antwortete, dass er ins Haus gegangen sei, aber bald zurückkommen werde. Am Klang der Stimme erkannte ich bereits, dass dies nicht Djahed war. Ich hob vorsichtig den Kopf, um mich zu vergewissern: Dieser Mann war nicht mein Sohn. Kurz darauf kam der Besitzer des Ladens. Er fragte mich, was ich wollte.

»Ich möchte Sie gern in einer persönlichen Angelegenheit sprechen, ich möchte nichts kaufen.«

»Nur zu, sprechen Sie.«

»Ich würde lieber unter vier Augen mit Ihnen reden.« Der erste Mann, den ich im Laden getroffen hatte, entfernte sich.

»Ich bin Djaheds Mutter.«

»Oh! Dann wissen Sie nicht, was mit Djahed passiert ist?« Als ich diesen Satz hörte, wäre ich fast ohnmächtig geworden. Einen Moment lang glaubte ich, mein Sohn sei tot. Seit zwei Monaten, seit Baba die Suche aufgegeben hatte, hatte ich nichts mehr von Djahed gehört. Was war geschehen?

»Er musste an die Front. Vor mehr als einem Monat schon haben sie ihn an die Front geschickt.« Er wusste weder, in welchem Gebiet er war, noch, wann er wiederkommen würde. Das tröstete mich. Ich überlegte einen Augenblick. Ich wusste nicht, wo ich auf meinen Sohn warten sollte. Ich dachte, dass ich ein paar Kleinigkeiten erwerben und wieder verkaufen, mich auf dem Bürgersteig vor dem Haus einrichten könnte wie eine Straßenverkäuferin. So sah ich, wenn Djahed zurückkam. Niemand würde mir irgendwelche Fragen stellen, auf den Straßen von Kabul wimmelte es von solchen Straßenverkäufern. Ich erinnerte mich, dass es hinter dem Haus eine Kuhle gab, in der könnte ich ungestört schlafen. Ich wollte mich nach den Preisen erkundigen.

Im Geist organisierte ich bereits einen kleinen Stand, mit dem ich meinen Lebensunterhalt verdienen wollte. Ich hatte den Laden noch nicht verlassen, als ich mich innerlich bereits in eine Straßenverkäuferin verwandelt hatte. Ich verabschiedete mich von dem Händler, der sich in meiner Garage niedergelassen hatte: »Ich gehe. Haben Sie etwas dagegen, wenn ich ab und zu vorbeikomme und mich erkundige, ob mein Sohn hier gewesen ist?«

»Aber Sie sind hier zu Hause! Bleiben Sie, so lange Sie möchten! Sie brauchen nicht woanders hin zu gehen!«

Er führte mich durch die Verbindungstür ins Haus. Ich trat verschleiert ein, damit die Nachbarn mich nicht erkennen konnten. »Bei mir zu Hause« war noch alles, wie ich es zurückgelassen hatte. Die Möbel, die Bilder, der Tisch, die Stühle – alles war noch genauso wie vor sieben Jahren. Damit ich nicht durch den Innenhof gehen musste, wo die Nachbarn mich sehen konnten, führte mich der Mann nach und nach durch alle Zimmer, die rund um den Hof angeordnet waren. Er stellte mir seine Kinder vor: zwei kleine und zwei, die schon etwas älter waren. Als ich ins Wohnzimmer kam, wo wir uns früher immer aufgehalten hatten, hob ich meinen Schleier, achtete aber darauf, dass ich mit dem Rücken zum Fenster stand. Ich erzählte meine Geschichte, ohne etwas zu verbergen oder zu lügen. Ich nahm an, dass ich, nachdem ich meine Identität preisgegeben hatte, jetzt nichts mehr verheimlichen musste. Diese Leute wussten schon durch Baba, dass Djahed eine Mutter hatte, die in Pakistan arbeitete.

Ich gab also jede Zurückhaltung auf. Nach einer Weile kam die Ehefrau des Mannes und beteiligte sich an dem Gespräch. Ich ließ sie dann so viel wie möglich reden, um herauszufinden, wie sei eingestellt waren und welche Absichten sie hatten. Ich begriff schnell, dass sie zutiefst betroffen waren, dass Djahed an die Front geschickt worden war. Nicht, weil sie ihn so sehr geliebt hätten, sondern weil sie das Haus von ihm kaufen wollten. Das Haus war ihnen von den Behörden als freier Wohnraum zugewiesen worden, doch sie wollten es gern rechtmäßig erwerben. Es passte ihnen also gar nicht, dass ich plötzlich aufgetaucht war. Es machte ihnen Angst und sie überlegten, wie sie die Situation zu ihrem Vorteil nutzen konnten. Schließlich sagten sie ganz offen, was sie wollten: Ich sollte ihnen das Haus ohne Gegenleistung überlassen und wieder verschwinden. Ich sollte sie so schnell wie möglich zu den Behörden begleiten und die Schenkung unterschreiben. So könnten sie die Veränderungen und Reparaturen durchführen, die sie sich vorstellten. Bisher hatten die Nachbarn ihnen immer einen Strich durch die Rechnung gemacht und sie daran erinnert, dass sie nicht die Eigentümer waren.

Meine Antwort war, dass ich wegen meines Sohnes gekommen war und aus keinem anderen Grund. Sie sagten mir, dass ich nicht auf Djahed zu warten bräuchte. Einen Monat, sechs

Monate, vielleicht niemals – wer könne schon wissen, wann ein Soldat von der Front zurückkäme? Ihr Mangel an psychologischen Kenntnissen war schon so eklatant, dass ich mich erst gar nicht darüber aufregte. Die Frau, die weiterhin ihre Interessen verfolgte, ahnte, dass ich ihnen Schwierigkeiten bereiten würde. Vielleicht würden sie mich festnehmen, wenn ich zu den Behörden gehen würde, nachdem ich so lange Zeit verschwunden war. In der Tat. Vielleicht sollte ich vorher beim Verwaltungsamt des Stadtviertels öffentlich Abbitte tun. Wenn ich die Beamten davon überzeugte, wie Leid es mir tat, dass ich gegangen war und die Widerstandskämpfer ordentlich verleumden würde, bekäme ich sicher eine Belohnung, Zucker, Öl und Gutscheine für Stoffe.

An diesem Punkt des Gesprächs, nach einer Stunde, war mir klar, dass diese Leute mich nicht verstehen konnten. Wenn ich ihrem Rat gefolgt wäre, hätte ich meine Tochter in Europa gelassen und eine solch gefährliche Reise unternommen, um in Kabul schließlich vier Kilo Zucker zu bekommen, meine Überzeugungen zu verraten und in aller Ruhe nach Pakistan zurückzufahren, nachdem ich mein Haus zwei Spekulanten vermacht und meinen Sohn noch nicht einmal gesehen hätte. Nachdem ich ihre Motive erkannt hatte, bemühte ich mich, ihnen möglichst wenig Einfluss über mich zu lassen, indem ich sie völlig verwirrte. Nach ihrem Wertesystem und ihren Vorschlägen zu urteilen, wären sie durchaus in der Lage gewesen, mich anzuzeigen, um selbst in den Genuss von Öl und Zucker zu kommen, nachdem sie von mir den Verzicht auf das Haus erpresst hätten.

Ich sagte ihnen also, dass ich etwas Zeit bräuchte, um nachzudenken, dass ich aber bezüglich des Hauses überhaupt nichts unterschreiben würde, ehe ich nicht meinen Sohn gefunden hätte. Ich hatte zu große Angst, dass man mich ins Gefängnis stecken könnte, ehe ich Djahed wiedergesehen hätte. Und wenn ich ihn jemals wiedersehen sollte, wollte ich mit ihm so schnell wie möglich verschwinden, damit diese Leute keine Gelegenheit hätten, mich irgendwie zu erpressen. Sie erlaubten mir, ein paar Tage in meinem Haus zu verbringen und auf meinen Sohn zu warten. Diese Tage waren sehr traurig. Die Räume erschienen mir trostlos, dieser Eindruck wurde noch dadurch verstärkt, dass ständig der Strom ausfiel. Es war kalt. Und es war dunkel. Alle Gegenstände und Möbel waren verschlissen. Die Öfen waren verrostet und funktionierten nicht mehr. Die neuen Bewohner kochten auf einer Heizplatte im Korridor. Überall war es schmutzig, alles war verschlissen und kaputt.

Ich dachte an die glücklichen Zeiten, die ich hier mit meiner ganzen Familie verbracht hatte. Ich dachte so intensiv daran, dass ich das Lachen hören konnte. Meine Mutter ist eine Sauberkeitsfanatikerin: Früher war in diesem Haus alles blitzblank. Heute hätte man es für eine Grabkammer halten können. Die Kinder dieses Ehepaares trugen die Kleider meiner Kinder. Die Frau hatte meine Schuhe an. Ich bat sie, mir das Zimmer zu zeigen, in dem Djahed sich immer aufhielt, wenn er herkam. Sie zeigten mir ein Zimmer ohne Fenster, das früher eine Rumpelkammer gewesen war. In einer Ecke lagen Matratzen und ein Stapel Decken, auf der anderen Seite war Djaheds Bett mit einer Matratze aus ungekämmter Baumwolle, schmutzigen Laken und einer scheußlichen, abgenutzten Decke. Unter dem Bett ein Koffer. An der Wand die Gitarre meines Sohnes. In dem Koffer waren nur zwei Paar durchlöcherte Socken und ein paar Fotos von ihm, wie jenes, das er mir geschickt hatte, und meine Briefe aus Pakistan. Ich war so verzweifelt, als ich dieses Elend sah, dass mir wieder der Gedanke kam, ich könnte meinen Sohn nie wieder sehen. Vielleicht würde ich mich damit begnügen müssen, bestenfalls noch seinen Leichnam zu sehen. Die Frau hatte in weiser Voraussicht genau die richtigen Worte gefunden, um mich zu trösten: »Machen Sie sich keine Sorgen! Wenn er tot ist, werden Sie es schon erfahren. Die Behörden haben neue Bestimmungen erlassen: Die Soldaten bringen die Toten für fünf Minuten in ihr Haus, bevor sie sie begraben.« Ich weinte angesichts dieser wenigen Sachen, die meinem Sohn gehörten. Dann aß ich gemeinsam mit der Familie.

Ich beschloss, Afghanistan nicht zu verlassen, ehe ich Djahed nicht gesehen hatte, tot oder lebendig. Selbst wenn ich Jahre warten müsste. Ich schrieb einen Brief an Mariam, in dem ich mich wegen der Zensur nur sehr vage ausdrückte: »Ich bin in Kabul und warte auf Djahed, der noch Dienst hat. Sobald er kommt, fahren wir gemeinsam zur Hochzeit.«

Um mich zu beschäftigen, bat ich um die Erlaubnis, meine Bücher durchsehen zu dürfen. Ich hatte Lust, ein wenig in meinen Sachen herumzustöbern. Man antwortete mir sehr freundlich: »Aber selbstverständlich, Sie sind doch hier zu Hause!«

Ich verbrachte ganze Tage damit, Bücher zu lesen. Systematisch ging ich meine Bibliothek durch. Ich las die Manuskripte meines Vaters, die meine Mutter früher zur Seite gelegt hatte, um sie zu schützen. Mein Vater hatte gewissenhaft all seine Anmerkungen zu den Büchern notiert, die er las. Als ich diese Notizen las, staunte ich immer wieder darüber, wie gebildet dieser Mann gewesen war und wie vielseitig seine Interessen waren. Ich probierte meine alten Kleider an und stellte fest, dass ich trotz all der Strapazen etwas dicker geworden war. Ich brachte alte Hüte wieder in Form. Ich schaute die Kleidung meiner Schwester durch und die meiner Mutter. Ich fand alte Schulhefte von meinen Kindern und las sie. Ich verbrachte die Zeit damit, auf mein Schicksal zu warten, und in Gedanken lebte ich in meiner Vergangenheit, umgeben von den Sachen der Abwesenden.

Am ersten Abend hatte die Frau mir ein gutes Bett aufgestellt mit Laken aus Atlasseide, die meine Mutter einmal bestickt hatte. Ich lehnte ab, um in Djaheds Bett zu schlafen. Der Frau war das sehr peinlich. Ich wollte nicht mehr Komfort genießen, als man meinem Sohn zugestanden hatte, und ich wollte die Bewohner ein wenig beschämen, soweit sie für dieses Gefühl überhaupt zugänglich waren.

Ich traf immer grundlegende Vorsichtsmaßnahmen: Ich ging nicht in den Garten, und wenn ich zur Toilette oder ins

Bad musste, machte ich den Umweg durch alle Zimmer, statt den kurzen Weg zu nehmen, auf dem mich die Nachbarn hätten sehen können. Am zweiten Tag hörte ich Besucher im Wohnzimmer, aber ich konnte nicht verstehen, worüber sie sprachen. Nachdem die Gäste gegangen waren, kam das Ehepaar zu mir: »Wir haben alles arrangiert, die Sache ist geregelt. Morgen werden wir Sie mit dem Taxi zum Gericht fahren und da werden Sie uns das Haus überschreiben. Ansonsten laufen wir Gefahr, wegen illegaler Nutzung ins Gefängnis zu kommen.«

Aus lauter Gier, zum Teil vielleicht auch aus Angst, erzählten sie einfach irgendetwas. Dabei war klar, dass niemand von ihnen Rechenschaft verlangen würde, da sie ja gute Beziehungen zur Regierung hatten. Natürlich wollte ich ihrer Forderung nicht nachkommen, aber ich konnte mich auch nicht direkt weigern, sie hätten mich denunzieren können. Sie hatten sich vorgestellt, mich als geistesgestört hinzustellen. Ich hätte das Gedächtnis verloren, so würde niemand auf die Idee kommen, mich danach zu fragen, wo ich die ganzen Jahre gewesen war. All das hatten sie sich in der Verschwörungsrunde mit ihren Freunden ausgedacht. Ich bat sie eindringlich, wie am Tag zuvor, mich erst meinen Sohn finden zu lassen, ehe ich diese Formalität erledigte. Ich brachte folgendes Argument vor: Wenn ich vor Gericht verhaftet würde, was sehr wahrscheinlich war, würde ich meinen Sohn nie wiedersehen. Ich versprach ihnen, dass ich alles in ihrem Sinne erledigen würde, sobald ich Djahed gesehen hatte. Selbstverständlich hatte ich nicht die Absicht, dieses Versprechen einzuhalten.

So vergingen die Tage, ohne dass ich sie zählte: Ich las.

Ich gab dem dreizehnjährigen Sohn Geld, damit er dreimal am Tag zur Kaserne ging, um zu fragen, ob das Panzerregiment zurückgekommen sei. Ein oder zwei Mal kam er zurückgelaufen und erzählte mir, die Panzer seien zurück, aber er machte nur Spaß. Ich weinte jedes Mal. Glücklicherweise schimpfte seine Mutter mit ihm – sie schien also doch nicht ganz so herzlos zu sein – und befahl ihm, er solle dieses grausame Spiel lassen. Am Nachmittag des 12. April kam der Junge wieder gelaufen, als ich gerade in aller Ruhe las. Er sagte, die Panzer seien in die Kaserne zurückgekommen. Ich glaubte, dies sei wieder einer seiner dummen Scherze. Ich regte mich auf. Aber er schwor, dass die Panzer angekommen seien. Der Familienvater ging hinaus, um sich zu erkundigen.

Während ich auf seine Rückkehr wartete, war ich in einem merkwürdigen Zustand. Es kam mir vor, als empfände ich überhaupt nichts mehr. Ich irrte ziellos durch alle Zimmer, meine Beine trugen mich kaum noch, so sehr zitterten sie.

Der Mann kam sehr aufgeregt zurück. »Ich habe Djahed von weitem gesehen, er kommt hierher!«

Die ganze Familie lief zur Eingangstür. Sie sagten, ich solle mich verstecken, während sie Djahed Bescheid gaben. Sie fürchteten, er könnte sonst einen zu großen Schock bekommen. Ich selbst war in einem erbärmlichen Zustand. Ich musste mich krümmen. Ich hatte keine Schmerzen, aber ich war unfähig, mich aufzurichten. Ich konnte das Glück noch nicht fassen, dass ich meinen Sohn sehen würde. Ohne Unterlass wiederholte ich ständig: »Das ist nicht möglich, das kann nicht wahr sein!« Meine Augen sahen nichts mehr. Ich hatte das Gefühl, durch einen Vorhang von der Welt getrennt zu sein. Hinter dem Tränenschleier erfasste mich ein Schwindel.

Durch den Schleier hindurch, sah ich den Schatten von jemandem, der den Hof betrat. Ein großer, kräftig gebauter Mann, der durch die Uniform noch größer wirkte. Ich hatte mir Djahed immer als fünfzehnjährigen Jungen vorgestellt, der kleiner war als ich. Ich dachte, dass man mich betrogen hatte, dass er das nicht war. Diejenigen, die ihn begleiteten, ließen sich Zeit und wollten die Begegnung möglichst effektvoll gestalten.

»Wisch dir den Staub von der Uniform, damit du deiner Mutter sauber gegenübertrittst!«

Der junge Mann betrat schließlich das Zimmer. Wir fielen uns in die Arme, ohne uns die Zeit zu nehmen, uns richtig anzusehen. Ich schrie, glaube ich, ohne mich selbst hören zu können. Ich konnte das Glück noch nicht fassen, dass ich meinen Sohn in den Armen hielt. Gleichzeitig dankte ich Gott, noch ganz verwirrt, dass er ihn mir wiedergegeben hatte. Endlich konnte ich mich aufrichten. Ich stand jetzt auf den Zehenspitzen: Das war notwendig, weil mein Sohn mich weit überragte. Djahed war sehr ruhig, aber die Tränen liefen ihm über das Gesicht, und er drückte mich immer fester an sich. Er musste mich festhalten, denn in dem Moment fingen meine Beine wieder so an zu zittern, dass ich nicht mehr stehen konnte. Die Menschen, die um uns herum standen, führten uns zu einem Stuhl, auf den ich mich setzen sollte. Aber wir konnten uns einfach nicht loslassen.

Ich strömte über vor Glück, aber ich hatte noch Angst: Ich wagte nicht, nach oben zu schauen, um vielleicht zu entdecken, dass das gar nicht mein Sohn war. Wir weinten leise, mit geschlossenen Augen, ohne ein Wort zu sagen. Das größte Glück muss wohl auf diejenigen, die nur zuschauen, aber nicht selbst daran teilhaben, recht lächerlich wirken. Ich ahnte so etwas, als ich die Menschen betrachtete, die um uns herum standen. Sie schauten zu und warteten, was wohl kommen würde.

Ganz langsam beruhigte ich mich. Ich versuchte, Djahed in die Augen zu schauen: Als ich sie sah, war ich endgültig überzeugt, dass er es tatsächlich war. Vorher hatte ich gedacht, dass er sich sicher so sehr verändert hatte, dass ich ihn überhaupt nicht wiedererkennen würde. Aber ich erkannte seinen Blick wieder. Plötzlich fing ich wieder an zu weinen. Um mich zu beruhigen, streichelte er mir sanft übers Haar. Wir hätten reden müssen. Aber es gab so viel zu erzählen, dass ich nicht wusste, wo ich anfangen sollte. Und vor allem wollten wir nicht vor diesen fremden Menschen reden, die uns auch noch feindlich gesinnt waren. Denn sie hatten ja nur den einen Wunsch: uns unser Haus wegzunehmen.

Tausend Fragen tauchten in meinen Gedanken auf, aber ich stellte nicht eine einzige. Würden wir genug Zeit für uns haben, um ohne Zeugen alles erzählen zu können? Unsere Blicke trafen sich schweigend. Djahed sagte nur einen Satz bei unserem Wiedersehen: »Mama, du bist ganz schön klein geworden! Ich hatte dich so groß und stark in Erinnerung. Früher musste ich den Kopf heben, um dich anzuschauen, und jetzt bist du so winzig!«

»Nein, du bist es, der groß geworden ist, mein Sohn!«

Ich ließ seine Hand nicht mehr los, selbst am Tisch nicht, bei der Mahlzeit, die man uns servierte. Ich war regelrecht besessen von der Angst, dass er wieder verwinden könnte, sobald ich ihn losließe.

Der Abend verlief ruhig. Wir mussten allein sein, um wirklich miteinander sprechen zu können. Ich sehnte den Moment des Schlafengehens herbei, damit wir reden konnten. In seinem Zimmer legte ich eine Matratze ans Fußende seines Bettes. Aber weil ich immer noch Angst hatte, dass alles nur ein Traum war, bat ich Djahed um Erlaubnis, neben ihm im Bett schlafen zu dürfen, so lange, bis ich mich daran gewöhnt hatte, dass er wieder da war. Er war einverstanden. Er hatte genau dieselbe Angst, mich zu verlieren. Ich streckte mich an seiner Seite aus und hielt seine Hand fest umschlossen. Nachts wachte ich mehrmals auf. Ich setzte mich auf, betrachtete ihn, streichelte seine Haare und seine Wangen – wie man es mit einem kleinen Kind macht, das Albträume hat. Die Außenwelt hatte ich ganz vergessen. Wenn mein Leben in diesem Moment zu Ende gewesen wäre, wäre ich vollkommen zufrieden gestorben.

Am nächsten Tag musste er wieder in die Kaserne. Für zwei, drei Tage durfte er ausnahmsweise zu Hause schlafen, weil er an der Front gewesen war. Ich war früh aufgestanden, um das Frühstück für meinen Sohn vorzubereiten. Ich dachte gar nicht mehr an die anderen Hausbewohner, ich fühlte mich wieder ganz zu Hause. Ohne irgendjemanden um Erlaubnis zu fragen, öffnete ich die Schränke, holte die schönsten Teller, die schönsten Tassen heraus, um eine üppige Mahlzeit zuzubereiten. Ich war stolz darauf, eine gute

Mutter zu sein, die ihrem Sohn, der Soldat ist, das Frühstück herrichtet. Ich hatte gehört, dass dies vorbildliche Mütter auszeichnet, oder ich hatte es in einem Film gesehen ... In Wirklichkeit war es so, dass mein Sohn in einer schlechten Armee diente, nämlich in der, die – nach meiner Überzeugung – mein Volk unterdrückte und dezimierte.

Schließlich kam Djahed auf das Wesentliche zu sprechen: »Warum hast du dich in solche Gefahr begeben, um mich zu sehen?«

Ich verstand, dass er große Angst vor den Mudschaheddin hatte, die ihm als Monster, blutrünstige Barbaren und rückständige Bauerntölpel dargestellt worden waren. Ich erklärte ihm, dass ich auf ihrer Seite sei und dass die Widerstandskämpfer nicht gefährlicher seien als ich. Ich hatte zwar kein Gewehr genommen, um in den Kampf zu ziehen, aber ich hatte auf andere Weise gekämpft. Den jungen Afghanen, die von den Russen eingezogen worden waren, hatte man aufgetragen, immer eine Kugel in ihrem Gewehr bereitzuhalten und sich in dem Moment zu töten, da sie gefangen genommen würden. Damit würden sie sich die schrecklichen Folterqualen ersparen, die – so die ausführlichen Schilderungen der Offiziere – sonst auf sie warteten. Diese Propaganda hatte durchaus ihre Wirkung. Weiter kamen wir nicht. Djahed musste seine Uniform wieder anziehen. Er grüßte mich militärisch, indem er die Hacken zusammenschlug und ging. Ich verrichtete einige Hausarbeiten für die Leute, die uns beherbergten: Ich kochte und machte sauber.

Abends kam Djahed zurück. Alles verlief ganz normal, aber wir sprachen nicht. Mir wurde klar, dass mein Sohn noch nicht verstehen konnte, dass ich in der Absicht gekommen war, ihn mitzunehmen. Im übrigen wusste ich auch noch nicht, wie er über die Regierung und die Anwesenheit der Russen dachte. Djahed konnte nur annehmen, dass ich gekommen war, um ihn ein paar Tage zu sehen und dann wieder abzureisen: Daher vertraute er sich mir so wenig wie möglich an, aus Sicherheitsgründen. Zum zweiten Mal frühstückten wir gemeinsam, und er ging wieder in die Kaserne. Das wurde fast schon zur Gewohnheit. Aber diesmal kam er sehr schnell zurück: Ich trank noch meinen Tee. Er zitterte am ganzen Körper, war ganz weiß und außer Atem. »Mama, warte nicht mehr auf mich! Reise ab, so schnell du kannst! Sie schicken uns wieder an die Front! Heute noch!«

Die Oberbefehlshaber gaben solche Beschlüsse in letzter Sekunde bekannt, damit es keinen Protest gab und auch niemand fliehen konnte. Sie verteilten die Waffen und befahlen, in die Panzer zu steigen – so lange, wie sie es für richtig hielten. Djahed sagte mir, was ich schon von den Widerstandskämpfern wusste: Die Verluste der Regierungstruppen waren enorm. Viele junge Leute aus seiner Gruppe waren beim letzten Einsatz getötet worden. Er war überzeugt, dass er diesmal nicht lebend zurückkehren würde. »Reise ab, Mama, schnell! Es hat keinen Zweck, auf mich zu warten!«

Ich spürte, dass mein Glück bereits zu Ende war. Die Teetasse fiel mir aus der Hand. Ich warf mich meinem Sohn zu Füßen und umklammerte seine Beine mit meinen Armen. Jetzt erst sagte ich ihm offen, warum ich gekommen war. »Ich kann dir nicht garantieren, dass wir lebend hier herauskommen. Wenn du an die Front gehst, wie du sagst, wirst du vielleicht getötet. Wenn du einverstanden bist, gehen wir gemeinsam das Risiko ein, wir fliehen zusammen. Sollten wir sterben, sterben wir wenigstens gemeinsam.« Noch ehe er antwortete, spürte ich, dass er das gern hören wollte. Aber er hatte nicht gewagt, mich darum zu bitten, um mich nicht zusätzlich in Schwierigkeiten zu bringen. Er hob mich auf und sagte: »Mama, ich gehe lieber das Risiko ein, mit dir zusammen zu sterben.«

Die ganze Familie war immer um uns herum, aber wir hatten das Gefühl, unter uns zu sein. Wir waren sehr unvorsichtig. Aber mir wurde sofort klar, dass unsere Zuschauer diese Szene gar nicht verstanden hatten. Was man damals als die »drei Gürtel um Kabul« bezeichnete, galt als unüberwindbar. Eine Flucht schien völlig unmöglich, selbst wenn man hörte, dass jemand davon sprach. Die Familie, bei der wir wohnten, dachte höchstens, dass wir uns irgendwo in der Stadt verstecken wollten.

Als ich sah, dass Djahed einverstanden war, zögerte ich keine Sekunde mehr, sondern schritt zur Tat. Ich half ihm, die Uniform auszuziehen und stopfte sie unters Bett. Ich gab Djahed die Kleidung, die ich für ihn aus Pakistan mitgebracht hatte, und wandte mich an den »Hausherrn«: »Können Sie uns zum Stadtzentrum fahren?« Ich wollte so schnell wie möglich aus diesem Kasernenviertel heraus und weg von dieser Familie, der wir nicht trauen konnten. Er war misstrauisch und wollte eine Garantie bezüglich der Hausübergabe: »Werden Sie heute Abend zurück sein?«

Ich bejahte diese Frage. Wahrscheinlich konnte er sich gar nicht vorstellen, dass wir woanders hingehen könnten. Er fuhr uns also ins Stadtzentrum von Kabul. Ich sah, wie die Menschen durcheinander liefen, wie sie Staub aufwirbelten und sich verstreuten wie Vögel vor einem Gewitter. Ich stand unter extremer Anspannung. Im Zentrum erklangen aus den Lautsprechern nationalistische Lieder und Marschmusik, es dröhnte in meinen Ohren. Als wir auf der Straße standen, kam ich mir vor wie eine Schiffbrüchige, die verzweifelt nach einem Halt sucht, etwa nach einem Stück Holz, aber nichts findet.

Flucht unter der Burka

Kaum waren wir aus dem Auto gestiegen, schob ich Djahed hinter mich. Es war ein instinktiver, animalischer Reflex – ich wollte ihn beschützen. Er hatte noch größere Angst als ich und wusste genauso wenig, wo wir Zuflucht finden sollten. Die Armee patrouillierte überall, und wir machten uns keine Illusionen, was das Schicksal eines Deserteurs betraf.

Ich erinnerte mich schließlich an die Adresse von Ama, der alten Dame, die mich von Peschawar nach Kabul begleitet hatte. Ich wusste nicht, ob sie uns unter diesen Bedingungen aufnehmen konnte oder wollte, aber ich wusste mir keinen anderen Rat. Im Taxi fuhren wir in das Stadtviertel, wo sie wohnte. Wir hielten recht weit von ihrer Wohnung entfernt und gingen den Rest zu Fuß. Ich ließ Djahed an der Tür warten; ich wollte ihr die Situation erst allein erklären. Zum Glück war Ama zu Hause. Sie beruhigte mich und bat Djahed herein. »Sie können hier bleiben, so lange Sie wollen. Da Sie Flüchtlinge sind und wir Paschtunen, werden wir Sie verteidigen, und wenn der letzte meiner Söhne dafür sterben müsste!« Bei diesen Worten läuft mir noch heute ein Schauer über den Rücken. Sie führte uns in ein Zimmer und versteckte uns hinter einem Vorhang.

»Bleiben Sie hier, bis ich jemanden gefunden habe, der Ihnen bei der Flucht hilft!« Sie erzählte uns, dass ihre ganze Familie in der Widerstandsbewegung aktiv sei, aber dass wir keine Angst haben müssten, wenn Leute vom kommunistischen Regime ins Haus kämen. Die Regierung hatte keine Ahnung, dass dieses Haus eine Zelle der Widerstandskämpfer war und hielten es einfach für einen gastfreundlichen Ort. Diese Familie sammelte Informationen für die Widerstandskämpfer, indem sie Angehörige der Regierung freundlich aufnahm. Wir merkten schnell, dass es sich nicht nur um Informationen handelte. In den Wänden waren Verstecke eingerichtet, wo sorgfältig Raketenwerfer aufbewahrt wurden, Panzerabwehrwaffen und leichte Waffen.

Ama erläuterte uns einige Regeln, die wir unbedingt beachten müssten, wenn sie tagsüber Leute des *Khad*, des russischen Geheimdienstes in Afghanistan, empfing oder deren Ehefrauen. Dieser Raum, in dem sie diese Leute empfing, war von unserem nur durch eine Pappwand getrennt. Das Haus war wirklich voller Überraschungen. »Husten Sie möglichst nicht und sprechen Sie niemals laut! Niemand darf Verdacht schöpfen, dass sich hier vielleicht Menschen aufhalten.« Sie brachte uns etwas zu essen und öffnete ab und zu die Tür zu unserem Versteck, damit wir zur Toilette gehen konnten, wenn niemand im Haus war. Aus Sicherheitsgründen schloss sie während der übrigen Zeit ab.

Es war elf Uhr vormittags. Sie brachte uns Tee und Kuchen und schloss dann die Tür hinter sich ab. Djahed und ich blieben auf den Matten am Boden sitzen. Wir hielten uns immer noch an der Hand. Wir wussten nicht, wie lange wir noch zusammen sein würden. Wir konnten nicht sprechen. Ich verbrachte die Zeit mit Gebeten. Zur Mittagszeit öffnete Ama die Tür, setzte rasch einen Teller hinter der Türschwelle ab und schloss wieder zu. Wir hörten, wie gesprochen wurde und nebenan Stühle geschoben wurden.

Natürlich hatten wir kein Licht. Wenn es dunkel wurde, schoben wir ein wenig den Vorhang zur Seite, so dass etwas Licht vom Hof einfiel oder der Mondschein. Wenn die Gäste gegen elf Uhr am Abend gegangen waren, kam Ama in Begleitung eines ihrer Söhne und ihrer Tochter in unser Zimmer. Dann konnten wir ein wenig freier sprechen. So vergingen drei Tage, ohne dass wir wussten, wie es weitergehen sollte. In Kabul war zu diesem Zeitpunkt alles sehr teuer. Es war nicht leicht, an Lebensmittel zu kommen, selbst an die Grundnahrungsmittel. Aber Ama brachte uns ausgewählte Speisen, wie man sie Gästen serviert, die man ehren möchte, ausgezeichnetes Essen. Mehrfach betonte ich, dass ich es bezahlen wollte. Doch das fasste sie wie eine Beleidigung auf.

Ich erklärte ihr, dass ich vielleicht noch für lange Zeit dort bleiben müsste und keine Belastung sein wollte.

Ama sagte, sie wisse, was ich in Peschawar alles für die Widerstandsbewegung geleistet hätte. Das überraschte mich: Ich hatte Impfkurse gegeben und Kinder geimpft – für mich war das keine direkte Beteiligung am Widerstandskampf der Mudschaheddin. Ich führte doch keinen Krieg! Aber hatte ich nicht selbst zu Djahed gesagt, dass ich eine pazifistische Mudschaheddin sei, um seine Ängste zu besänftigen?

Am dritten Abend verkündete uns Ama schließlich, dass alles vorbereitet sei, um uns aus Afghanistan herauszubringen. »Die Person, die Djahed begleiten wird, wird morgen in meinen Garten kommen. Sie können sie vom Fenster aus sehen. Es ist ein Widerstandskämpfer.«

Obwohl Ama sich so sehr einsetzte, erschien es fast unmöglich, dass ein Deserteur die drei Belagerungsringe Kabuls würde überwinden können. Es war ja schon gefährlich, sich ein paar Schritte auf die Straße zu wagen. Es war das Ende der Genfer Verhandlungen. Der Vertrag war gerade unterzeichnet worden: Innerhalb eines Jahres sollten die Russen sich aus Afghanistan zurückziehen. Inzwischen wollten die afghanischen Kommunisten ihre Machtstellung endgültig konsolidieren. Daher waren die Kontrollen noch verschärft worden. Ich verbrachte einen Teil der Nacht damit, Djahed das Programm der Widerstandskämpfer zu erläutern und ihre verschiedenen Organisationen, damit er sich nicht völlig fremd vorkam. Da er es jetzt mit Mudschaheddin zu tun haben würde, durfte er sie durch sein Verhalten nicht schockieren.

Am nächsten Morgen erschien die angekündigte Person im Garten, und wir konnten vom Fenster aus sehen, um wen es sich handelte. Es war ein Offizier der kommunistischen Regierung! Er war zu weit weg, als dass ich seine Tressen hätte zählen können, so konnte ich seinen Dienstgrad nicht feststellen. Einen Moment lang dachte ich, Ama hätte uns verraten. Instinktiv nahm ich meinen Sohn in die Arme, um ihn zu beschützen. Djahed sagte: »Das sind genau die Leute, die uns an die Front schicken; genau dieselben, die die jungen Leute aufgreifen und sie gegen ihren Willen in die Armee stecken, sie foltern und abschießen. Wir sind verraten worden.«

Diese Uniform hatte mir einen solchen Schrecken versetzt, dass ich mir einfach nicht vorstellen konnte, dass dieser Mann ein Widerstandskämpfer sein sollte. Ich war sicher, dass man mir Djahed wieder wegnehmen wollte. Als Ama ins Zimmer kam, schaute ich sie noch nicht einmal an. Sie sagte: »Das ist die Person, die Sie aus Kabul herausbringen wird. Morgen früh um fünf Uhr werden wir zum Busbahnhof gehen, wo sich dieser Offizier um Sie kümmern wird.« Trotz dieser genauen Hinweise dachte ich immer noch, dass sie uns verkauft hatte und nur nicht wollte, dass die Verhaftung in ihrem Haus stattfindet. Ich ließ Djahed nicht los. Wir hatten überhaupt nicht geschlafen und nichts gegessen, so groß war unsere Angst und so fest waren wir davon überzeugt, dass wir am nächsten Tag sterben müssten.

Bei Tagesanbruch sah ich durch das Fenster, wie die Sonne aufging und dachte, dass dies das Licht unseres letzten Tages sei. Ama, die unseren Zustand bemerkt haben musste, beschloss, uns bis zum Dorf ihres Neffen, dem Kommandanten, zu begleiten. Gemeinsam mit ihrem Sohn, der bis zu dem Punkt mitkommen würde, wo es für ihn zu gefährlich wurde: dem ersten »Gürtel« um Kabul. Das beruhigte mich ein wenig und ich fing wieder an, ihr zu glauben. Jetzt bedauerte ich, dass ich so erschöpft war. Ich sprach ein letztes Gebet und dann brachen wir nach dem Frühstück auf.

Ama und ihr Sohn gingen auf die Straße, um ein Taxi zu rufen, während Djahed und ich uns hinter der Tür versteckten. Wir durften nicht den Verdacht des Wachpostens auf uns lenken, der ein Stück weiter in seinem Wachhäuschen seinen Dienst tat und alles registrierte, was in der Straße los war. Nachdem Ama den Fahrpreis ausgehandelt hatte, gab sie uns ein Zeichen. Der Fahrer beobachtete Djahed mehrmals im Rückspiegel. Sicher, der *pacol* verbarg den rasierten Kopf meines Sohnes, aber die traditionelle Kleidung konnte seine Jugend nicht verstecken. Alle jungen Männer seines Alters waren in der Armee – oder wurden gesucht.

Als wir am Busbahnhof ankamen, trafen wir den Offizier, der uns als Schlepper dienen sollte, und wir fühlten uns etwas ruhiger. Wir nahmen einen Bus bis zu dem Dorf, aus dem der Offizier kam, der uns begleitete. Bei jeder Kontrolle durch die Russen oder Angehörige der afghanischen Regierung stiegen Soldaten ein und verlangten die Papiere. Sie grüßten den Offizier, der uns als Schutzengel diente und der Djahed neben sich gesetzt hatte, mit dem militärischen Gruß. Allein seine Anwesenheit hielt die Soldaten davon ab, diesem jungen Mann, der ganz offensichtlich unter dem Schutz des Offiziers stand, irgendwelche Fragen zu stellen.

Wenn wir an den Haltepunkten ausstiegen, wandte Djahed sich ein wenig um und gab mir mit seinen Augen zu verstehen, dass alles gut gehen würde. In meinen Schleier gehüllt bemühte ich mich jedes Mal, mir dieses Bild meines Sohnes fest einzuprägen, weil ich dachte, es könnte vielleicht das letzte sein. Ich fürchtete, dass bald eine strengere Kontrolle kommen würde. An den wichtigsten Kontrollpunkten, an denen die Straßen durch einen Drahtzaun versperrt waren, stieg der Offizier mit meinem Sohn und Amas Sohn aus. Gemeinsam kletterten sie über die Hindernisse, machten einen großen Umweg über die Felder, warteten, bis die Soldaten mit ihren Kontrollen fertig waren und stiegen dreihundert Meter weiter wieder in den Bus. So mächtig ist eine Uniform. Aber ich konnte nicht umhin, immer noch einen Verrat zu fürchten. Jedes Mal dachte ich, dass sie Djahed möglicherweise außerhalb des Busses erschießen würden.

Wir befanden uns auf der Straße nach Ghazni. Said Abad, der Offizier, und Amas Sohn stiegen aus dem Bus. Wir kamen in ein Gebiet, das von den Mudschaheddin kontrolliert wurde. Jetzt hatte ich Angst, dass die Widerstandskämpfer vermuten könnten, Djahed sei in der Regierungspartei. Seine Haltung entsprach nicht der eines jungen Mannes vom Land.

Aber ich dachte, dass ich mit den Widerstandskämpfern auf jeden Fall reden könnte. Sie würden sich nicht weigern, eine Mutter zu Wort kommen zu lassen. Ich teilte Ama leise meine Befürchtungen mit, aber sie beruhigte mich. Als der Wagen losfuhr und wir in das Gebiet kamen, das von der Widerstandsbewegung kontrolliert wurde, lebten alle auf und sprachen laut über Politik.

Ama stellte meinen Sohn all unseren Nachbarn im Bus vor.

»Das ist ein junger Soldat, der desertiert ist!« Ich fasste sie am Ellenbogen, damit sie aufhörte. Nachdem ich sie zuerst für eine Verräterin gehalten hatten, dachte ich jetzt, sie leide an Altersdemenz und habe vollkommen vergessen, in welcher Gefahr wir uns befanden. Aber Ama redete weiter, als ob nichts wäre. Sie stellte mich den anderen Fahrgästen vor, erzählte von meiner Arbeit im Flüchtlingslager in Pakistan. Der Fahrer schaute mich interessiert im Rückspiegel an. Alle Fahrgäste, die vorne saßen, drehten sich zu mir um, obwohl ich den Tschador trug.

Wieder dachte ich, dass dies jetzt unser Ende war. Bestimmt gab es im Bus irgendeinen Spion, jemanden, der aufstehen, uns zum Verhör nach Kabul bringen oder uns gleich aussteigen lassen und vor dem Bus erschießen würde. Es standen tatsächlich zwei Personen auf, aber nur um mir die Hand zu drücken, mich zu meiner Tapferkeit zu beglückwünschen und mir zu danken, für alles, was ich als Widerstandskämpferin für unser Volk getan hatte. Langsam begriff ich, dass die Russen abgesehen von ihren Panzerfeldzügen und ihren Militärposten, in die sie sich flüchteten, vierzig Kilometer von Kabul entfernt keine Macht mehr hatten. Auf der Strecke von Dschalalabad war mir das nicht so klar geworden – die Reisenden waren vorsichtiger gewesen und hatten nicht so viel miteinander geredet. Auf der Straße nach Ghazni waren es jetzt Mudschaheddin, die den Bus anhielten, die Papiere kontrollierten und ruhig wieder abzogen. Selbst der Fahrer war ein Widerstandskämpfer. Ich begriff, dass wir nicht in irgendeinen Bus gestiegen waren.

Mittags kamen wir in einem Dorf an, deren Vorsteher Ama kannte. Er kam persönlich, um uns zu begrüßen und lud uns ein. Nachdem wir uns vorgestellt hatten, zogen Ama und ich uns ins Frauenhaus zurück. Djahed musste bei den Männern bleiben. Ich hatte Angst um ihn, weil ich die Widerstandskämpfer im Landesinneren nicht gut kannte. Vielleicht war einer unter ihnen, der meinen Sohn für einen Spion hielt. Ganz in der Nähe war ein Posten, in dem sich die Russen verschanzt hatten. Das hinderte die Widerstandskämpfer jedoch nicht daran, sich frei zu bewegen. In den Häusern sah ich – entgegen den sonstigen Gewohnheiten – keine einzige Waffe. Aber die waren nicht weit: Djahed erzählte mir, er habe, als er die Männer bei der Begrüßung nach Landessitte umarmt hatte, auf ihrem Rücken ein ganzes Waffenarsenal gespürt.

Dieses Dorf war mindestens fünfzig Kilometer von Kabul entfernt. Man hörte die russischen Flugzeuge und auch die Panzerwagen auf der Straße. Da wir die Nacht dort verbringen sollten, brachten die Frauen uns zu einem Schlupfwinkel, wo wir auch im Fall eines Angriffs geschützt waren. Die Widerstandskämpfer hatten es sich zunutze gemacht, dass dieses Haus am Fuß eines Berges stand. Sie hatten Höhlen gebaut, deren Eingänge geschickt durch Strohballen verdeckt waren. Diese Organisation schien mir sehr zuverlässig und flößte mir Vertrauen ein. Die Nacht verlief ruhig.

Nach dem Morgengebet machten wir uns fertig zur Abreise. Am Ende des Dorfes warteten ein Jeep und ein Omnibus. Ich entdeckte Djahed, der von Männern umgeben war. Ich war verschleiert und folgte den Frauen, ich tat, was man von mir verlangte. Ich durfte nicht zu meinem Sohn gehen. Der Chef des Dorfes leitete die Operation, gemeinsam mit seinen vier Söhnen. Er hatte zu Ama gesagt, dass wir den Bus nach Kandahar nehmen sollten. Der Fahrer wisse Bescheid und werde uns an einer bestimmten Stelle absetzen. Von dort aus sollten wir senkrecht zur Straße durch die Wüste gehen, bis uns die Männer mit dem Jeep einholen würden.

Ama und ich waren mit dem Fahrer und seinem Beifahrer allein im Bus. Der Bus fuhr los, während die Männer immer noch am Dorfausgang standen. Kurz darauf wurden wir von Soldaten der Regierung angehalten, die alles gründlich untersuchten. Ich fragte mich, wie Djahed und seine Begleiter hier durchkommen wollten. Der Bus fuhr dann etwa eine Stunde durch eine vollkommen ebene Wüstenlandschaft. Der Fahrer forderte uns auf auszusteigen und sagte uns, wie vereinbart, dass wir nun, im Neunzig-Grad-Winkel zur Straße, zu Fuß weitergehen sollten. Wir sollten aufpassen, dass wir nicht auf Minen traten, von denen es in dieser Wüste nur so wimmelte. Das taten wir. Es gab nichts und niemanden, so weit das Auge reichte. Bei jedem Schritt hatte ich Angst vor einer Explosion. Vorsichtig setzte ich die Fußspitze auf, niemals den ganzen Fuß. So gingen wir eine Stunde, dann zwei. Vor lauter Angst vor den Minen verspürte ich ständig den Drang, Wasser lassen zu müssen. Ich hielt oft an und blickte mich um, ob nicht die Staubwolke des Jeeps zu sehen war. Nichts.

Pausenlos fragte ich Ama: »Wo sind sie? Sind sie nicht zu spät?« Ama musste selbst ein wenig beunruhigt sein, zeigte es aber nicht. Ich sah sehr wohl, dass sie sich auch ständig umdrehte und nach dem Jeep Ausschau hielt. Gegen elf Uhr vormittags sahen wir endlich eine Wolke, die sich auf uns zu bewegte. Ich stellte schnell einige Vermutungen an: Entweder kam Djahed mit den Mudschaheddin wie geplant. Oder die Mudschaheddin kamen, um uns mitzuteilen, dass Djahed bei einer Absperrung festgenommen worden war, oder getötet. Sei es von Anhängern der Regierung, sei es von den Russen. In Gedanken hielt ich Antworten für alle Möglichkeiten bereit. Sollte Djahed gefangengenommen worden sein, würde ich nach Kabul zurückkehren und versuchen, ihm zur Flucht zu verhelfen oder irgendwie seine Freilassung zu erwirken.

Aber schnell erkannte ich den Jeep des Dorfkommandanten. Zwei bewaffnete junge Männer hielten sich an den Seiten fest und bewachten die Umgebung. Neben dem Fahrer saß der Dorfkommandant mit einem kleinen Kind auf dem Schoß; hinten saßen Djahed und einige bewaffnete Widerstandskämpfer. Djahed war kreidebleich; später erfuhr ich, dass niemand es für nötig befunden hatte, ihm zu erklären, wohin der Jeep fuhr. Niemand verlor auch nur ein Wort über die Strecke, die sie wählten, um die Absperrungen zu umfahren. Zwischen meinem Sohn und mir gab es einen entscheidenden Unterschied: Er war erst seit einigen Tagen Deserteur, während ich schon seit vielen Monaten daran dachte. Er war erst seit einigen Stunden in den Händen der Mudschaheddin, die er nur durch die Lügen kannte, die die Russen über sie verbreiteten. Im Augenblick konnte ich zwar nicht mit ihm sprechen, aber ich konnte seine Gefühle an seinem Gesicht ablesen – er empfand bald Freude, bald Angst, das sah ich trotz der dicken Staubschicht, die sein Gesicht bedeckte. Von meinen Empfindungen konnte er nichts erkennen, weil der Tschador mich vollkommen bedeckte.

Wir stiegen in den Jeep. Djahed konnte mir die Gründe erklären, warum sie so spät kamen. Sie waren irgendwo von Freunden aufgehalten worden, die sie zum Frühstück eingeladen hatten. Und wie überall in Afghanistan wäre es sehr unschicklich gewesen, eine Mahlzeit nach einer Stunde einfach zu verlassen, nur weil ... In Afghanistan war Krieg, das hieß jedoch nicht, dass die alten Sitten außer Kraft gesetzt waren.

Selbstverständlich wurden wir ordentlich durchgeschüttelt, während wir der Piste bis zu einem Dorf folgten – wo wir im Treibsand einsanken. Der Fahrer bat Djahed, Hilfe zu holen. Mir wäre es lieber gewesen, er wäre nicht gegangen. Aber er war so schnell weg, dass ich ihn nicht zurückhalten konnte. Plötzlich hörten wir einen Gewehrschuss. Ich fuhr Ama an, indem ich sie schüttelte: »Man hat meinen Sohn getötet, haben Sie gehört?! Warum haben Sie ihn allein gehen lassen?« Ama gab keine Antwort.

Wir waren aus dem Jeep gestiegen. Ich konnte mich nicht mehr auf den Beinen halten. Ich setzte mich mit dem Rücken zur Böschung. Mein Körper war ganz kalt. Die Zeit verging, ohne dass jemand sich äußerte, es herrschte absolute Stille. Dem Fahrer und den Widerstandskämpfern gelang es schließlich, den Jeep auch ohne die Hilfe der Dorfbewohner aus der Vertiefung zu holen. Man rief Ama und mich, wir sollten wieder einsteigen. Ich wollte nicht mehr losfahren. Ich war sehr zornig: »Ich warte hier auf meinen Sohn! Fahren Sie ohne mich!« Sie überzeugten mich schließlich, dass sie ihm mit dem Wagen entgegenfahren wollten. Ich stieg ein. Ich dachte, wenn ich allein bliebe, könnte ich nichts mit Djahed machen, falls er doch zurückkommen sollte. Ich war gezwungen, ihnen zu glauben. Aber ich bat sie: »Wenn wir ihn im Dorf nicht finden, möchte ich hier auf ihn warten.«

Der Jeep fuhr durch das Dorf, in das wir von der anderen Seite gekommen waren, die zugänglicher war. Plötzlich sagte der Fahrer: »Da kommt er!« Ich sah niemanden. Ich hatte meinen Panikschleier vor den Augen. Verschwommen erkannte ich einen Traktor, der auf uns zu fuhr. Ich sah Djahed nicht auf dem Traktor thronen, weil ich in Augenhöhe suchte. Er hatte seinen Auftrag normal erledigt, aber als er erwähnte, dass er im Namen des Kommandanten dieser Region Hilfe brauchte, hatte man ihm Tee und Kuchen angeboten. Aus Höflichkeit musste er eine Weile bleiben. Zum zweiten Mal an diesem Tag erkannte ich, dass ich mich schon zu sehr an den westlichen Rhythmus gewöhnt hatte. Ich wusste nicht mehr, dass die Uhren im Orient etwas anders gehen.

Djahed lachte: Er war glücklich, frei zu sein. Schließlich kamen wir in das Dorf des Kommandanten, der zu Amas Familie gehörte. In Wirklichkeit leiteten zwei Brüder das Dorf, selbst wenn der ältere über den jüngeren bestimmen durfte. Einer kümmerte sich um die militärischen Operationen und das Leben der Dorfbewohner vor Ort, der andere war für die Beziehungen zu Peschawar zuständig. Von Zeit zu Zeit tauschten sie die Rollen, um über alles auf dem Laufenden zu bleiben.

Es war fast ein Uhr mittags. Ama und ich begaben uns ins Frauenhaus, Djahed und die Mudschaheddin ins Männerhaus. Ama erklärte mir, dass wir mehrere Tage hier bleiben würden, bis der Kommandant unsere Reise nach Pakistan organisiert hatte. Ich fragte, ob ich diese Zeit mit meinem Sohn verbringen durfte. Aber ich erhielt die Antwort, dass dies absolut unmöglich sei. Es war eine rein formale Sache. Kein Mann, außer dem Kommandanten, durfte das Frauenhaus betreten. Nur die verheirateten Männer durften nachts zu ihren Ehefrauen, die dann den Gemeinschaftsraum verließen und in ein Einzelzimmer zogen. Es ging auch nicht, dass ich Djahed im Männerhaus besuchte. Das war in diesen Dörfern seit Urzeiten so organisiert, sowohl in Kriegs- als auch in Friedenszeiten. Man hatte bereits viele Fremde aufgenommen, aber man hat noch nie von einer Ausnahme gehört.

Das Männerhaus, das gleich neben dem Tor der befestigten Einfriedung lag, damit die Männer das Dorf besser beschützen konnten, hatte kein Fenster zum Hof hin, wo sich das Frauenhaus befand. Zwei Jungen besaßen das Privileg, beide Häuser betreten zu dürfen, bis sie elf oder zwölf Jahre alt waren; sie überbrachten die Nachrichten des Kommandanten in das Frauenhaus, und den Männern brachten sie die Mahlzeiten, die die Frauen für sie zubereitet hatten. Diese beiden Jungen brachten mir Nachrichten von meinem Sohn. So erfuhr ich, ob er ausgeritten oder im Haus geblieben war, um zu diskutieren. Ich fasste immer mehr Vertrauen zu den Widerstandskämpfern. Das hatte ich vor allem Ama zu verdanken. Diese Frau, die in der Hauptstadt zahlreiche Besucher empfing, half mir, mich an das Leben einer eingesperrten Bäuerin zu gewöhnen. Seit Peschawar hatten wir vieles gemeinsam erlebt. Ich war oft misstrauisch ihr gegenüber gewesen – sehr zu Unrecht, wie sich später herausstellte –, doch jetzt erkannte ich, wie viel ich ihr verdankte. Trotzdem hatte ich nach wie vor Angst, dass Djahed etwas zustoßen könnte, vor allem bei seinen langen Spazierritten, die er außerhalb des Dorfes unternahm.

Der Kommandant, Amas Neffe, kam jeden Abend, um seiner Tante etwas Gesellschaft zu leisten, indem er von seinem Recht Gebrauch machte, gemeinsam mit den Frauen im Frauenhaus Tee zu trinken. Er kam auch, um mir seine Achtung zu erweisen, weil er von meiner Arbeit mit den Widerstandskämpfern in Peschawar wusste. Er verstand meine Sorge um Djahed. Er beschloss, dass wir uns jeden Morgen eine Viertelstunde sehen konnten. Außerhalb des Frauenhauses, zwischen den beiden Häusern, in einer verborgenen Ecke an der Stallmauer. Die Männer, die vorbeikamen, sollten von dem Skandal nichts mitbekommen. Einer der Jungen sollte uns als Bote dienen. Jeden Morgen um neun Uhr schickte ich also den *bacha*, um meinen Sohn zu holen, und so konnten wir ein paar Worte miteinander wechseln.

Im Gegensatz zu dem, was ich mir vorgestellt hatte, war das Leben im Frauenhaus überhaupt nicht monoton. Dort erfuhr ich zum ersten Mal etwas über das Leben der Frauen, deren Männer Krieg führten. Im Schutz des befestigten Dorfes kämpften sie auf ihre Weise. Bei Tagesanbruch, nach dem Gebet, bereiteten sie das Essen für die Kämpfer vor. Die Mudschaheddin kamen in Gruppen von etwa zwanzig Männern, sie waren ausgehungert und erschöpft. Man wusste nie, wann sie kamen. Der Bote brachte den Befehl vom Kommandanten, innerhalb der nächsten Stunde eine kräftige Mahlzeit für zwanzig Männer zuzubereiten. Das konnte mehrmals am Tag der Fall sein, oder auch nachts. Ohne zu klagen, standen die Frauen lächelnd auf und machten sich an die Arbeit. Es kam vor, dass sie gar nicht schliefen und auch noch am nächsten Tag arbeiteten.

Wie es sich gehört, hatte der Kommandant am Abend unserer Ankunft ein üppiges Abendessen bestellt, aus Ehrerbietung für seine Tante und mich als Gast. Wie bei religiösen Festen hatte man ein Schaf geschlachtet. Die Gastfreundschaft der Dorfbewohner war beeindruckend, und ganz anders als die der Afghanen in Kabul, obwohl diese auch die Traditionen achten. Ich bewunderte die Güte dieser Menschen und ihre Fähigkeit, ohne Berechnung zu geben.

Einige Tage vergingen. Ich hatte mich bereits langsam an das Landleben gewöhnt, als der Bote ins Frauenhaus kam und mitteilte, dass zwölf Europäer im Dorf angekommen seien. Das freute mich: Wenn Europäer, die sicher Mitglieder einer Hilfsorganisation waren, von Pakistan bis hierher gelangt waren, konnten wir sicher auch in die Gegenrichtung reisen.

Unter den Europäern war eine französische Gynäkologin. Sie kam zu uns ins Frauenhaus, um die Frauen aus der Familie des Kommandanten zu begrüßen. Da sie Europäerin war, fand niemand etwas dabei, dass sie mit den anderen Mitgliedern der Expedition im Männerhaus untergebracht war. Da sie weder Paschto noch Persisch sprach, beschloss ich, ihr zu helfen. Die Ärztin war ganz begeistert, eine Afghanin zu treffen, die Französisch sprach. Sie ließ sich alle vorstellen und erzählte auch, wer sie war: Sie würde drei Monate in einem kleinen Dorfkrankenhaus arbeiten, das von Franzosen geführt wurde. Sie war gerade angekommen.

Ich übersetzte für einige Frauen, die die Gelegenheit nutzen wollten, um sich Rat zu holen. Das war für mich eine Offenbarung: Diese Dorfbewohnerinnen waren gern bereit, mit der Gynäkologin über ihr Gefühlsleben zu sprechen, über ihre Schwangerschaften oder ihren Kinderwunsch. Ich hatte vermutet, dass ihr Leben durch das System der arrangierten Eheschließungen und der strikten Trennung der Geschlechter außerhalb der Ehe sehr traurig war. Doch dem war nicht so. Sie nahmen das Leben oft mit Humor. Ich habe selten Frauengruppen erlebt, die so fröhlich waren. Im Schutz des Frauenhauses hatten sie keine Hemmungen, ihre Probleme völlig frei einer Ausländerin anzuvertrauen. Das wäre in Kabul nicht möglich gewesen, obwohl man sich dort für fortschrittlicher hält. Die »Sprechstunde« wurde oft durch fröhliches Gelächter unterbrochen.

Ich hatte dort nur ein einziges unangenehmes Erlebnis. Ich kam eines Tages überraschend dazu, als zwei junge Frauen sich über mich unterhielten. Sie wussten nicht, dass ich sie hören konnte.

»Ihr Sohn, der hier ist, soll Kommunist sein.«

Das Blut stockte mir in den Adern, weil ich Gefahr witterte. Wenn mein Sohn für die Widerstandskämpfer ein Kommunist gewesen war, hielten sie ihn möglicherweise immer noch dafür und damit für einen potenziellen Spion. Und in diesem Krieg lebten Spione nicht sehr lange. Ich war außer mir: Ich stürzte mich auf den großen Koran an der Tür, legte beide Handflächen auf das Buch und schrie die beiden völlig verblüfften Frauen an: »Ich schwöre auf diesem Koran, dass mein Sohn niemals Kommunist war! Er soll auf der Stelle tot sein, wenn er jemals Kommunist war!« Ich brach in Tränen aus. Danach habe ich im Frauenhaus nie mehr eine Anspielung darauf gehört, dass Djahed in Russland war.

Auf den Koran darf man nur in absoluten Ausnahmesituationen schwören. Jemand, der zum Tode verurteilt wurde, legt manchmal die Hand auf den Koran, um seine Unschuld zu beteuern. Aber so weit ich weiß, legt nie jemand beide Hände auf den Koran. Und man muss zwar immer ein Opfer anbieten, wenn man auf den Koran schwört, aber es ist völlig ungewöhnlich, dass man das Leben seines Sohnes opfert. Ich hatte also mit meiner übertriebenen Geste, die ganz unüberlegt war, jeglichen Klatsch und jede üble Nachrede im Keim erstickt. Die beiden Frauen flehten mich an, Ama und dem Kommandanten nichts von diesem Vorfall zu erzählen. Sie fürchteten den Zorn des Anführers, weil sie das Gesetz der Gastfreundschaft verletzt hatten. Ich war Gast und hatte ein Recht darauf, zuvorkommend behandelt zu werden. Ein Gast ist ein Gesandter Gottes und bringt Glück in ein Haus, deshalb darf man ihm keinen Kummer bereiten.

Ich blieb zwei Wochen im Frauenhaus und fühlte mich sehr wohl dort. Ich versuchte, mich nützlich zu machen, indem ich Kartoffeln schälte und das Feuer in Gang hielt. Aber ich hatte absolut kein Talent zum Brotbacken. Ich ergänzte ein paar Motive in den Stickereien der Frauen, mit denen sie sich beschäftigten, wenn sie ab und zu einmal Zeit hatten. Ich bewunderte sie, die keine Angst um ihren Mann oder ihren Sohn zu kennen schienen, während diese irgendwo kämpften. Sie lachten, als sei dies nie anders gewesen. Und so war es vielleicht auch: Sie hatten immer schon so gelebt, und ihre Mütter und deren Mütter ebenfalls. Dieses Leben hatte auf mich eine beruhigende Wirkung, und das brauchte ich.

Eines Abends, als der Kommandant wie gewöhnlich nach dem Essen zum Tee kam, teilte er uns mit, dass alles für die etwa dreihundert Kilometer weite Reise nach Pakistan vorbereitet sei. Am nächsten Morgen bereiteten die Frauen das Essen für unterwegs vor: Sie grillten Hähnchen, backten große, runde Brotfladen, die man zusammenklappte und mit kaltem Fleisch füllte, die *chapati*. Sie stellten die traditionellen Kuchen her, *khadjour* genannt, die viele Tage haltbar sind, und bereiteten hartgekochte Eier vor. Gegen vier Uhr am Nachmittag kam der *bacha* und brachte uns die Nachricht, dass es Zeit sei zum Aufbruch. Ich legte meine Burka an, einen Ganzkörperschleier mit einem Sichtgitter aus Stoff. Innerhalb des Frauenhauses hatte ich immer nur den Tschador, den Kopfschleier, getragen. Ich war traurig, dass ich nun mein Abenteuer ohne Ama bestehen musste, die auf eine günstige Gelegenheit wartete, wieder nach Kabul zurückzufahren. Als Dank für alles, was sie für mich getan hatte, bot ich ihr nochmals Geld an, obwohl ich wusste, dass sie es ablehnen würde. »Behalten Sie es, Sie werden es noch brauchen – Ihre Reise ist noch nicht beendet!«

Ich verabschiedete mich herzlich von den Frauen des Dorfes, und weinend umarmte ich Ama, die mir viel Glück wünschte. Ich rechnete damit, dass die Reise schwierig werden würde: Die Gynäkologin hatte mir erzählt, dass ihre Gruppe zwölf Stunden für diese dreihundert Kilometer gebraucht hatte und in unterirdische Verstecke flüchten musste, um den russischen Angriffen zu entgehen. Schließlich öffnete sich das Tor der kleinen Festung, die wie eine Ritterburg war, in der ich mich sicher fühlte. Vor dem Männerhaus sah ich zwei riesige Lastwagen, die mit verschiedenen Farben verziert waren. Viele Männer waren dort, auch der Kommandant der Widerstandsgruppe in dieser Region. Ich war in dieser ganzen Versammlung die einzige Frau. Waren diese Lastwagen etwa für mich? Wenn dem so war, hätte ich auf so viel Ehre gern verzichtet. Ich wäre lieber zu Fuß gegangen, wie die Mudschaheddin. Ich fand, dass es ziemlich leicht war, sich zu Fuß vor einem Luftangriff in Sicherheit zu bringen, vor allem in den Bergen, wo man immer eine Grotte oder einen Felsvorsprung finden konnte. Ich wusste, dass ich in meiner Burka niemals allein aus diesem riesigen Lastwagen würde aussteigen können.

Es war schon ein Problem, überhaupt hineinzukommen. Bevor ich mich in den Lastwagen hieven ließ, bedankte ich mich beim Kommandanten. Djahed musste mich auf einen der großen Reifen ziehen und von dort in die Fahrerkabine. Die Räder dieses Riesen waren so groß wie ich. Wie gern hätte ich jetzt Jeans und Turnschuhe angehabt. Was für eine blödsinnige Idee, dermaßen eingewickelt in den Krieg zu ziehen! Keine Frau kann in einer Burka laufen. Es lag also nicht an der mangelnden Übung, dass ich mich so behindert fühlte.

Djahed und ich verfügten, da wir Gäste des Kommandanten waren, über eine Sitzbank, die eigentlich für fünf Personen gedacht war. Wir saßen in der Führerkabine, gleich hinter dem Fahrer. Vor uns, auf dem Beifahrersitz, saßen vier Mudschaheddin, die für die Verteidigung des Lasters gegen Luftangriffe zuständig waren. Jeder von ihnen war mit einem Maschinengewehr ausgestattet. Ebenso viele gab es in dem anderen Lastwagen. Die Widerstandskämpfer, die sich auf den Ladeflächen befanden, waren genauso schwer ausgerüstet. Alle Waffen waren deutlich zu sehen. War das einfach Sorglosigkeit oder ein Zeichen, dass wir uns in einer relativ ruhigen Zone bewegten? Ich fragte, ob diese Reise gefährlich sein würde. Der Fahrer antwortete mir, dass er diese Strecke regelmäßig jede Woche fahre und dass noch nie etwas passiert sei.

Seit wir abgefahren waren, wurde mir immer wieder schwindelig. Das lag sicher an der Angst und am Benzingestank. Wir fuhren vor allem nachts, ohne Licht und auf Pisten, die die kleinen Dörfer verbanden. Die Hauptstrecke mieden wir. Manchmal fuhren wir auch querfeldein und verließen den Weg ganz. Einige Stunden nach der Abfahrt kamen wir in ein Dorf, das der Fahrer gut kannte. Wir vollzogen dort das Abendgebet und tranken Tee. Djahed ging mit den Männern in die Moschee. Man brachte mir eine Tasse Tee. Aber niemand dachte daran, mir beim Aussteigen zu helfen, damit ich zur Toilette gehen konnte. Man hat solche Achtung vor den Frauen, dass man vergisst, dass sie auch natürliche Bedürfnisse haben. Das war mir schon bei den anderen Reisen aufgefallen. Ich musste also bei Gelegenheit Djahed bitten, mir hinunter zu helfen, wenn ich sah, dass die Umgebung geeignet war und ich mich irgendwo verstecken konnte.

Für mich war dieser abendliche Halt eine Unterbrechung wie jede andere – bis Djahed kam und mir sagte, dass wir in *unserem* Dorf seien. Mein Vater besaß hier Land, wir hatten hier mit der ganzen Familie die Ferien verbracht und Sharif war mit den Bauern zur Jagd geritten. Natürlich war das ein Dorf, das wir gut kannten – es war wahrhaftig »unser« Dorf. Djahed war nur als kleiner Junge hier gewesen, niemand erkannte ihn wieder. Ich war nicht ausgestiegen, um alte Bekannte zu begrüßen – aber ich tröstete mich mit dem Gedanken, dass es so vielleicht besser war. Es war mir lieber, wenn ich auf dieser Reise nicht erkannt wurde.

Wir fuhren weiter. Im nächsten Dorf stieg der Fahrer aus und umarmte herzlich einen kleinen Jungen, der vielleicht sechs Jahre alt war. »Wann kommst du wieder, Papa?«

»In einer Woche bin ich zurück.«

Diese Szene war so natürlich, der Tonfall des Fahrers so ruhig, dass ich volles Vertrauen zu ihm hatte. Wir setzten unsere nächtliche Reise fort. Der Beifahrer stieg ab und zu aus, um mit der Taschenlampe die Piste etwas auszuleuchten. Er ging rückwärts vor dem Fahrzeug her und ließ einen dünnen Lichtstrahl aus dem Zipfel seiner Jacke auf die Fahrbahn fallen. Bei Tagesanbruch hielt der Fahrer an, möglichst unter Bäumen. Die Mudschaheddin deckten die Lastwagen mit Planen zu, und wir schliefen ein paar Stunden. Die Männer wiederholten immer wieder, dass wir im Falle eines Luftangriffs so schnell wie möglich aus den Lastwagen springen und uns in der Umgebung verteilen sollten. Das war offensichtlich das Klügste, was man tun konnte – vorausgesetzt, man war in der Lage auszusteigen ... Jedes Mal, wenn ich diesen Rat hörte, verwünschte ich meine Kleidung.

Nach fünf Reisetagen kamen wir in ein Dorf, in dem uns bereits viele Menschen erwarteten. Die Bauern aus der Umgebung hatten irgendwie erfahren, dass in einem der Lastwagen ein Gast des Kommandanten mitfuhr, der Arzt war. Ich protestierte: Ich war keine Ärztin, sondern Krankenschwester. Und ohne Medikamente und ohne jegliche Ausrüstung kann niemand Kranke behandeln. Es tat mir sehr Leid, aber ich kam mit leeren Händen. Die Frauen, die mit ihren Kindern kilometerweit gelaufen waren, wollten jetzt nicht unverrichteter Dinge umkehren. Sie verstanden mich, aber sie wollten trotzdem, dass ich irgendetwas tat. Ich fing also an, sie zu untersuchen, konnte aber nicht mehr für sie tun, als ihnen den Namen ihrer Krankheit zu nennen – falls ich mir sicher war – und ihnen ein paar Ratschläge zu geben. Ich konnte diesen unglücklichen Frauen und Kindern nicht helfen, aber wenn ich an meine Ausbildung dachte, so sah ich praktisch alle Krankheitsbilder. Die meisten litten unter Blutarmut und Fehlernährung. Viele Frauen hatten Entzündungen im Unterleib und bluteten zum Teil schon seit mehr als sechs Monaten. Es gab kleine Jungen, die ständig Blut im Urin hatten. Es gab Zysten und Abszesse aller Art, Leistenbrüche und chronisches Fieber. Viele psychosomatische Krankheitsbilder fielen mir auf, die auf den Krieg zurückzuführen waren: vor allem viele Magengeschwüre.

Was konnte ich tun? Diese Menschen brauchten ein Krankenhaus! Ich begriff, dass es große Unterschiede gab. In dem Dorf, wo wir zwei Wochen verbracht hatten, waren die sanitären Verhältnisse ausreichend – hier waren sie katastrophal. Den ganzen Nachmittag lang untersuchte ich die Kranken, weil sie es unbedingt wollten – obwohl ihnen klar war, dass ich ihnen nicht helfen konnte. Um sie zu trösten, log ich und sagte ihnen, dass ich wiederkommen würde. Ich dachte, dass ich von Peschawar aus vielleicht etwas für sie tun könnte – aber ich wusste auch, dass es praktisch unmöglich war. Die Mitarbeiter der internationalen Hilfsorganisationen reichten nicht aus, um auch in diesem Gebiet zu helfen. Gegen Abend fand ich dann, was ich schon seit Tagen gesucht hatte: eine Wasserstelle. Im Hof des Frauenhauses sprudelte eine Quelle aus der Erde, so dass ich mich und meine Kleidung endlich waschen konnte. Die Dorfbewohnerinnen liehen mir etwas zum Umziehen.

Ein Stück weiter fand ich nochmals Wasser. Ganz in der Nähe von Pakistan hielten wir an einem Bach. Ich streckte mich unter einem hohen Baum aus, dessen silberfarbene Blätter sich im Wind bewegten. Sicher ein Pappel. Ich blickte in den tiefblauen Himmel und auf die Blätter der Pappel und empfand in diesem Moment ein intensives Glücksgefühl. Die Schönheit der Landschaft berührte mich tief. Ich nahm mir fest vor, nach dem Krieg hierher zurückzukommen. Mir wurde bewusst, dass ich viele Kostbarkeiten meines Landes noch gar nicht genug ausgekostet hatte. Je mehr wir uns der Grenze näherten, desto ruhiger wurde ich. Doch es gab noch zahlreiche Gefahren, und sie nahmen die verschiedensten Formen an: Sie begegneten uns als Minen, als russische Wachposten auf den Bergkämmen und als Flugzeuge.

Es war zwar Krieg, aber es war trotzdem Frühling. Ich freute mich an den Mohnblumen, die am Fuß der Hügel leuchteten, den blühenden Obstbäumen und den farbenfroh gekleideten Nomaden, die im Schutz ihrer Zelte Tee tranken. All dies wirkte so friedlich. Mein Land wollte leben, und es lebte trotz allem. Mir kam es noch viel schöner vor, noch sehr viel lebendiger als damals in Friedenszeiten, als ich als Touristin durch mein Land gereist war. Tagsüber mussten wir uns sehr langsam fortbewegen und lange Pausen einlegen: So konnte man diese herrliche, vom Menschen noch völlig unberührte Gebirgslandschaft, in Ruhe kennen lernen. Afghanistan ist schön wie ein Paradies.

Eines Abends bat uns der Fahrer um Erlaubnis, einen französischen Arzt mit auf unsere »Ehrenbank« setzen zu dürfen. Das überraschte uns. Wir wussten nicht, dass noch ein Franzose mitfahren sollte. Natürlich waren wir einverstanden. Dieser Mann war sehr erschöpft und vertrug die Reise auf der Ladefläche nicht. Nachdem er sechs Monate lang ganz allein in einer selbst eingerichteten Krankenstation in einer Gebirgsschlucht gearbeitet und ständig operiert hatte, wollte er jetzt über Pakistan für sechs Monate zurück nach Frankreich reisen. Djahed hatte mir von ihm erzählt, er hatte ihn auf einem seiner langen Ausritte besucht. In dem Dorf, in dem wir wohnten, hatte dieser Arzt einen sehr guten Ruf. Er wusste nicht, dass es im Lastwagen jemanden gab, der Französisch sprach. So fluchte er wie der Teufel über diese leichtsinnigen Afghanen und die Gefahren dieser Reise.

»Wir kommen hier nie raus, diese Leute sind vollkommen verrückt! Das ist doch unfassbar, wie kann man durch so ein Gebiet fahren!«

Er hatte große Angst. Ich schwieg. Ich hatte mir vorgenommen, dass niemand erfahren sollte, dass ich aus Frankreich kam. Doch beim Essen verriet ich mich. Als er Djahed eine Frage stellte – in einem unglaublichen Kauderwelsch aus Persisch, Russisch, Französisch und Englisch –, konnte ich mich nicht beherrschen und antwortete für meinen Sohn in Französisch. Einen Augenblick lang war er sprachlos, dann fing er wieder an mit seinen Ausrufen: »Diese Afghanen sind wirklich außergewöhnlich ... unglaublich! Das nenne ich wirklich ein geheimnisvolles Volk: Eine verschleierte Bäuerin fängt an, Französisch zu reden! Woher kommen Sie? Wer sind Sie?«

Ich erzählte ihm mein Abenteuer. Und er erzählte von sich. Ein wenig wusste ich schon von Djahed. Der Arzt hatte lange in Algerien gelebt. Als er nach Frankreich zurückgekehrt war, hatte er dort nicht mehr als Chirurg arbeiten dürfen, weil er nicht die erforderlichen Diplome besaß. Also übte er seinen Beruf nur sechs Monate im Jahr aus, in einem wilden Tal, das vor den russischen Flugzeugen geschützt war. In Frankreich durfte er zwar nicht operieren, aber bei den Afghanen war er sehr anerkannt. Wir unterhielten uns, bis wir die Grenze erreichten. Die Strecke, die wir gewählt hatten, war bei weitem nicht die direkteste. Wir kamen durch eine Art Niemandsland zwischen Afghanistan und Pakistan. Ein paar Kilometer vor der pakistanischen Grenze ließen die Mudschaheddin ihre Waffen verschwinden. Dazu bedurfte es nur eines kurzen Augenzwinkerns. Die ferngesteuerten Waffen, Raketenwerfer, Kalaschnikows und Gewehre wurden in Windeseile in eine Truhe geräumt, die sich unter unserem Sitz befand.

Jeder hätte sie leicht dort finden können. Ich schloss daraus, dass die Mudschaheddin nicht damit rechneten, dass dieser Grenzposten durch Russen oder Regierungsanhänger kontrolliert wurde. Sie versteckten die Waffen nur, damit die Pakistani – falls wir welche treffen sollten – leicht die Augen schließen und so tun konnten, als sei alles in Ordnung. Tatsächlich war niemand an diesem Wachposten, der die Grenze zwischen Afghanistan, dem Niemandsland und Pakistan markierte. Nachdem wir eine Weile an diesem Grenzort herumgefahren waren, stiegen wir aus dem Laster um in einen pakistanischen Kleinbus, der nach Peschawar fuhr. Von den Pakistani wurden wir erst kontrolliert und durchsucht, als wir in den ersten größeren Ort am Ende des Niemandslandes kamen. Der Fahrer riet dem Franzosen – der übrigens ungarischer Abstammung war –, so zu tun, als ob er schliefe, damit man seine blauen Augen nicht sah, die hier in der Gegend sofort auffielen. Die Pakistani wussten genau, dass hier viele über die Grenze kamen, deren Papiere nicht ganz in Ordnung waren. Aber sie wollten es lieber nicht wissen. Und die Afghanen mochten es auch überhaupt nicht, wenn man seine Nase in ihre Angelegenheiten steckte.

Nachdem wir in dieser kleinen Stadt gegessen hatten, fuhren wir weiter in Richtung Peschawar, allerdings auf eine halsbrecherische Art und Weise. Der Fahrer verstand sein Handwerk so schlecht, dass ich mich dem Tod näher fühlte als in dem Lastwagen auf der afghanischen Seite. Natürlich gab es keine Verkehrsschilder, keine Hinweise auf Kurven. Ständig überholte der Kleinbus an unübersichtlichen Stellen. Gegen drei oder vier Uhr morgens hielten wir an, um in einem kleinen Hotel zu schlafen: Am nächsten Tag fuhren wir weiter nach Peschawar, wo wir aber erst um ein Uhr nachts ankamen. Welch ein Umweg! Wir waren gut vierhundert Kilometer mehr gefahren, als wenn wir die Hauptstrecke genommen hätten – und das auf dem pakistanischen Teil der Reise.

In Peschawar begaben wir uns direkt zu Amin Wardak, dem Kommandanten, wo eine üppige Mahlzeit serviert wurde. Man hatte auf uns gewartet: Es war Ramadan, und wir genossen es, mit Freunden zusammen zu essen, nachdem wir das Abenteuer gut überstanden hatten. Es war zwei Uhr nachts, für uns war es die Morgenmahlzeit. Dann ging ich mit Djahed zum Zentrum »Avicenne«. Ich fürchtete, dass ein anderer Nachtwächter dort war, der mich nicht kannte. Zum Glück war dies nicht der Fall. Ich hob meinen Schleier, um mit ihm zu sprechen, sonst hätte er mich nicht erkannt. Er öffnete uns das Gitter.

Vierundvierzig Tage nach meiner Abreise kehrte ich zurück. Ich lief auf Zehenspitzen, um niemanden zu wecken, und öffnete die Tür zu meinem Zimmer. Jemand schlief in meinem Bett. Leise schloss ich die Tür wieder hinter mir – ich war unsicher. Ich wusste nicht, wo wir hingehen sollten, um uns zu waschen und zu schlafen. Ein Freund, ein Franzose, kam auf uns zu, nachdem er uns durch einen Vorhang beobachtet hatte. Er hielt uns für Einbrecher, deshalb fragte er uns mit barscher Stimme, wer wir seien. Ich nannte ihn bei seinem Namen, so dass er mich erkannte, und stellte ihm meinen Sohn vor. Er beschloss, alle zu wecken: Philippe, und dann Martine, die in meinem Bett schlief.

Martine brach in Tränen aus, als sie mich sah. Zuerst dachte ich, es sei die Freude, mich wiederzusehen. Dann begriff ich, dass sie etwas missverstanden hatte. Sie dachte, ich hätte meinen Sohn nicht mitbringen können. Djahed wartete in der Halle, er hielt sich etwas zurück. Ich sagte ihr: »Mein Sohn ist da!« Da weinte sie noch viel mehr. Ich fürchtete mich etwas vor Philippes Reaktion. Wir waren schon lange befreundet, aber er war auch mein Chef, und ich hatte meinen Arbeitsplatz mir nichts, dir nichts für mehr als einen Monat verlassen. Er hatte mir Verantwortung übertragen, und was noch schlimmer war: Ich war fortgegangen, ohne vorher etwas zu sagen. Er sprach jedoch nur von der Freude, uns wiederzusehen. Wir unterhielten uns bis zum Morgengrauen. Sie wollten alle Einzelheiten unseres Abenteuers erfahren. Ich rief Mariam an, ohne mir Gedanken darüber zu machen, wie spät es wohl gerade in Frankreich war.

Am nächsten Tag ging ich zu Amin Wardak, der die ganze Expedition organisiert hatte. Das einzig verfügbare Fahrzeug, mit dem man durch ganz Peschawar fahren konnte, war der größte Jeep der Organisation. Die Männer, die mit uns im Lastwagen gereist waren, trauten ihren Augen nicht, als sie mich am Steuer dieses riesigen Gefährts mit Allradantrieb in den Hof fahren sahen. Die Frau in der Burka, die bei den Fahrpausen nicht ausgestiegen war, hatte eine Metamorphose durchgemacht. Sie konnte ein solches Monstrum über unwegsame Straßen manövrieren! Ich fühlte mich viel wohler mit dem schlichten pakistanischen Schal als unter der Burka und es gefiel mir, wieder meine Verantwortung in der Organisation zu übernehmen.

Ich war glücklich: Ich würde Mariam wiedersehen. Ich hatte beschlossen, ein paar Tage nach Frankreich zu fliegen, während meine Tochter ihr Abitur machte. Philippe hatte mir einen richtigen Urlaub genehmigt, den ich auch dringend brauchte. Das war sehr nett von ihm, denn Arbeit gab es eigentlich genug. Djahed konnte mich nicht begleiten, er hatte nicht die nötigen Papiere, um sich einen Pass ausstellen zu lassen. Ich nahm also das Flugzeug nach Frankreich.

Nachdem die Abiturergebnisse bekannt gegeben worden waren und Mariam bestanden hatte, kehrte ich nach Peschawar zurück und überließ es meiner Tochter, sich an der Universität einzuschreiben. Wir hatten ausgemacht, dass sie nachkommen sollte, sobald diese Formalitäten erledigt waren. Als ich nach dieser Frankreichreise wieder nach »Avicenne« kam, stellte ich erfreut fest, dass Djahed eine Stelle als Techniker erhalten hatte und mit an der Kühlkette arbeitete. Er hatte keine Zeit verloren und es verstanden, sich nützlich zu machen.

Den Häschern noch nicht entkommen

Wir waren zusammen und arbeiteten für ein gemeinsames Ziel, das nahm fast unsere gesamte Zeit in Anspruch. Was mich betrifft, so dachte ich kaum daran, nach Frankreich zurückzukehren. Ich sah dafür keine Notwendigkeit und hatte auch keine Lust dazu. Mariam, die schnell nachgekommen war, war glücklich, ihren Bruder wiederzusehen. Sie blieb während der Ferien bei uns und arbeitete als Übersetzerin im Flüchtlingslager. Es gab so viel zu tun, um die Kontakte zwischen den Afghanen und dem französischen Ärzteteam zu erleichtern ...

Wenn wir einmal eine Pause einlegten – was sehr selten vorkam –, erinnerten wir uns an die Jahre der Trennung und erzählten uns gegenseitig, was wir erlebt hatten. Auf der Flucht von Kabul nach Peschawar hatte Djahed nicht sehr viel über sein Leben in Russland erzählen können, auch nicht über das Jahr, das er in der Armee der afghanischen Kommunisten zugebracht hatte. Erst in Peschawar fing er ganz allmählich an, darüber zu reden. Als er in Russland war, wusste er, dass er über kurz oder lang zum Militärdienst musste. Daher wählte er ein Studium, das möglichst lange dauerte. Von den vierzig Afghanen, mit denen er damals ausgereist war, hatten die Russen nach drei Jahren nur noch zwanzig behalten. Bald darauf waren sie nur noch drei.

Djahed konnte uns jetzt erzählen, welchem Druck er während seines ganzen Aufenthaltes von Seiten der afghanischen Kommunisten ausgesetzt war. Sie wollten um jeden Preis, dass er der kommunistischen Partei beitrat. Er beschrieb uns die Bilder, die im sowjetischen Fernsehen von Afghanistan gezeigt wurden: Bilder von schrecklichen Massakern, für die die Kommentatoren die Mudschaheddin verantwortlich machten. Von dieser Propaganda konnte er sich erst etwas lösen, als er 1986 nach Kabul reiste. Da wurde ihm einiges klar: Er sah die Spuren, die die Kämpfe zurückgelassen hatten, die Reste abgebrannter Panzer. Die Widerstandsbewegung war aktiv, hatte Fuß gefasst und war allgegenwärtig. Er hatte festgestellt, dass die Mudschaheddin sich nun frei bewegen konnten, bewaffnet, und das in einer so wichtigen Stadt wie Masar-i-Scharif. Sie drangen jetzt bis nach Kabul vor.

Nachdem Djahed sein Diplom als Ausbilder im Landmaschinenbau erhalten hatte, wurde er nach Kabul geschickt, um seinen Militärdienst zu absolvieren. Dort weigerte er sich, Offizier zu werden und wurde einem Panzerregiment zugeteilt. Die beiden Ausbildungsmonate waren sehr hart für ihn: intensives Training, wenig Schlaf, wenig zu essen. Zum Beispiel gab es nie ein Frühstück. Ganze Tage verbrachten sie damit, Gräber auszuheben. Darin begruben sie dann die Toten, die die Panzer von den Kämpfen zurückbrachten. Nach diesen beiden Monaten wurde er einer Kampfeinheit im Panzerregiment zugeteilt, die die Konvois mit Lebensmitteln und Munition für die Regierungstruppen beschützen sollte. Aufgrund seiner Russischkenntnisse wurde er Übersetzer des russischen Regimentskommandeurs, der praktisch das »Double« des Kommandanten der afghanischen Einheit war.

Wie viele seiner Kameraden war Djahed entschlossen gewesen, nur dann das Feuer auf die Mudschaheddin zu eröffnen, wenn sein Leben in Gefahr war. Der letzte Feldzug, den er erlebt hatte, bevor ich zu ihm gekommen war, war besonders anstrengend und grausam gewesen. Diese Kampagne hatte vierzig Tage gedauert. Vierzig Nächte, die er angezogen und mit Schuhen im Panzer schlafen musste, ständig aufgeschreckt durch den Lärm der Geschosse: Ein Panzer schoss während der ganzen Nacht, regelmäßig alle zwanzig Minuten, in die Richtung, in der man die Mudschaheddin vermutete. Die Widerstandskämpfer sollten nicht denken, dass ihre Feinde irgendwann einmal schliefen. Also immer nur ein paar Minuten Schlaf. Katastrophale hygienische Verhältnisse, ständige Gefechte, blutige Kämpfe bis zum Rückzug, fast bis an die Stadtgrenze von Kabul.

Djahed brauchte Zeit, um sich zu erholen. Unsere Reise von Kabul nach Peschawar entsprach in ihrem ersten Teil der Strecke seines letzten Feldzuges – dem schwierigsten Teil. Daher machte er die merkwürdige Erfahrung, im Abstand von etwa zwanzig Tagen fast dieselbe Wegstrecke einmal in einem russischen Panzer und ein anderes Mal mit den Mudschaheddin zurückzulegen. Die Arbeit, die er im Zentrum von »Avicenne« verrichtete, um das Kühlsystem für die Impfstoffe aufrechtzuerhalten, half ihm, zu einem normalen Leben zurückzufinden.

Mariam musste wieder nach Frankreich zurück, um ihr Studium aufzunehmen. Ich wusste, dass ich ihr eines Tages wieder folgen musste. Ich hatte nicht vor, mich endgültig in Pakistan niederzulassen. Aber meine Arbeit schien mir so sinnvoll und meine Freunde übten solchen Druck auf mich aus, dass ich blieb. So bald wollte ich jedenfalls noch nicht abreisen. Doch ein unglücklicher Zwischenfall zwang uns dazu.

Ich war wieder für die Auswahl des zukünftigen Impfpersonals verantwortlich. Am Anfang mussten wir die Kommandanten erst noch davon überzeugen, dass es nötig war, einige der jungen Leute dafür freizustellen. Das war nicht leicht. Aber seit Philippe es geschafft hatte, dass internationale Hilfsorganisationen uns finanziell unterstützten, konnten wir dem Impfpersonal etwas Geld zahlen. Seitdem wollten viele mitmachen, etwa einhundert Leute. In jedem Kurs konnten wir aber nur zwanzig aufnehmen, daher mussten wir auswählen. Der Druck von Seiten der politischen und militärischen Gruppen war sehr stark. Jeder wollte einen Bruder oder einen Cousin unterbringen, oder diesen oder jenen belohnen, indem er ihn an der Impfschule einschrieb. Es ist ein großes Problem der afghanischen Gesellschaft, dass alles über Beziehungen läuft.

Ich habe mich immer geweigert, diesem Druck nachzugeben, indem ich erklärte, dass die Mitglieder unseres zukünftigen Staates Fähigkeiten erwerben müssten und nicht einfach nur durch einen einflussreichen Verwandten auf einen bestimmten Posten gesetzt werden dürften. Die meisten Kommandanten akzeptierten dieses Argument. Bei jedem Auswahlverfahren stellten sich junge Männer vor, die um die zwanzig Jahre alt waren und behaupteten, Ärzte oder Krankenpfleger gewesen zu sein. Wie sollte das möglich sein, wo doch bereits seit zehn Jahren Krieg war und man nirgendwo eine medizinische Ausbildung absolvieren konnte? Waren sie bereits mit acht Jahren zu Ärzten ernannt worden oder hatten die Russen ihnen ein Diplom ausgestellt? Solche offensichtlichen Lügen machten mich traurig. Wie es wirklich aussah, wurde deutlich, wenn es darum ging zu lesen, zu schreiben oder irgendwelche einfachen Rechenoperationen durchzuführen. Die meisten Kandidaten waren fast Analphabeten. Nur mit Mühe konnten sie etwas entziffern oder schreiben.

Die Empfehlungsschreiben der Kommandanten las ich schon gar nicht mehr, sondern warf sie gleich in den Papierkorb. Ich versuchte nicht, meine Schüler zu gleichmäßigen Teilen aus allen politischen Gruppierungen zu rekrutieren. Dazu hatte ich viel zu viel Arbeit mit den Korrekturen der etwa hundert Testbögen aus dem Auswahlverfahren. Ich korrigierte die Arbeiten immer nachts, gemeinsam mit Martine, damit ich am nächsten Morgen die Ergebnisse bekannt geben konnte.

Eines Tages hatte ein Kommandant seinen Bruder und seinen Fahrer zum Auswahlverfahren geschickt, ohne dass ich dies wusste. Das Empfehlungsschreiben war in den Papierkorb gewandert – wie viele andere auch. Der Fahrer hatte bestanden, aber der Bruder nicht. Das gefiel dem Kommandanten überhaupt nicht. Wären beide durchgefallen, hätte er das wohl noch hingenommen – da er aber überzeugt war, dass ich die Schüler nach den Empfehlungsschreiben auswählte, sah er in dieser Entscheidung einen Angriff auf seine Ehre und die seiner Familie. Zwei oder drei Tage nach der Bekanntgabe der Testergebnisse war ich mit Martine im Flüchtlingslager, um den Frauen Ort und Zeit der nächsten

Impfaktion mitzuteilen. In einer kurzen Pause, als ich mich mit Martine unterhielt, schnappte ich ein paar Gesprächsfetzen auf, die anscheinend mich betrafen: Zwei Frauen, die ganz in unserer Nähe standen, sprachen über mich und meinen Sohn. Aus ihren Stimmen klang sehr viel Mitleid.

Ich bat Martine, einen Augenblick still zu sein und tat so, als sei ich ganz in meine Papiere vertieft. In Wirklichkeit spitzte ich intensiv die Ohren. Eine der Frauen meinte: »Ihr Sohn ist, glaube ich, noch ganz jung. Erst zweiundzwanzig, der Arme!« Als ich diese Worte hörte, spürte ich, dass etwas Schlimmes bevorstand. Ich wandte mich an die beiden Frauen.

»Ich weiß, dass Sie von etwas sprechen, das meinen Sohn und mich betrifft. Das kann für mich sehr wichtig sein. Bitte sagen Sie mir, worum es sich handelt.«

Zuerst wollten sie nichts sagen. Ich bat sie aber eindringlich darum, weil ich ahnte, dass Djahed in großer Gefahr war.

»Sie sind doch auch Mütter. Was würden Sie tun, wenn Ihre Kinder bedroht wären? Sagen Sie mir, was vorgeht bezüglich meines Sohnes! Ich bin sicher, dass Sie etwas darüber wissen.« Die beiden Frauen blickten sich an und beschlossen, meiner Bitte nachzugeben.

»Ja, wir werden es ihr sagen, der armen Frau!«

Sie erzählten mir von einer Versammlung der Männer aus dem Lager, die am Vorabend stattgefunden hatte. Die eine Frau wusste davon durch ihren Ehemann. Der Kommandant des Lagers (eben jener, der seinen Bruder und seinen Fahrer zum Test geschickt hatte) hatte alle Männer zusammengerufen, um ihnen zu sagen, dass mein Sohn und ich Spione seien, die man unter dem Vorwand der humanitären Hilfe hier eingeschleust hätte. Ich sei eine Anhängerin Maos und mein Sohn Kommunist, der in Russland ausgebildet worden sei. Am Schluss seiner Rede hatte er dazu aufgerufen, Djahed zu töten: »Um diese Frau am schlimmsten zu strafen, gibt es nur ein Mittel: Wir müssen ihren Sohn töten!« In den Flüchtlingslagern war ein Menschenleben nicht viel wert; wie oft löste sich ein Schuss bei irgendwelchen Streitigkeiten oder wenn jemand sich in seiner Ehre verletzt fühlte! Es gab keinerlei Rechtsprechung. Und der Befehl eines Kommandanten musste umgehend in die Tat umgesetzt werden.

Ich dankte Gott für die Solidarität unter Frauen. Aber ich fürchtete, dass mein Sohn bereits tot war. Der kalte Schweiß lief mir den Rücken hinunter. Auch Martine war kreidebleich und zitterte. Wir ließen die Arbeit liegen und stiegen in den Jeep, um so schnell, wie es auf diesen schlechten Pisten möglich war, zum Zentrum zu gelangen. Djahed war ganz ruhig bei der Arbeit. Ich erzählte ihm nichts, er erfuhr erst später von der Geschichte. Ich wollte sofort zu Philippe. Da ich nicht in der Lage war zu sprechen, erklärte Martine ihm, was passiert war. Wir waren so in Panik, dass wir bei der ersten Detonation sofort nachschauten, ob Djahed noch an seinem Schreibtisch saß. Philippe nahm die Drohung sehr ernst. Dieser Kommandant war nicht dafür bekannt, dass er gern spaßte. Sein Befehl konnte jeden Augenblick ausgeführt werden. Als erstes wurde Djahed unter Schutz gestellt, er durfte das Zentrum nicht allein verlassen.

Ein paar Tage lang wechselten Martine und ich uns ab, Djahed morgens und abends von unserem Haus zum Zentrum zu begleiten. Philippe wollte, dass wir blieben. Aber ihm war auch klar, dass das unmöglich war. Die Organisation brauchte uns, aber wenn mein Sohn umgebracht würde, wäre ich nur noch ein menschliches Wrack. Wenn er von Mudschaheddin getötet wurde, hätte ich die Mudschaheddin gehasst und hätte nicht mehr für sie arbeiten können. Es war auch klar, dass man das Zentrum einer Hilfsorganisation nicht in eine Festung verwandeln und den Afghanen verbieten konnte, dort ein und aus zu gehen. Es stand ebenfalls außer Frage, die Widerstandskämpfer am Eingang auf Waffen zu durchsuchen. Am wenigsten hätte man den Versuch unternehmen können, ihnen die Waffen abzunehmen, falls sie welche dabei hatten. Es gab nur eine einzige realistische Lösung: abreisen, und zwar so schnell wie möglich.

Wir fuhren nach Islamabad. Ein Visum für Djahed zu bekommen war nicht weiter schwierig. Ein französischer Freund sprach mit dem französischen Botschafter in Pakistan und erklärte ihm, dass Djahed in großer Gefahr sei. Die Einreisegenehmigung für Frankreich kam vier Tage, nachdem wir den Antrag gestellt hatten. Wir reisten sofort ab.

Unser erster Besuch in Paris galt einem Regierungsbeamten am Quai d'Orsay, einem ehemaligen Französischprofessor in Kabul. Er kannte den größten Teil unserer Geschichte, wir erzählten ihm den Rest. Er umarmte Djahed herzlich und erledigte persönlich die notwendigen Formalitäten, um ihn für einen Französischkurs für Ausländer in Vichy einzuschreiben.

Ich bedauere sehr, dass wir Pakistan auf diese Weise verlassen mussten. Frankreich brauchte mich nicht so wie mein Land. Ich wollte mich am Wiederaufbau Afghanistans beteiligen. Aber wie lange würde in meinem unglücklichen Land noch Bürgerkrieg herrschen? Wie lange würde es noch der Verwüstung und der Ruhmsucht der Nachbarmächte ausgesetzt sein?

Als ob ein Toter aufersteht

Djahed blieb ein Jahr in Vichy, um Französisch zu lernen, dann kam er zu uns nach Marseille. In der Zwischenzeit hatte ich mich als Krankenschwester selbständig gemacht. Mariam gab ihren Beruf als Biotechnologin auf, der wenig Arbeitsmöglichkeiten bot und ließ sich auch als Krankenschwester ausbilden. Sie absolvierte ihr Examen und arbeitete mit mir zusammen.

Djahed immatrikulierte sich zunächst an der geisteswissenschaftlichen Fakultät von Aix-en-Provence für ein Russischstudium. Dann suchte er Arbeit, fand aber keine feste Stelle, die ihm gefiel. Die Russen hatten all seine Diplome beschlagnahmt, bevor sie ihn zur Armee schickten, so dass er keinen Nachweis über seine Studienjahre hatte. Daher machte er nochmals eine Ausbildung als Mechaniker und lernte das System der Arbeitsbeschaffungs-Maßnahmen kennen. Er absolvierte sogar eine Ausbildung als Hersteller für Hörgeräte an der pharmazeutischen Fakultät in Montpellier – aber er fand keine Stelle.

Von dieser großen Sorge einmal abgesehen, war ich sehr glücklich mit meinen beiden Kindern. Sicher, meine Mutter und meine Schwestern waren weit weg, aber ich konnte sie zweimal besuchen, und ich konnte sie anrufen. Meine Tochter hat Olivier geheiratet. Sie haben zwei kleine Mädchen. Michel und ich leben zusammen.

Nach Jahren voller Albträume und Kämpfe hatte sich wieder ein Gleichgewicht eingestellt. Es war wie ein Donnerschlag, als wir im Frühling 1994 erfuhren, dass mein Mann, Sharif, wieder aufgetaucht war. Sabah erzählte uns, dass er von Pakistan aus mit meinen Schwestern Kontakt aufgenommen hatte. Nachdem er monatelang Briefe an verschiedene Adressen geschickt hatte, an die er sich erinnerte, war es ihm schließlich gelungen, Narges zu finden. Nach dieser Nachricht war ich wie gelähmt. In wenigen Sekunden sah ich mein ganzes Leben vor meinem inneren Auge ablaufen. Ich war so überrascht, als hätte man mir berichtet, ein Toter sei wieder auferstanden. Dabei war Sabah sehr vorsichtig gewesen und hatte noch nicht von einer Tatsache gesprochen: »Angeblich hat jemand Sharif in Pakistan gesehen ...«

Ich empfand gleichzeitig Freude und Unruhe. Sharifs Rückkehr in unser Leben hatte zur Folge, dass ich wieder gespalten war: Wieder wusste ich nicht, zu welcher Geschichte ich gehörte – zu der, die ich in Afghanistan gelebt oder zu der, die ich mir in Frankreich aufgebaut hatte ... Das Ereignis löste zahlreiche Ambivalenzen aus. Ich empfand Sharif gegenüber Achtung und Dankbarkeit, aber ich hatte ihn nicht ausgewählt. Wir waren so viele Jahre getrennt gewesen, dass wir verschiedene Wege eingeschlagen hatten. Jahrelang hatte der eine vom anderen gedacht, dass er tot sei. Die Trauer war in gewissem Sinne verarbeitet worden. Wie sollten wir den Weg der Trauer jetzt wieder zurückgehen?

Nach einigen vergeblichen Versuchen gelang es uns, miteinander zu telefonieren. Dann folgte ein regelmäßiger Briefwechsel. Sharif hatte wieder geheiratet, er hatte drei Kinder und lebte in Pakistan. Mariam ist sehr schnell nach Pakistan geflogen, um ihren Vater zu besuchen. Sie hat ihn kaum wiedererkannt. Bei ihrer Rückkehr beschrieb sie ihn uns als kleinen, abgemagerten Mann mit grauen Haaren. Sie war sehr überrascht, dass er bei ihrer Ankunft geweint hat. Sie hatte ihn als starken Mann in Erinnerung, der keine Gefühle zuließ. Von Sharifs Geschichte hat sie nicht sehr viel erfahren: Sie musste sich mit den groben Zügen zufrieden geben. Sharif wurde ständig von den Russen verdächtigt, die mit ihm Katz und Maus spielten. Er war gefoltert und mehrmals gefangengenommen worden. Wann und wie war er frei gekommen? Wir wussten es nicht. Die Kommunikation war schwierig, weil Sharif praktisch taub war. Bei den ersten Folterungen war das Trommelfell eines Ohrs zerstört worden. Später war im Verlauf der zahlreichen

Kämpfe um Kabul eine Granate ganz in seiner Nähe explodiert. Dabei hatte sein anderes Trommelfell erheblichen Schaden erlitten.

Ich habe mich darum gekümmert, ihm ein Hörgerät zu beschaffen. Er kann jetzt fast wieder normal arbeiten und Gespräche führen. Als er in Not war, tat ich mein Möglichstes, um ihm und seinen Kindern zu helfen. Ich konnte ihm einen Arbeitsplatz in einer Nichtregierungs-Organisation verschaffen, die immer noch in Pakistan und Afghanistan tätig ist. Ich würde ihn gern sehen. Ich würde seine Lebensgeschichte gern aus seinem Mund hören.

Im Januar 1997 erhielt ich die französische Staatsangehörigkeit, Djahed wenige Monate später ebenfalls. Mariam war schon seit einigen Jahren Französin. Wenn man sehr lange in einem Land lebt, wenn man dort arbeitet und Steuern zahlt, wenn man dort Kinder und Enkelkinder hat, ist es ganz normal, dass man auch offiziell Staatsbürger dieses Landes ist, dass man sich äußern und auch wählen kann. Ich empfinde die französische Staatsbürgerschaft teilweise als Schutz gegen den Rassismus. Sie erleichtert das Leben sehr. Immer wenn ich zum Ausländeramt musste, um meine Aufenthaltsgenehmigung und meinen Flüchtlingspass zu verlängern, hatte ich nächtelang vorher Albträume. Manchmal bin ich dort so schlecht behandelt worden.

Als Djahed die französische Staatsbürgerschaft erhielt, feierten wir das. Er wollte es gern. Für ihn war damit ein wichtiges Ziel erreicht. Für mich war es kein Grund zum Feiern. Französische Staatsbürgerin? Ja, gern. In gewisser Weise war ich auch sehr dankbar. Aber ich bin Afghanin. Immer noch. Die französische Staatsbürgerschaft kann nicht die Geschichte auslöschen, die Sprache, die Religion und die Lebensweise. Bürger zu sein bedeutet, Rechte und Pflichten zu haben. Man muss den Gesetzen gehorchen und kann durch die Wahl einer politischen Partei dazu beitragen, wie sie gemacht werden. Aber es bedeutet nicht, einen Strich durch sein Leben zu machen.

Ich wollte die Tatsache, dass ich heute einen französischen Personalausweis und einen französischen Pass habe, nicht feiern, weil ich viel lieber etwas anderes gefeiert hätte: die Einführung einer demokratischen Regierung in Kabul und zugleich die Versöhnung der verschiedenen afghanischen Parteien, die Geburt eines wirklichen Staates. Es ist absolut notwendig, dass die europäischen Länder weiterhin großzügig Flüchtlingen Asyl gewähren, die woanders nicht leben können. Dies ist immens wichtig. Doch es wäre am besten, wenn es niemand mehr nötig hätte, um Asyl zu bitten.

Danksagung

Mein besonderer Dank gilt Michel Tourneux,
der mir sehr geholfen hat.

Rosina-Fawzia Al-Rawi

Tante Fatima kauft einen Teppich

Mein Leben im Morgenland der Frauen

304 Seiten, Festeinband mit Schutzumschlag

ISBN 3-7205-2325-X

Rosina-Fawzia Al-Rawis authentische Geschichten entführen auf poetische Weise in die weibliche Welt des Nahen und Mittleren Ostens sowie nach Nordafrika. Liebevoll und mit Humor zeigt sie die starken Frauen ihrer »Heimaten« und macht die arabische Geschichte zu einer Erzählung aus tausendundeiner Nacht. Eine faszinierende Reise durch den Orient der Frauen.

SPHINX